Edith von Bonin

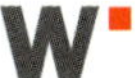

Inhalt

»Ich arbeite soviel ich kann in meiner Malerei«
Edith von Bonin

Geleitwort

Mit dem Buch über Edith von Bonin liegt eine Künstlerinnenbiografie besonderer Art vor. Ausgehend von einem ererbten, aus mehreren hundert Bildern, Skizzen, Briefen und Dokumenten bestehenden Nachlass einer Urgroßtante machten sich Ulrich und Susanne Freund mit großem Engagement und bewundernswerter Akribie auf eine Spurensuche mit ungewissem Ausgang. Beinahe nichts wussten sie zu Beginn ihres Unternehmens, nichts darüber, wer sich hinter dieser Ahnin verbergen mochte. Dass Edith von Bonin mit dem Dichter Rainer Maria Rilke befreundet gewesen war und mit ihm in einem regen Briefaustausch gestanden hatte, war wegen der Berühmtheit des Dichters nicht unbekannt. Welche eigenständige Persönlichkeit sich hier jedoch hinter dem bekannten Adelsnamen von Bonin verbarg, wurde bisher nicht ergründet. Die Künstlerin war auch deshalb im Verborgenen geblieben, weil sie es finanziell nicht nötig hatte, ihre Werke zu verkaufen. Sie konnte sich nur schwer von ihnen trennen und nahm selten an Ausstellungen teil. So erschließt sich erst nach diesen Recherchen das faszinierende Leben einer selbstbewussten Künstlerin, ein detailreicher Blick auf Biografie, Persönlichkeit und Werk. Vor allem aber ist dieses Buch ein weiterer Mosaikstein in der spannenden Kunstgeschichte des frühen 20. Jahrhunderts.

Die Herkunft aus einer Adelsfamilie gab Edith von Bonin den eingeschlagenen Weg nicht gerade vor. Im Gegenteil: Trotz aller Privilegien definierten Rollenzwänge das Leben, insbesondere das eines Mädchens. Hinzu kamen die bürgerlichen Vorstellungen und das enge moralische Korsett des wilhelminischen Kaiserreichs. Kreatives Arbeiten sollte im häuslichen, privaten Raum stattfinden und ein dilettantisches Niveau keinesfalls überschreiten. Von der Kunstkritik wurden Künstlerinnen mit Ambitionen als »Malweiber« abgestempelt. Qua Geschlecht wurde Frauen jede Kreativität abgesprochen, von Ärzten, Philosophen und Kunstkritikern gleichermaßen. Ihr Tun widersprach dem männlichen Geniegedanken, der seit der Renaissance gepflegt wurde. Schon Männer, die wie die Avantgardekünstler vor 1914 ihren Weg abseits der Akademien und deren Wertekanon wählten, fielen aus der offiziellen Kunstförderung heraus. Für Frauen gab es dieses System überhaupt nicht. Auch in den modernen Abspaltungen von den konservativen Künstlerbünden, den Sezessionen, hatten Künstlerinnen in der Regel wenig Mitspracherecht.

Des Weiteren war Frauen das Akademiestudium in Deutschland bis zum Beginn der Weimarer Republik 1919 in der Regel verwehrt. Sie mussten auf alternative, meistens private Ausbildungsmöglichkeiten ausweichen. So studierte Edith von Bonin von 1901 bis 1907 zunächst an der renommierten Damen-Akademie des Künstlerinnen-Vereins München. Danach aber wurde bis zum Ausbruch des Ersten Weltkrieges Paris ihr Lebensmittelpunkt. Die französische Hauptstadt war nicht nur das Mekka der modernen Kunst. Hier konnten Frauen unter einer großen Zahl von privaten Akademien wählen und Unterricht bei angesehen Künstlern erhalten. Atelierräumlichkeiten gab es in großer Dichte, ebenso Ausstellungsmöglichkeiten in den unabhängigen Salons. Vor allem aber konnten hier Künstlerinnen ihr Leben fern der Heimat selbstbestimmt gestalten.

Anders als viele Kolleg*innen, die unter anderem wegen mangelnder Sprachkenntnisse unter sich blieben, fand sie Kontakt zu französischen Kunstzirkeln. Wegen ihres Interesses an moderner Kunst suchte sie vornehmlich den Austausch mit Avantgardekünstler*innen. So stand sie in persönlicher Verbindung zu dem Künstlerpaar Robert und Sonia Delaunay und war mit den Fauves-Malern Raoul Dufy und Othon Friesz befreundet. Die Freundschaft mit Dufy überdauerte Ortswechsel und Kriege. Zugleich war Edith von Bonin eine der wenigen Künstlerinnen ihrer Zeit, die - auch aufgrund ihrer finanziellen Unabhängigkeit - eine Sammlung mit Werken von Aristide Maillol, Paul Signac, Henri Matisse, Dufy und vor allem Friesz aufbaute. Besonders interessant erscheint, dass sie eine Arbeit ihrer avantgardistischen Kollegin Sonia Delaunay erwarb, die in Paris durch Auftritte im selbstgenähten »Simultankleid« Aufsehen erregte.

Ihren eigenen künstlerischen Weg fand sie in Paris in Auseinandersetzung mit Paul Cézanne und den Künstler*innen des Fauvismus. Diese blieben ihre Referenzpunkte während der zahlreichen Ortswechsel innerhalb Deutschlands, durch die ihr Leben in den 1920er Jahren geprägt wurde. Anfang der 1930er Jahre wurde der Gardasee in Oberitalien ihre Wahlheimat. Edith von Bonin teilte die Italiensehnsucht, die Faszination für antike Kunstschätze und das südliche Licht mit vielen Künstlerkolleg*innen ihrer Zeit.

Der künstlerische Nachlass Edith von Bonins, die im hohen Alter von 95 Jahren starb, befindet sich heute in der Dachauer Gemäldegalerie. Ihr Werk ist allerdings nur lückenhaft überliefert. Insbesondere das Frühwerk und die Bilder der Pariser Jahre sind größtenteils verschollen; die Künstlerin hat ihre Bilder zudem nur selten betitelt oder datiert. So bleibt eine Einordnung schwierig, und es fehlt die Basis, ihre Auseinandersetzung mit der Moderne im Detail nachzuvollziehen. Der Zweite Weltkrieg vernichtete ihre außergewöhnliche Kunstsammlung, Dokumente ihrer Begegnungen und künstlerischen Vorlieben. Dennoch: Dieses Buch mit seinen faktenreichen Informationen bildet einen Startpunkt. Die Spurensuche beschreibt Leben und Werk einer selbstständigen Künstlerpersönlichkeit im kulturhistorischen und zeitgeschichtlichen Kontext. Wir begegnen hier einer außergewöhnlichen, emanzipierten Frau, die ihren künstlerischen Weg in einer Zeit voller Hindernisse, Widrigkeiten und besonderer historischer Ereignisse zu Beginn des 20. Jahrhunderts eigenständig verfolgte.

Ina Ewers-Schultz

»Kunst ist schön, macht aber viel Arbeit«[1]

Vorbemerkungen

Es bedarf der Erläuterung, wenn kunsthistorische Laien der Versuchung erliegen, eine weitgehend in Vergessenheit geratene Künstlerin in Erinnerung zu rufen, stilistisch einzuordnen und zu werten.

Am Beginn stand schlicht die Neugierde, mehr über das Leben und das Wirken einer Urgroßtante zu erfahren, deren künstlerischer Nachlass ererbt worden war.

Bei dem nachgelassenen Œuvre Edith von Bonins handelt es sich weitaus überwiegend um Aquarelle, Pastelle und Kohlezeichnungen; Ölgemälde sind vergleichsweise wenige erhalten. Viele der vor dem Zweiten Weltkrieg entstandenen Werke - ihre besten, wie Edith von Bonins Haushälterin und Vertraute Anny Wasner[2] schreibt, die ihr Leben ab 1914 bis zu ihrem Tode begleitete - sind durch Kriegseinwirkung verloren gegangen oder vernichtet worden.[3] Es darf nicht übersehen werden, dass der Nachlass deshalb großenteils aus Werken besteht, die deutlich nach dem 60. Lebensjahr entstanden sind. Trotz ihrer vergleichsweise geringen Anzahl tragen die erhaltenen früheren Bilder, bei voller Schaffenskraft und ohne Beschränkungen durch Zeitumstände entstanden, aber wesentlich dazu bei, Edith von Bonins künstlerische Entwicklung und Bandbreite erahnen zu können, die bei einer Fokussierung auf das bei der Anzahl der nachgelassenen Werke dominierende Spätwerk unzutreffend verengt würden. Ob die Meinung eines Kunstexperten zutrifft, die Malerin sei in ihren sehr farbig gehaltenen Werken jung geblieben, kann, obwohl einiges dafürspricht, von uns aber letztlich nicht beurteilt werden.[4]

Weitere Bestandteile des Nachlasses sind persönliche Dokumente, Fotos, Briefe und sonstige Unterlagen Edith von Bonins. In Verbindung mit Briefen, die Familienmitglieder aufbewahrt hatten, ließen sich die Puzzleteile zu einem Gesamtbild zusammenfügen. Zwar müssen große Teile der inner- und außerfamiliären Korrespondenz, wiederum nicht zuletzt kriegsbedingt, als verloren gelten; erhalten ist aber insbesondere der Schriftwechsel ab den 1940er Jahren mit ihrem Neffen Constantin Graf Gneisenau, dem Sohn ihrer älteren Schwester Maria, sowie mit dessen erster Ehefrau Maximiliane Gräfin Gneisenau[5]. Die an Edith von Bonin gerichteten Briefe Rainer Maria Rilkes aus den Jahren 1907 bis 1918/19 wurden schon zu ihren Lebzeiten teilweise veröffentlicht. Über etwaige Tagebuchaufzeichnungen Edith von Bonins ist nichts bekannt.

Eine wichtige Zeitzeugen-Informationsquelle sind die Erinnerungen von Anny Wasner. Die jahrzehntelange Wegbegleiterin, die beim Tod Edith von Bonins 80 Jahre alt war, dokumentierte ihre sehr lebendigen Erinnerungen in einer Reihe von Briefen an Felicitas Tietz[6], Tochter Constantin Graf Gneisenaus und seiner Frau Maximiliane sowie Großnichte und Patenkind der Künstlerin.

Die Auswertung des Nachlasses führte zu Anfragen bei Museen, Archiven und Meldebehörden, zur Kontaktaufnahme mit Kunsthistorikerinnen und Kunsthistorikern sowie zur Sichtung von Fachliteratur. Dabei tauchte weitere Korrespondenz auf, sowohl mit Edith von Bonin als Absenderin oder Adressatin als auch Briefwechsel zwischen Freunden und Bekannten, in dem von ihr die Rede war.

Edith von Bonin starb 1970 ohne Hinterlassung eines Testaments.[7] Ihren gesamten künstlerischen Nachlass hatte sie zuvor Anny Wasner geschenkt, mit der sie einen gemeinsamen Haushalt führte[8] und die ihr versprochen hatte, die Bilder gut zu betreuen.[9] Dies wurde von den gesetzlichen Erben[10] respektiert, die einige wenige Werke zur persönlichen Erinnerung erhielten.[11]

Mit dem Anliegen, Edith von Bonins Werk der Nachwelt zu erhalten, gab die unverheiratete und kinderlose Anny Wasner den Nachlass aus Altersgründen zwischen 1973 und 1979 in mehreren Konvoluten an die Großnichte der Künstlerin, Felicitas Tietz, weiter. 2004 kam er durch Erbschaft in den Besitz von deren Tochter Susanne Freund[12]. Im November 2019 ging er in die Obhut des Zweckverbandes Dachauer Galerien und Museen in Dachau über. Das Archivgut besteht aus 37 Ölgemälden auf Leinwand, Malpappe oder Papier, 327 Aquarellen, 659 Pastellen, Kohlezeichnungen und Bleistiftskizzen, dazu aus 69 Skizzenheften, rund 300 losen Skizzen und Vorentwürfen, Briefwechsel, persönlichen Unterlagen und Malutensilien. Die von der Künstlerin nachgelassenen Bücher und Ausstellungskataloge werden im Stadtarchiv Dachau aufbewahrt.

Bei den abgebildeten Werken in diesem Buch werden Edith von Bonins eigene Namensgebungen ohne Anführungszeichen wiedergegeben. In Anführungszeichen gesetzte Bezeichnungen sind von den Verfassern gewählte Titel. Die Künstlerin hat nur einen Teil ihrer Werke signiert und datiert. Soweit möglich, wurden die Entstehungsjahre der nicht datierten Werke anhand von Angaben in Sammelmappenbeschriftungen oder von Informationen auf Skizzen und Bildern vergleichbarer Motive erschlossen. Die Zuordnung abgebildeter Werke zu einem der – teilweise nebeneinander bestehenden – Aufenthaltsorte der Künstlerin erfolgte bei unklarem Entstehungsort nach Plausibilität und bestem Vermögen.

Wörtliche Zitate werden in der Schreibweise der Originaltexte samt den vorgefundenen Wortabkürzungen und etwaigen Rechtschreibfehlern wiedergegeben. Durch Oberstriche angezeigte Konsonantenverdoppelungen sind jedoch heutigen Schreibgewohnheiten angepasst.

Hiermit legen wir die Ergebnisse unserer Recherchen vor. Wir verbinden unsere Ausarbeitung mit der Hoffnung, die Leserinnen und Leser mögen unsere Wertung teilen, dass es über das familiäre Interesse hinaus, das den Anstoß zur Beschäftigung mit Edith von Bonin gab, lohnend und spannend ist, sich mit ihrer Persönlichkeit, ihrem Wirken und Œuvre, ihren Verbindungen zu den Menschen ihres privaten und künstlerischen Umfeldes sowie mit ihrer ereignisreichen Zeit auseinanderzusetzen.

1 Zitat des Münchner Komikers Karl Valentin; Valentin 2018.

2 Geb. 14.08.1890 in Rottweil, gest. 29.08.1983 ebd.

3 Brief Anny Wasner an Felicitas Tietz vom 12.02.1973: »Das Meiste, ich glaube auch das Beste, war eben auch durch die Kriegsereignisse verloren gegangen oder vernichtet worden.«

4 Zit. im Brief Anny Wasner an Felicitas Tietz vom 12.01.1973.

5 Constantin Graf Gneisenau, geb. 17.12.1894 in Potsdam, gest. 20.02.1959 in Oberstdorf, Allgäu, und Maximiliane Gräfin Gneisenau, geb. 13.01.1895 in Berlin als Maximiliane von Arnim, gest. 02.07.1985 in Hamburg. Die am 18.05.1921 geschlossene Ehe wurde am 23.07.1934 geschieden. Alle Daten aus Genealogisches Handbuch der Gräflichen Häuser 1993, S. 273.

6 Geb. 21.05.1922 in Berlin-Lichterfelde, gest. 04.10.2003 in Leverkusen; Genealogisches Handbuch der Gräflichen Häuser 1993, S. 273.

7 Notariatsbezirk Rottweil I des Amtsgerichts Rottweil 1970.

8 Ebd.

9 Schenkung dokumentiert im Brief Anny Wasner an Felicitas Tietz vom 22.05.1970.

10 Erben waren eine Nichte, drei Großnichten und ein Großneffe der Künstlerin, allesamt Nachkommen von Edith von Bonins verheirateten Schwestern; Nachlassgericht Rottweil 1970.

11 Briefkopie Felicitas Tietz an die Städtische Galerie Würzburg vom 30.07.1997.

12 Susanne Freund, geb. Tietz (geb. 21.02.1958 in Köln).

»In dieser Familie wird man nie etwas als vom Herzen diktiert auslegen«[1]

Herkunft, Kindheit und Jugend

Editha Frieda Gisberta von Bonin, geboren am 14. September 1875 in Elberfeld, gestorben am 3. April 1970 in Rottweil, evangelischer Konfession,[2] war die zweitälteste von vier Töchtern des Dr. jur. Gisbert von Bonin und seiner Ehefrau Maria, geb. von Hurter, verw. von der Heydt.[3]

Der einem alten hinterpommerschen Adelsgeschlecht entstammende Vater Gisbert von Bonin trat nach Studium und Promotion in den preußischen Staatsdienst ein, kam 1873 zur Eisenbahndirektion Elberfeld, wurde 1876 kommissarischer Landrat des Kreises Mettmann, 1877 Landrat des Kreises Grevenbroich und im August 1880 kommissarischer Landrat in Düsseldorf. 1881 wurde er ins Berliner Finanzministerium versetzt und dort wenig später zum Geheimen Finanzrat und Vortragenden Rat befördert. Im März 1888 wurde er zum dirigierenden Staatsminister des Herzogtums Sachsen-Coburg und Gotha mit Dienstsitz und Wohnung in Gotha und zum Bevollmächtigten des Herzogtums beim Bundesrat des Deutschen Reiches in Berlin berufen. Zwar wurde er 1891 seinem Antrag entsprechend in den Ruhestand versetzt, jedoch vertrat er das Herzogtum weiterhin im Bundesrat. 1902 wurde er als Repräsentant des Adelshauses Bonin ins Preußische Herrenhaus berufen, dem

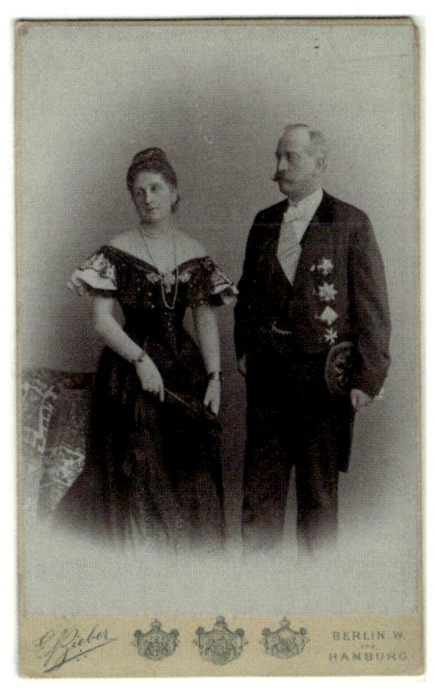

1-01
Maria und Gisbert von Bonin, ca. 1900[4]

er bis zu seinem Tod 1913 als erbliches Mitglied angehörte.[5] Der mit Edith von Bonin befreundete Bildhauer Georg Kolbe[6] fertigte einen Bronzeabguss seiner Totenmaske an.[7] Schon Gisberts Vater, Gustav von Bonin, hatte sich als preußischer Verwaltungsjurist, Finanzminister und Politiker einen Namen gemacht.[8]

Edith von Bonins Mutter Maria, geborene Freiin von Hurter, hatte 1857 als Tochter eines preußischen Justizrats siebzehnjährig den zehn Jahre älteren Dr. phil. Friedrich von der Heydt geheiratet, einen Teilhaber des Bankhauses von der Heydt-Kersten & Söhne in Elberfeld. Die Ehe war nur von kurzer Dauer; der Ehemann starb bereits vier Jahre später. Ein Jahr danach, nach dem Tod der Schwiegermutter, siedelte die junge Witwe 1862 mit den beiden vier und drei Jahre alten Söhnen zum Schwiegervater Carl von der Heydt über. Sie sollte ihm in den folgenden Jahren den Hausstand führen - in einem Lebenskreis, der sich liebevoll um die Kindererziehung sorgte, jedoch ansonsten von strengem Calvinismus geprägt war, zu dem keinerlei weltliche Freuden gehörten. 1869 erlag der jüngere Sohn zehnjährig einer Krankheit. 1872 heiratete Maria von der Heydt im Alter von 32 Jahren in zweiter Ehe Gisbert von Bonin. Ihr zu diesem Zeitpunkt 14-jähriger Sohn Karl von der Heydt blieb in der Obhut des Großvaters.[9]

Gustav von Bonin hatte 1834 in der kleinen Ortschaft Brettin, etwa auf halbem Wege zwischen Magdeburg und Potsdam, das idyllisch am Plaueschen Kanal gelegene Schloss samt zugehörigem Landgut erworben und zum Sitz seiner Familie gemacht.[10] Zur besseren Unterscheidbarkeit von anderen Zweigen des weitläufigen Adelshauses wurde dem Namen Bonin in der Folge der Herkunftszusatz Brettin angehängt. Nach dem Tode Gustav von Bonins wurden Schloss und Gut Brettin 1878 als Familiendomizil von seinem Sohn Gisbert übernommen.

Karl von der Heydt, der Halbbruder der vier Töchter Gisbert und Maria von Bonins, der im Laufe seines Lebens gleichermaßen als Bankier und Kolonialpolitiker wie als Kunstsammler, Literaturkenner, Rezensent und nicht zuletzt Dichter hervortrat,[12] fühlte sich 1898 als Besucher in Brettin zu dem melancholischen Gedicht *Am Schiffahrts-Kanal in Brettin b/Genthin* angeregt:[13]

In der Luft ein schimmernd Weben
In der Flut ein leises Rauschen
flügelleichtes Vorwärtsschweben
grauer Segel die sich bauschen.

Unsichtbare Geisterhände
wirken ein geruhig Gleiten
wohin auch der Kiel sich wende
oeffnen sich ihm helle Weiten.

Und so lautlos wie's gekommen
wills enteilen, will entschweben
und du zweifelst: War's ein Schifflein
oder war's ... ein Menschenleben?

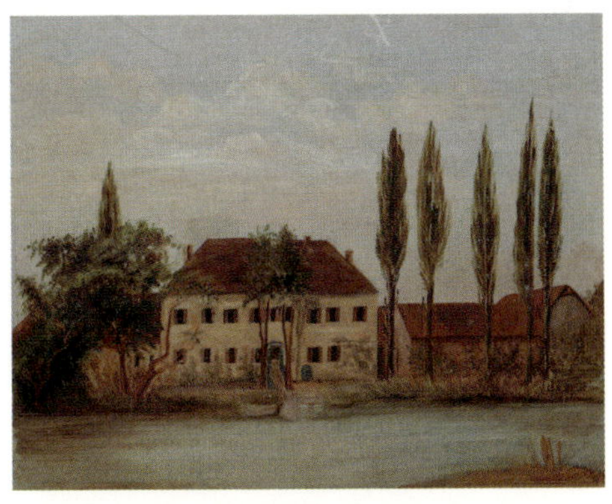

1-02
Edith von Bonin, »*Schloss Brettin im 19. Jahrhundert*«, o. J., Öl auf Malpappe, 31 × 39 cm[11]

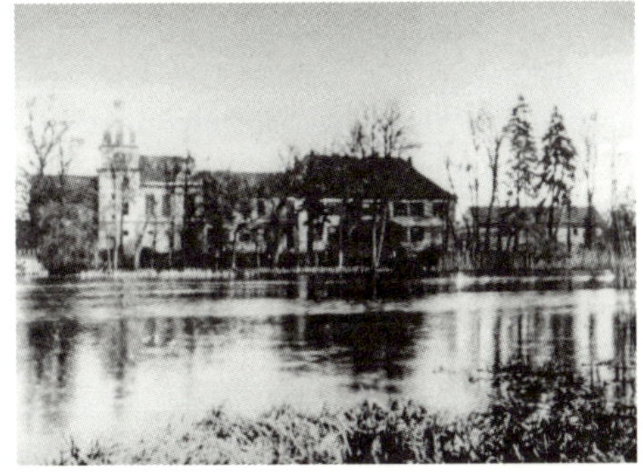

1-03
Schloss Brettin, um 1930, Privatfoto, Sammlung Rohr, Genthin

Nachdem Gisbert von Bonin zu Beginn der 1880er Jahre aus dem Rheinland ins Berliner Finanzministerium berufen worden war, bezog die Familie am dortigen Lützowplatz 8 zusätzlich zum Brettiner Familiensitz eine repräsentative Stadtwohnung.[14] Das familiäre Leben teilte sich zwischen den beiden Orten auf.

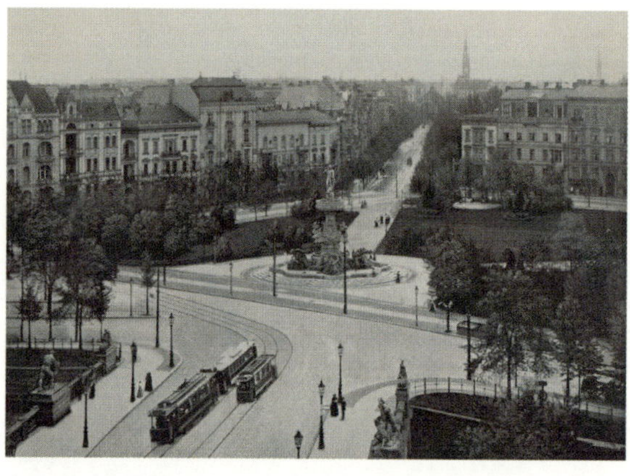

1-04
Lützowplatz in Berlin mit Herkulesbrücke und Herkulesbrunnen (Ausschnitt aus einer Postkarte von 1905)[15]

Es ist zu vermuten, dass Edith von Bonin eine zu ihrer Zeit und in ihrem Gesellschaftsstand übliche Kindheit und Jugend verbracht hat. Bei aller elterlichen Zuneigung und Fürsorge dürften Begriffe wie Pflichtbewusstsein, Disziplin, Ordnung, Respekt und Gehorsam zu den Leitgedanken der Erziehung gehört haben. In ihren frühen Kindheitsjahren, noch im Rheinland, gab es jährliche Erholungsaufenthalte im niederländischen Nordsee-Badeort Scheveningen.[16] In Berlin hat sie vermutlich eine der höheren Mädchenschulen in der Nähe der elterlichen Wohnung besucht. Von Kindesbeinen an wird sie in Kontakt mit preußisch-deutscher Geschichte und Tradition gekommen sein. Noch Jahrzehnte später erinnerte sie sich an die Familienspaziergänge zum Denkmal von Königin Luise[17] im Berliner Tiergarten zu deren Geburtstag am 10. März, »das dann in festlichstem Blumen Schmuck u. grünen Kränzen, marmorweis durch grüne Hecken schimmerte«[18]. Ebenso wie ihre zwei Jahre ältere Schwester Maria[19], auch Mary genannt, wird Edith von Bonin am gesellschaftlichen Leben ihrer Familie einschließlich des Besuchs von Bällen am Hofe Kaiser Wilhelms II. teilgenommen haben.[20]

In ihrem 1911 erschienenen Roman *Das Leben der Renée von Catte* beschreibt die jüngste Schwester, Elsa von Bonin,[21] mit autobiografischen Bezügen die Entwicklung eines Mädchens zur jungen Frau vor dem Hintergrund familiärer und gesellschaftlicher Rollenzwänge, in denen Ehe, Familie und Nachwuchs als Normen weiblichen Daseins definiert sind.[22] Wir dürfen davon ausgehen, dass einige der von ihrer Schwester literarisch verarbeiteten Erfahrungen auch von Edith von Bonin gemacht wurden.

Möglicherweise auf Veranlassung des Vaters fertigte der renommierte Maler Robert Warthmüller[23] 1894 ein Ölgemälde Edith von Bonins an: *Damenportrait, Fräulein von Bonin, in grünem Costüm und rothem pelzverbrämten Mantel auf einem Lehnstuhl.*[24] Es wurde ebenso wie das im selben Jahr entstandene Ölgemälde ihrer Schwester Maria bei der Berliner Warthmüller-Werkausstellung 1896[25] und zehn Jahre später bei der Großen Berliner Kunstausstellung 1906 ausgestellt.[26] Der Verbleib der Bilder ist unbekannt; sie müssen als verschollen oder zerstört gelten.

In Edith von Bonins Elternhaus scheinen Gefühle und Herzlichkeit nur zurückhaltend geäußert worden zu sein. So schreibt die Dichte-

1-05 und **1-06** Edith von Bonin um 1880 und um 1888

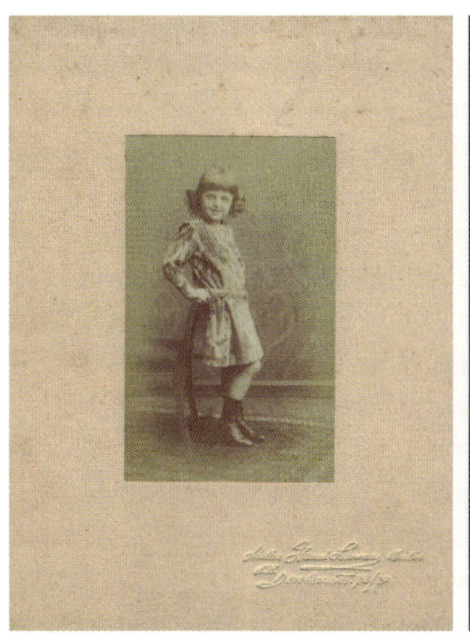

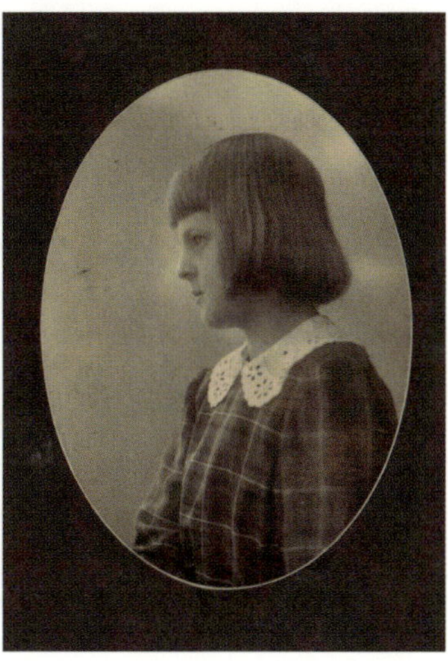

rin und Schriftstellerin Sophie Hoechstetter[27], die seit 1905/06 mit Edith von Bonins Schwester Maria in Kontakt stand, 1907 an ihre Freundin Toni Schwabe[28]: »In dieser Familie wird man nie etwas als vom Herzen diktiert auslegen, [...] über die Begriffe von Menschenseelen darf man nicht mit ihnen reden, es hat keinen Sinn.«[29] Karl von der Heydt, von dem berichtet wird, dass er seinen vier Halbschwestern herzlich verbunden war,[30] bildete wohl eine Ausnahme. Für die vier Töchter war das Leben trotz aller gesellschaftlichen Privilegien und der damit verbundenen materiellen Sicherheit vor diesem Hintergrund vermutlich oft nicht einfach.

Nach den Vermählungen der älteren Schwester Maria mit Friedrich August Graf Gneisenau am 18. April 1893 sowie der jüngeren Schwester Olga mit Horst von Baehr am 1. Oktober 1897[31] dürfte bei den Eltern die Erwartung groß gewesen sein, dass auch Edith sowie die jüngste Tochter Elsa dem traditionellen Familienverständnis entsprechende, standesgemäße Ehen schließen.

Obwohl längst im ›heiratsfähigen‹ Alter – die beiden Schwestern waren zum Zeitpunkt ihrer Eheschließungen 20 beziehungsweise 19 Jahre alt gewesen –, entzog sich Edith von Bonin den Vorstellungen ihrer Eltern. Sie blieb unverheiratet. Ihr Lebensinhalt wurde eine zu jener Zeit, in der Frauen die Immatrikulation an einer deutschen Universität noch kaum möglich war,[32] für Damen von großbürgerlicher oder adliger Herkunft nicht untypische künstlerische Betätigung: Im Alter von 25 Jahren begann Edith von Bonin eine Ausbildung als Malerin. Sie war mit dieser Absicht die erste der Bonin-Töchter, die sich von den elterlichen Zukunftserwartungen emanzipierte. Wenige Jahre später gab es im Leben ihrer Schwestern Maria[33] und insbesondere Elsa[34] Entwicklungen, die weitere und zumindest in Bezug auf Elsa erheblich gravierendere Brüche familiärer Lebensvorstellungen bedeuteten.

Gesellschaftlich war die künstlerische Betätigung höherer Töchter, die aufgrund des Wohlstandes des Elternhauses nicht für ihren Lebensunterhalt zu sorgen brauchten oder vollumfänglich in häusliche und familiäre Pflichten eingebunden waren, als Mittel der Zerstreuung und der Repräsentation durchaus akzeptiert und gehörte sogar zum guten Ton.[35] »Was sollte nach Schule und Pensionat ein junges Mädchen im Elternhaus tun, während es auf den Mann wartete und doch nicht zeigen sollte, daß es wartete? Es mußte ein ›Talent‹ pflegen, um die Zeit bis zur Heirat totzuschlagen.«[36] Mit gesellschaftlichen Vorurteilen und mit elterlichem Widerstand musste die Tochter allerdings rechnen, sobald sie der von ihr erwarteten Rolle als spätere Ehefrau und Mutter nicht nachzukommen bereit war und stattdessen die künstlerische Tätigkeit zum Beruf machen wollte.[37]

In der Rückschau fügt sich Edith von Bonins Wunsch, sich aus familiären Traditionen zu lösen, in Entwicklungen der deutschen und europäischen Allgemeingeschichte um 1900 ein. Wie der Schriftsteller Robert Musil[38] über diese Jahre schrieb, »hatte sich plötzlich in ganz Europa ein beflügelndes Fieber erhoben. Niemand wußte genau, was im Werden war; niemand vermochte zu sagen, ob es eine neue Kunst, ein neuer Mensch, eine neue Moral oder vielleicht eine Umschichtung der Gesellschaft sein solle. Darum sagte jeder davon, was ihm paßte. Aber überall standen Menschen auf, um gegen das Alte zu kämpfen«.[39] Frauenbewegung, Sozial- und Arbeitsreform, Wandervögel und Technikeuphorie – eine reformbegeisterte Zivilgesellschaft war in Aufbruch und Bewegung.[40]

1 Sophie Hoechstetter über die Familie von Bonin in einem Brief an Toni Schwabe, wohl 1907; zit. nach Opitz und Landeshauptstadt Erfurt 2016, S. 110f.

2 Konfession gemäß Stadt Rottweil 2016.

3 Gisbert von Bonin, geb. 06.05.1841 in Altenplathow bei Genthin, gest. 14.03.1913 in Berlin; Maria von Bonin, geb. 07.11.1839 in Elberfeld, gest. 18.08.1912 in Brettin. Daten aus Genealogisches Handbuch der Adeligen Häuser 1957, S. 56.

4 Das Originalfoto, weitere Fotos sowie Dokumente über die Familien Gustav und Gisbert von Bonin und das Schloss Brettin sind im Kreismuseum Jerichower Land des Landkreises Jerichower Land, 39307 Genthin, archiviert.

5 Lebensstationen zit. nach dem Artikel ›Gisbert von Bonin-Brettin‹ 2013, Dienst- und Wohnsitzangabe für die Zeit als dirigierender Staatsminister im Herzogtum Sachsen-Coburg und Gotha gemäß dem Artikel ›Winterpalais (Gotha)‹ 2019.

6 Geb. 15.04.1877 in Waldheim, gest. 20.11.1947 in Berlin. Näheres zu Person und Werk Georg Kolbes bei Berger 1994.

7 Briefabschrift Edith von Bonin an Elsa von Bonin vom 05.07.1961.

8 Geb. 23.11.1797 in Heeren, Grafschaft Mark, Westfalen, gest. 02.12.1878 in Berlin; Genealogisches Handbuch der Adeligen Häuser 1957, S. 55f. Biografische Informationen bei A. 1926, Branig 1955, S. 447, sowie Tullner 2002, S. 80f.

9 Lebensdaten und biografische Angaben aus: Genealogisches Handbuch der Adeligen Häuser 1957, S. 56, sowie der Einführung zu Rilke 1986, S. 10.

10 A. 1926 sowie Tullner 2002, S. 80f. Der an Ortschaft und Schloss Brettin vorbeiführende Teil des früheren Plaueschen Kanals ist heute unter dem Namen Roßdorfer Altkanal ein Seitenarm des in den 1920er und 1930er Jahren ausgebauten Elbe-Havel-Kanals; Artikel ›Elbe-Havel-Kanal‹ 2020. Brettin ist heute ein Ortsteil der Stadt Jerichow im Landkreis Jerichower Land in Sachsen-Anhalt; Artikel ›Brettin‹ 2020.

11 Rückseitig signiert »v. Bonin«. Die vermutlich sehr frühe Arbeit Edith von Bonins dürfte, sofern nicht frei gestaltet, eine Ansicht von Schloss Brettin zu einem nicht näher bestimmbaren Zeitpunkt vor 1900 sein, möglicherweise unter Verwendung einer älteren Bildvorlage. Der Hauszugang hat ebenso wie die Gartenanlage eine schlichtere Ausgestaltung als auf späteren Fotos. Das zweistöckige Seitengebäude

mit Turmaufbau, das als frühester vorliegender Beleg in einer kolorierten Schlossansicht auf einer Grußpostkarte von 1901 mit verschiedenen Brettiner Ortsmotiven abgebildet ist, fehlt.

12 Geb. 31.07.1858 in Elberfeld, gest. 22.08.1922 in Bad Godesberg. Die Einführung zu Rilke 1986 enthält auf S. 7-21 eine Biografie Karl von der Heydts.

13 Das handschriftlich auf den 01.-03.07.1898 datierte Gedicht liegt vor als Heydt, Typoskript 1898.

14 Vgl. Opitz und Landeshauptstadt Erfurt 2016, S. 23.

15 Foto entnommen aus Artikel ›Lützowplatz‹ 2020. Das Bonin'sche Wohnhaus ist das Eckhaus oberhalb des Brunnens.

16 Brief Edith von Bonin an Sybille Gräfin Gneisenau vom 07.09.1949. Sybille Gräfin Gneisenau, geb. Kebbel (geb. 01.08.1918 in München, gest. 17.01.1966 in Freising), war die zweite Ehefrau Constantin Graf Gneisenaus (Eheschließung am 13.02.1940, Scheidung am 22.05.1952); Genealogisches Handbuch der Gräflichen Häuser 1993, S. 273.

17 Geb. 10.03.1776 in Hannover, gest. 19.07.1810 in Hohenzieritz. Sie war die Gemahlin König Friedrich Wilhelm III. von Preußen und bereits zu ihren Lebzeiten äußerst populär. Näheres zur Person Königin Luises bei Taack 1979. Das Denkmal im Berliner Tiergarten wurde 1880 errichtet.

18 Brief Edith von Bonin an Hulda von Arnim vom 12.03.1952.

19 Geb. 11.10.1873 in Mettmann, gest. 10.08.1926 in Berlin; Genealogisches Handbuch der Adeligen Häuser 1957, S. 56.

20 Maria von Bonins Ballbesuche werden bei Opitz und Landeshauptstadt Erfurt 2016, S. 23, erwähnt.

21 Geb. 14.10.1882 in Berlin, gest. 17.06.1965 in Berlin; Genealogisches Handbuch der Adeligen Häuser 1957, S. 56; Todesdatum aus Bonin-von Ostau 1985, S. 284.

22 Bonin 1985. Hinweis auf die autobiografischen Bezüge im Nachwort ebd., S. 283. Elsa von Bonin ließ sich anschließend zeitlebens von Freunden und Verwandten gern als »Renée« anreden; Bonin-von Ostau 1985, S. 284.

23 Geb. 16.01.1859 als Robert Müller in Landsberg an der Warthe, gest. 25.07.1895 in Berlin. Siehe zu Robert Warthmüllers Person und Werk Behrend 2011.

24 Ebd., S. 99.

25 Ebd., S. 99f.

26 Officieller Katalog der Großen Berliner Kunst-Ausstellung 1906, Retrospektive Ausstellung 1856-1886, S. 74. Dort ist als Nr. 713 das »*Bildnis d. Fräulein E. v. Bonin.* 1895. Bes.: Staatsmin. a.D. von Bonin-Brettin, Berlin.« verzeichnet. Als Nr. 712 wird das Porträt der älteren Schwester aufgeführt: »*Bildnis der Gräfin Mary v. Gneisenau.* 1894. Bes.: Gräfin Mary v. Gneisenau, Charlottenburg.«

27 Geb. 15.08.1873 in Pappenheim, gest. 04.04.1943 in Moosschwaige bei Dachau. Siehe zu Sophie Hoechstetters Person und Werk Prusakow 2007 und Marti 2018, zum Kontakt Sophie Hoechstetters mit Maria Gräfin Gneisenau Opitz und Landeshauptstadt Erfurt 2016, S. 86-112.

28 Geb. 31.03.1877 in Bad Blankenburg, gest. 17.10.1951 ebd. Siehe zu Toni Schwabes Person und Werk den Artikel ›Schwabe, Toni‹ 2013, zu den Beziehungen Toni Schwabes zu Sophie Hoechstetter und zu Edith von Bonins Schwester Elsa Opitz und Landeshauptstadt Erfurt 2016, S. 86-112.

29 Undatierter Brief Sophie Hoechstetter an Toni Schwabe, wohl 1907, zit. nach Opitz und Landeshauptstadt Erfurt 2016, S. 110f.

30 Einführung zu Rilke 1986, S. 11. Ein Indiz hierfür ist ein Gedicht in Familienbesitz, das Karl von der Heydt 1893 zur Hochzeit Maria von Bonins mit Friedrich August Graf Gneisenau verfasste. Vorgetragen von einer als »Zigeunerkind« kostümierten kleinen Nichte - so abweichend vom heutigen Sprachgebrauch nachzulesen in einem ausführlichen Bericht der Zeitung *Die Post* vom 21.04.1893 über das gesellschaftliche Ereignis - wurde dem Brautpaar darin eine glückliche Zukunft geweissagt.

Im Nachlass Edith von Bonins fanden sich etliche Erinnerungsstücke an Karl von der Heydt: Fotos eines Ölporträts und einer Porträtzeichnung, ein Foto seiner Ehefrau Elisabeth, geb. Wülfing, ein Innenansicht-Foto des Musikzimmers seines Berliner Wohnhauses, das Typoskript des vorstehenden Gedichts, ein Zeitungsartikel aus der *Bergisch-Märkischen Zeitung* vom 24.02.1935. Die Erinnerungsstücke sind in Familienbesitz.

31 Friedrich August Graf Gneisenau, geb. 24.07.1869 in Stendal, gest. 06.10.1959 in Krefeld; Olga von Bonin, geb. 30.11.1876 in Elberfeld, gest. 15.08.1950 in Bad Kissingen; Horst von Baehr, geb. 1864 in Elbing, gest. 29.10.1920 in Wittigwalde, Ostpreußen. Alle Daten aus: Genealogisches Handbuch der Adeligen Häuser 1957, S. 56.

32 Erst seit 1896 waren Frauen an preußischen Universitäten als Gasthörerinnen zugelassen. Vorher hätte es einer Ausnahmegenehmigung bedurft. Ab 1908 war dann eine Vollimmatrikulation möglich, allerdings unter dem Vorbehalt, dass Frauen von der Teilnahme an einzelnen Vorlesungen ausgeschlossen werden konnten. Dieser Vorbehalt wurde erst nach dem Ersten Weltkrieg aufgehoben. Siehe hierzu Fischer 2002, S. 53. Für die jüngere Schwester Elsa von Bonin, die ab 1910 im Alter von 28 Jahren ein Jurastudium an der Universität Jena begann, waren die Rahmenbedingungen dann schon deutlich günstiger; in Jena war ein Vollstudium von Frauen ab 1907 möglich geworden. Siehe hierzu Martin 1998, S. 1.

33 Am 09.12.1905 wurde die Ehe der älteren Schwester Maria mit Friedrich August Graf Gneisenau geschieden. Maria erhielt das Sorgerecht für die beiden Söhne (11 und 4 Jahre alt) zugesprochen. Sie wandte sich nun verstärkt ihren schöngeistigen Neigungen und der Schriftstellerei zu. 1909 erwarb sie das Schloss Molsdorf bei Erfurt, gestaltete es nach ihren Vorstellungen um und besaß es bis 1923. Am 18.12.1918 heiratete sie in zweiter Ehe den 16 Jahre jüngeren Dr. phil. Georg Baron von Manteuffel-Szoege. Ihre Lebensgeschichte ist dokumentiert bei Opitz und Landeshauptstadt Erfurt 2016.

34 Elsa von Bonin hatte seit 1905 eine lesbische Beziehung mit der Schriftstellerin Toni Schwabe, die ihretwegen Sophie Hoechstetter verließ. Zur Zeit ihres Jurastudiums in Jena erregte sie 1912 Anstoß durch die lesbische Neigung zur Mitstudentin Erika Schill-Krämer. Beide Studentinnen wurden denunziert und der Universität verwiesen. Schill-Krämer wurde »zu ihrem Schutz« in eine Irrenanstalt eingewiesen. Der couragierten Unterstützung durch eine gemeinsame Freundin aus dem Studentinnenverein, die Schill-Krämer unter falschem Namen in der Anstalt besuchte und ›entführte‹, hatten sie es zu verdanken, dass sie bald wieder – zu dann lebenslanger Partnerschaft – zusammenfanden. Der Bericht in Opitz und Landeshauptstadt Erfurt 2016, S. 108f., basiert auf Martin 1998, wo auf S. 6 auch Edith von Bonin mit dem Versuch Erwähnung findet, ihre Schwester bei der Universitätsleitung zu entlasten. Kurzbiografien Elsa von Bonins finden sich bei Bonin-von Ostau 1985, S. 283–286, sowie bei Hermanns 2018. Elsa von Bonins gleichgeschlechtliche Beziehungen führten zur Enterbung durch ihre Mutter. Ihr wurde in einer Testamentsergänzung nur noch der gesetzliche Pflichtteil zugestanden; Testament Maria von Bonin vom 15.09.1911.

35 Sauer 1986, S. 75f.

36 Hildebrandt 1928, S. 23.

37 Vgl. Sauer 1986, S. 78–81.

38 Geb. 06.11.1880 in St. Ruprecht bei Klagenfurt, gest. 15.04.1942 in Genf. Siehe zu Robert Musils Person und Werk Corino 1988.

39 Musil 1957, S. 56.

40 Richter 2018. Die Autorin charakterisiert das seinerzeitige deutsche Kaiserreich als ein »Laboratorium des demokratischen Aufbruchs«.

»Es war zu unserer Zeit noch nicht üblich, dass Töchter taten, was sie wollten«[1]

Studienjahre in München

Eine Richtungsentscheidung

Im Dezember 1900 schrieb sich Edith von Bonin, der als Frau der Zugang zu einer der staatlichen Kunstakademien noch versperrt war,[2] an der privatrechtlich organisierten Damen-Akademie des Künstlerinnen-Vereins München e. V. ein, um Malerin zu werden.[3] Die Akademie besaß aufgrund der Tatsache, dass der Verein zur Sicherstellung einer professionellen Ausbildung nur bekannte und etablierte Künstler als Lehrkräfte beschäftigte, einen guten Ruf.[4]

Es ist nicht bekannt, welche Umstände sie dazu bewogen hatten und über welche Vorkenntnisse sie verfügte.[5] Jedenfalls setzte Edith von Bonin trotz des bei ihren Eltern vorhandenen Unverständnisses ihren Wunsch durch. Dies war durchaus nicht selbstverständlich. Zwar war sie seit 1896, seit der Vollendung ihres 21. Lebensjahres, volljährig,[6] doch war sie zum einen finanziell von ihren Eltern abhängig, zum anderen in der Tradition des damaligen patriarchalischen Familienrechts groß geworden;[7] sie hätte kaum gegen eine endgültig ablehnende Entscheidung ihres Vaters gehandelt. Vielleicht hat der kunstsinnige Karl von der Heydt, der seit 1891 in Berlin lebte,[8] in der Familie als Fürsprecher fungiert. Sechzig Jahre später schreibt Elsa von Bonin rückblickend an Edith: »Weisst Du, es war zu unserer Zeit garnicht (noch nicht) üblich, dass Töchter taten, was sie wollten. Eltern nahmen das eben schwer übel. Deshalb hatte Mama [...] für mich nicht das allergeringste Verständnis; für Dich auch kaum, sobald es sich zeigte, dass Du Malerin werden wolltest, anstatt weitere Generationen hervorzuzaubern. Wir können ihnen (den Eltern) das nicht übel nehmen. Sie konnten nicht anders.«[9]

Um diese Zeit muss eine der wenigen uns bekannten frühen künstlerischen Arbeiten Edith von Bonins entstanden sein, der Entwurf für die Medaille zum 600-jährigen Bestehen der Familie von Bonin (Abb. 2-01) im Jahr 1901.[10]

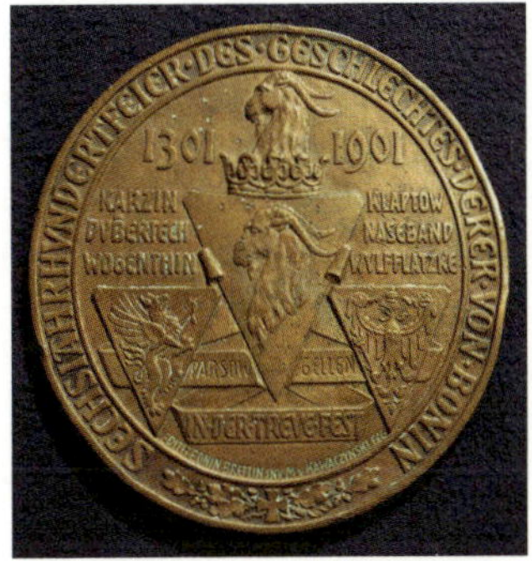

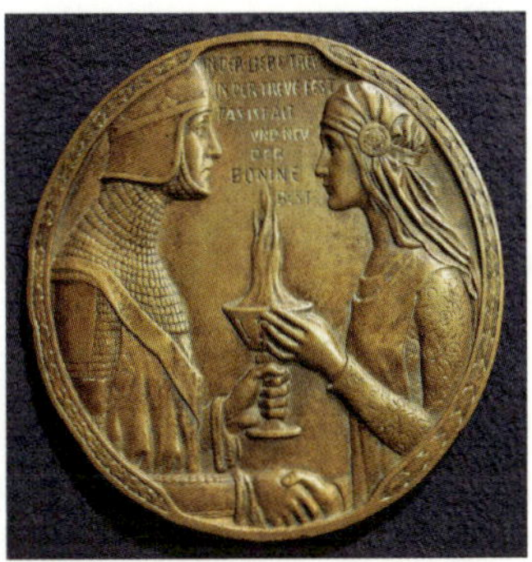

2-01 Medaille *Sechsjahrhundertfeier des Geschlechtes derer von Bonin*, 1901 (Abbildung Auktionskatalog Antykwariat Wu-eL, Stettin)

Die Konsequenz, mit der Edith von Bonin ihr gesamtes weiteres Leben als Malerin führte, spricht für eine bewusste Richtungsentscheidung und gegen die vorübergehende Laune einer höheren Tochter oder eine bloße Überbrückung des Zeitraums bis zur tradierten Ehefrauenrolle.[11] Sie fühlte sich zur Malerin berufen, brachte ihre erstrebte Selbstverwirklichung als Künstlerin entschlossen und zielstrebig auf den Weg und nahm die damit verbundenen familiären und gesellschaftlichen Vorbehalte in Kauf.

Der Vergleich mit den (späteren) schriftstellerischen Aktivitäten der älteren Schwester Maria sowie der jüngsten Schwester Elsa lassen Edith von Bonins Ambitioniertheit umso deutlicher hervortreten. Als einzige der Schwestern richtete sie ihr Leben vollständig nach ihrer künstlerischen Tätigkeit aus.

Maria Gräfin Gneisenaus schmales, 1901 begonnenes literarisches Werk, das schon bei ihren Zeitgenossen nicht den erhofften Widerhall fand und heute praktisch vergessen ist, war vor dem Hintergrund einer unglücklichen, 1905 schließlich geschiedenen Ehe und eines damit in Verbindung stehenden Gefühls des Unerfülltseins für die Gräfin letztlich ein Mittel, um innerhalb der gesellschaftlichen Strukturen ihres Standes Anerkennung und ihre Rolle zu suchen. Für weitergehende künstlerische Ziele mangelte es ihr, wie vermutet werden kann, an Selbstbestimmtheit, die sie zum Ausbruch aus ihrem tradierten Rollenbild befähigt hätte.[12] Elsa von Bonin setzte ihre schriftstellerische Begabung zwar erfolgreicher ein; mit guter

Resonanz veröffentlichte sie ab 1911 eine Reihe von Romanen, hauptsächlich zur Thematik der Emanzipierung der Frau in der adligen und gutbürgerlichen Gesellschaft - eines ihrer Bücher wurde 1926 bei einem Romanwettbewerb des *Hamburger Fremdenblattes* und der *Münchner Neuesten Nachrichten* mit dem 1. Preis von 50.000 Reichsmark bedacht -, doch war die Schriftstellerei für sie nur *eine* zu ihrem Lebensunterhalt beitragende Tätigkeit neben anderen. Im Vordergrund stand für die selbstbewusste promovierte Juristin, die ein eigenständiges Leben jenseits gesellschaftlicher Konventionen führte, die Leitung des land- und forstwirtschaftlichen Gutes Brettin nach dem Tod der Eltern.[13]

Edith von Bonins privilegierte Herkunft, ihr Standesbewusstsein und der materielle Hintergrund der Familie prägten ihr im Vergleich mit vielen bürgerlichen Künstlern zeitlebens höheres Maß an Unabhängigkeit, trotz aller Brüche und Einbußen in zwei Weltkriegen und den anschließenden Wirtschaftskrisen und Geldentwertungen.

Das Leben als Kunstschülerin

Ausweislich der Mitgliederlisten studierte Edith von Bonin an der Münchner Damen-Akademie von 1901/02 bis 1907/08[14] und erwarb dort das grundlegende Rüstzeug für ihr späteres Leben als Malerin. Wegen ihres Umzuges nach Paris im September 1907 nahm sie im Wintersemester 1907/08 allerdings nicht mehr am Unterricht teil.[15]

Als ihre akademischen Lehrer an der Damen-Akademie sind die Maler und Illustratoren Angelo Jank[16] und Max Feldbauer[17] überliefert.[18] Angelo Jank war zwischen 1896 und 1898 Mitglied der Münchner Secession geworden,[19] einer 1892 als Freiheitsbewegung gegen eine eingeengte und konservative Kunstauffassung gegründeten Künstlervereinigung, die sehr rasch, ebenso wie die wenig später andernorts (Berlin, Darmstadt, Dresden, Wien) gegründeten Sezessionen, großen Widerhall fand und ein Wegbereiter für neue Kunstformen war.[20] Max Feldbauer hatte sich 1899 mit elf anderen Künstlern in München zu einem Malerkreis zusammengeschlossen, dem die Beteiligten den Namen »Scholle« gaben.[21] Wenngleich diese Vereinigung als pragmatische Interessengemeinschaft unterschiedlicher Künstler ohne gemeinsames künstlerisches Programm angelegt war,[22] verband die Maler eine stilisierte, dekorative und ornamentale Bildauffassung mit teils symbolhaften Bildthemen, die der Reformbewegung der Jugendstilära und der Suche nach neuen Gestaltungsprinzipien in allen Lebensbereichen entsprach.[23] Max Feldbauer, der der »Scholle« bis 1908 angehörte,[24] blieb ihren künstlerischen Zielen bis an sein Lebensende treu.[25] Parallel zu ihrem Unterricht an der Damen-Akademie betätigten sich Jank und Feldbauer weiterhin als Illustratoren für die 1896 gegründete Zeitschrift *Jugend*, der Namensgeberin des Jugendstils.[26] Beide Künstler waren zur Jahrhundertwende nur wenig über 30 Jahre alt und mithin für neue Kunstströmungen aufgeschlossen. Dies dürfte auch in ihrer Lehrtätigkeit an der Damen-Akademie Niederschlag gefunden haben.

Angelo Jank lehrte während Edith von Bonins Studienzeit die Fächer Kopf- und Aktzeichnen (bis 1907) sowie Kopf- und Aktmalen (1905–1907).[27] Die Lehrtätigkeit von Max Feldbauer, der in einem Atelier an der Leopoldstraße unterrichtete,[28] bezog sich während dieser Zeit auf die Bereiche Aktzeichnen-Abendkurse (1902–1906), Kopf- und Aktmalen (ab 1905) sowie Kopf- und Aktzeichnen (ab 1906/07).[29]

Zu dem als grundlegend für die professionelle Ausbildung an einer Kunstakademie angesehenen Studium des menschlichen Akts[30] kamen die Pflichtfächer der Damen-Akademie. Dazu gehörten Perspektivlehre, Maltechnik, Kunstgeschichte und Anatomie.[31] Lehrer hierfür waren zu Edith von Bonins Studienzeit unter anderem Marie von Welschbrum (Perspektivlehre), Fritz Hegenbarth und Ellen Tornquist (Kostümkurse), Moritz Heymann (Lithografie), Julius Diez (Kompositionskurse), Ella Räuber (Geometrie), Karl Voll (Kunstgeschichte) sowie Adolf K. Bermann und Alfred Hasselwander (Anatomie).[32] Es ist wahrscheinlich, dass Edith von Bonin auch Kurse in den Fächern Landschaft, Stillleben und Blumen besucht hat. Diese Fächer wurden während ihrer Studienzeit von Karoline Kempter, Theodor Hummel und Marie Marc-Schnür gelehrt.[33]

Max Feldbauer lud seine Münchner Schülerinnen des Öfteren ins nahegelegene Dachau ein, um mit ihnen zu arbeiten.[34] Auch wenn er in dem Ort keine eigene private Malschule betrieb,[35] hat er ihnen dort vermutlich während der Sommermonate, in denen die Damen-Akademie pausierte, zusätzlichen Unterricht erteilt.[36] Das idyllische

Dachau, vor den Toren Münchens in reizvoller Mooslandschaft an der Amper gelegen und seit 1867 schnell und bequem mit der Bahn erreichbar, war im Laufe des 19. Jahrhunderts von Freilichtmalern entdeckt worden.[37] Ideale Arbeitsbedingungen - und wohl auch die gegenüber München geringeren Lebenshaltungskosten - waren Gründe zu bleiben. Besonders die Internationalen Kunstausstellungen im Münchner Glaspalast, bei denen Werke französischer Impressionisten zu sehen waren, bewirkten in den letzten Dekaden des 19. Jahrhunderts einen starken Zustrom von Malern nach Dachau. Neben dem niedersächsischen Worpswede entwickelte sich das oberbayerische Städtchen zur bedeutendsten deutschen Künstlerkolonie, in der eine Vielzahl von Künstlern, teils in lockerer Gemeinschaft, teils in entstehenden Malschulen, neue Wege und Ausdrucksformen erkundete und sich dabei vor allem an französischen Vorbildern orientierte. »Um 1900 war Dachau zu einem überregional bekannten Zentrum für Landschaftsmalerei geworden, das von einer unübersehbar großen Künstlerschar besucht wurde.«[38] Auch Edith von Bonin dürfte an Feldbauers Unterricht in Dachau teilgenommen und dort prägende Impulse für ihre spätere Freilicht- und Landschaftsmalerei empfangen haben, an die sie ab den 1930er Jahren bei Arbeitsaufenthalten in Dachau anknüpfen konnte.

Zu ihren Münchner Mitstudentinnen zählten Maria Langer-Schöller[39], Käte Lassen[40], Gertraud Rostosky[41], Käte Schaller-Härlin[42], Louise Weitnauer[43] und Paula Wimmer[44], deren Namen uns im späteren Leben Edith von Bonins erneut begegnen werden. Ob es bereits an der Damen-Akademie zu engeren Kontakten kam oder ob sich diese erst später entwickelten, ist mit Ausnahme Gertraud Rostoskys trotz hoher Plausibilität nicht ersichtlich. Die unterschiedlichen Immatrikulationsdaten und die recht hohe Anzahl der Schülerinnen an der Akademie, die zu Edith von Bonins Studienzeit zwischen 363 und 434 lag,[45] könnten dem entgegengestanden haben. Sollte Edith von Bonin bereits freundschaftlichen Kontakt zur Mitstudentin Maria Langer-Schöller gehabt haben, die gebürtig aus Dachau stammte und dort wohnte,[46] könnte diese sie zu privaten Besuchen der Stadt und des umgebenden Mooses eingeladen und eventuell zum ergänzenden Studium an der von ihr besuchten renommierten privaten Dachauer Malschule Adolf Hölzels[47] animiert haben.

Die »Kunstschülerin«[48] Edith von Bonin mietete sich während ihrer Münchner Studienzeit, die in den unterrichtsfreien Zeiten sicherlich durch Heimreisen unterbrochen wurde, unweit der vereinseigenen Atelierräume der Damen-Akademie ein, die seit 1898 in der Barer Straße lagen.[49] Sie wohnte anfangs am Karlsplatz 8 bei Familie Nothhaft, später in der Prinz-Ludwig-Straße 5 in der Pension Beckenbauer und ab 1903 in der Prinz-Ludwig-Straße 7 in der Pension Held.[50] Erst zum 13. März 1909 meldet sie sich bei der Münchner Einwohnermeldebehörde ab.[51] Ebenso wie während des anschließenden Paris-Aufenthaltes, für den dies belegt ist, wird Edith von Bonin in ihrer Münchner Zeit wohl finanzielle Zuwendungen ihrer Eltern erhalten haben, um ihren Lebensunterhalt und ihr Studium zu finanzieren.[52] Die Bekanntschaft zwischen Edith von Bonin und Gertraud Rostosky führte dazu, dass letztere das Münchner Atelier der nach Paris wechselnden Edith von Bonin übernehmen wollte.[53] Dazu schrieb Gertraud Rostoskys Freund Max Dauthendey: »Grüß die langen Zöpf der Bonin, wenn sie Dir's Atelier vermiet' därf sie sich glücklich schätzen […]«[54]

Im Umfeld der Damen-Akademie gab es, wie die Biografien von Käte Lassen und Gertraud Rostosky zu berichten wissen,[55] ein reges geselliges Leben. Auch Edith von Bonin erinnerte sich an »schöne u. malerische Feste« in der Münchner Faschingszeit, auch wenn es dort ein wenig »derb« zugegangen sei.[56]

Sehr wahrscheinlich entstand im gemeinsamen Damen-Akademie-Jahr 1901 auch ein persönlicher Kontakt zur Mitstudentin Käte Schaller-Härlin. In deren Skizzenbuch findet sich - neben einem mit »Florenz 1906« untertitelten Selbstporträt - Edith von Bonins Name im Zusammenhang mit dem Entwurf eines wahrscheinlich nicht ausgeführten Exlibris. Ob dies als Hinweis zu werten ist, dass die beiden Künstlerinnen die Italienreise gemeinsam unternahmen, bleibt indes spekulativ.[57]

Die Damen-Akademie des Künstlerinnen-Vereins München e. V. stellte 1920 ihre Tätigkeit ein; mit der gleichberechtigten Zulassung von Frauen an staatlichen Kunstakademien war ihr Daseinszweck erfüllt. Der Verein und der ihm angeschlossene Künstlerinnen-Hilfsverein bestanden aber noch bis 1967 beziehungsweise 1972.[58] Durch ihre Mitgliedschaft im Künstlerinnen-Hilfsverein blieb Edith von Bonin ihrer Ausbildungsstätte lebenslang verbunden; am 2. Dezember 1960 wurde ihr von der damaligen Vereinsvorsitzenden Elisabeth Koelle-Karmann das Ehrenzeichen des Vereins verliehen.[59]

Spuren der Münchner Jahre

Sieht man von der Jubiläumsmedaille der Familie einmal ab (Abb. 2-01), von der wir nicht genau wissen, wann sie entworfen wurde, lässt sich der Zeit an der Damen-Akademie nur ein nachgelassenes Werk Edith von Bonins sicher zuordnen. Dessen Sujet könnte durch einen der als Pferdemaler hervorgetretenen akademischen Lehrer Angelo Jank und Max Feldbauer angeregt worden sein.

Das Bild zeigt in dramatischer Weise die nächtliche Fahrt eines Pferdefuhrwerkes auf einer Allee entlang eines Flusses. Der einzige helle Lichtpunkt im fahlen Dunkel der stürmischen Nacht ist die Laterne des Fuhrwerkes, deren Schein die Blicke des Betrachters

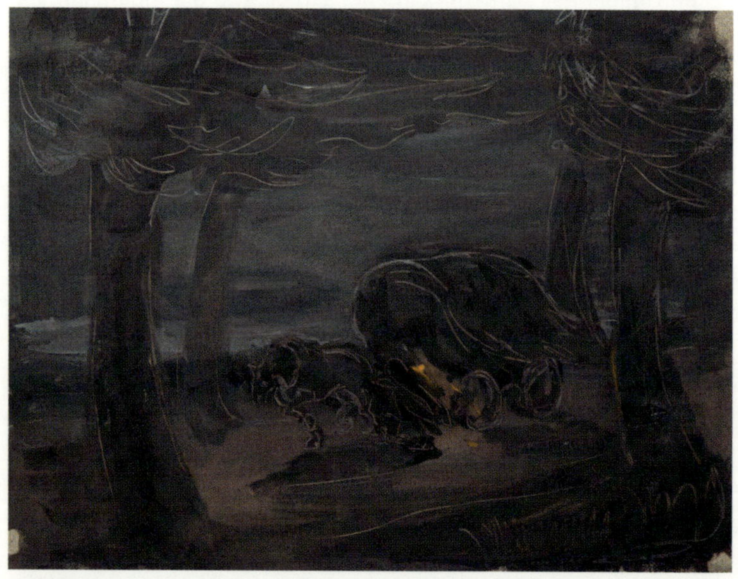

2-02 Edith von Bonin, *Auf der Landstraße*, 1902, Gouache auf Papier, 26 × 35 cm; Privatbesitz[60]

auf sich zieht und die widrigen Wetterbedingungen umso mehr hervorhebt.

Während ihrer Münchner Studienjahre dürfte Edith von Bonin zu einer ersten näheren Beschäftigung mit dem Werk des 1887 in Rom verstorbenen, um 1900 in der Kunstszene wiederentdeckten Malers Hans von Marées[61] gekommen sein. In dessen Werkverzeichnis von 1909 findet sich der Hinweis auf eine von Edith von Bonin angefertigte Kopie seines Gemäldes *Drei Jünglinge unter Orangenbäumen* in Elberfelder Museumsbesitz.[62] Der Nachlass Edith von Bonins macht ihre weitere anhaltende Beschäftigung mit dem Marées'schen Werk und dessen Wertschätzung deutlich. Vordergründig äußert sich dies in einer Notiz über die Marées-Werkpräsentation beim Pariser Salon d'Automne 1909,[63] einem Treffen mit dem Marées-Biografen Julius Meier-Graefe am 19. November 1909 in Berlin,[64] ihrem Erwerb zweier Zeichnungen des Künstlers, die heute in der Staatlichen Graphischen Sammlung München aufbewahrt werden,[65] sowie in der Marées-Literatur in den nachgelassenen Teilen ihrer Bibliothek.[66]

Vor allem aber griff Edith von Bonin bei figürlichen Darstellungen auf Stilmittel des Malers zurück, der mit seiner Anordnung von Figuren im Raum, mit der Schichtung einzelner Raumzonen, mit Gestalten beinahe ohne individuelles Leben, deren Haltung und Gebärde weniger der inhaltlichen Aussage, sondern der formalen Gliederung der Gesamtkomposition dient, sowie mit seinen Vorstellungen von konstruktiver Abstraktion zum Vorbild der damals jungen Generation wurde.[67] Deutlich wird dies bei der Gegenüberstellung einer kleinen Gouache sowie einer Kohlezeichnung Edith von Bonins, deren Entstehungszeit und -ort unbekannt sind, mit einer der beiden von ihr erworbenen Marées-Zeichnungen.

Die Gouache (Abb. 2-03) illustriert ein seit den Anfängen der Kirchenmalerei sehr häufig verwendetes Motiv: die im 3. Kapitel des 1. Buches Mose geschilderte biblische Szene, die zur Vertreibung Adams und Evas aus dem Paradies führt. Verführt durch die nur schemenhaft links im Bildhintergrund kauernde Schlange, die den Erfolg ihrer Einflüsterungen belauert und der Edith von Bonin einen weiblichen Oberkörper gegeben hat, streckt Eva ihre Arme empor, um die verbotene Frucht vom Baum der Erkenntnis im Zentrum des Bildes zu pflücken. Adam geht scheinbar noch unentschlossen auf sie zu.

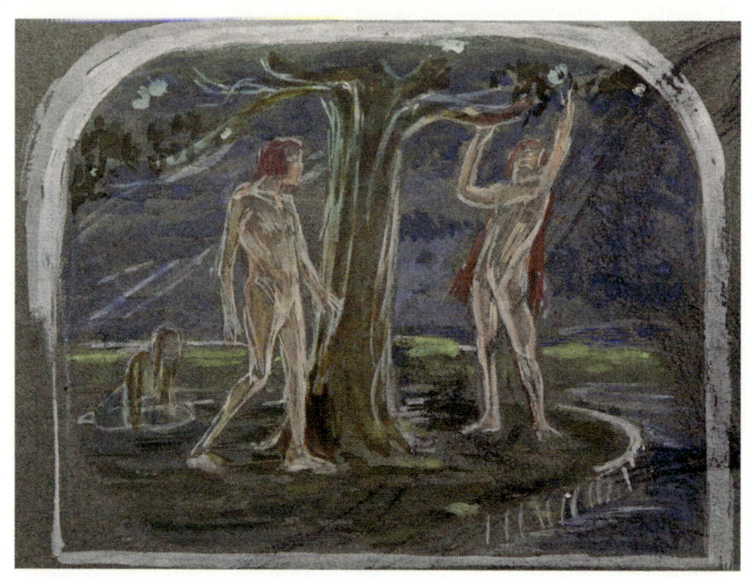

2-03 Edith von Bonin, »*Sündenfall*«, o. J., Gouache auf grünem Tonpapier, 16 × 21,5 cm; Privatbesitz

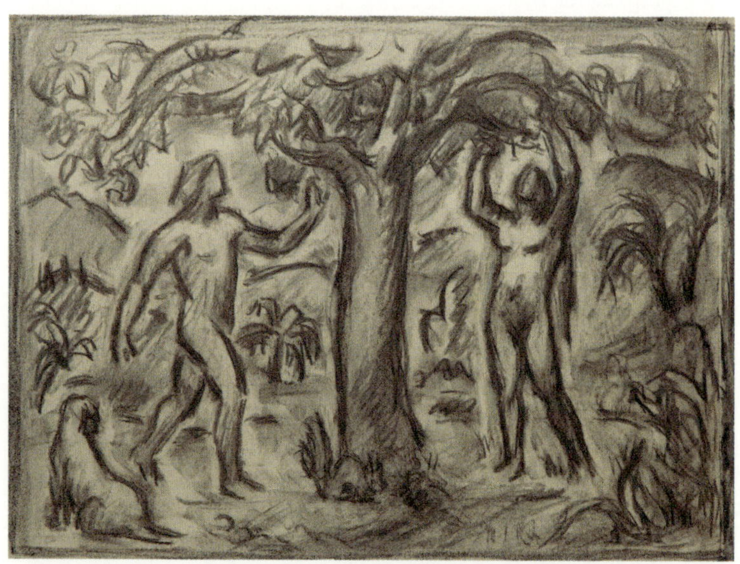

2-04 Edith von Bonin, »*Sündenfall*«, o. J., Kohle auf Papier, 23,5 × 32 cm

Die weiße Bildumrahmung grenzt den paradiesischen Garten Eden von der äußeren Welt ab und lässt ebenso wie die kühlen Farben den bevorstehenden Verlust an behüteter Geborgenheit erahnen.

Ganz anders, trotz des gleichen Sujets, ist die in der Bildgestaltung idyllischere Kohlezeichnung (Abb. 2-04). Der Baum der Erkenntnis ist hier der dominierende Bestandteil einer größeren Parklandschaft mit weiteren Bäumen, in deren Hintergrund Berge sichtbar sind. Außer Adam und Eva beleben ein Hund und ein Eichhörnchen die Szene. Eva streckt hier ebenfalls ihre Arme aus, um die verbotene Frucht zu pflücken. Adam läuft - viel dynamischer als in der Gouache - mit erhobenem Kopf und warnender, Einhalt fordernder Geste auf sie zu. Anders als in der Gouache handeln in der Kohlezeichnung beide Protagonisten aus eigenem Antrieb; jeglicher Hinweis auf Verführung fehlt.

Zum stilistischen Vergleich lädt Marées' Skizze *Die beiden Männer* aus Edith von Bonins früherem Besitz ein (Abb. 2-05), eine Studie zum linken Flügelbild seines Triptychons *Die Hesperiden*

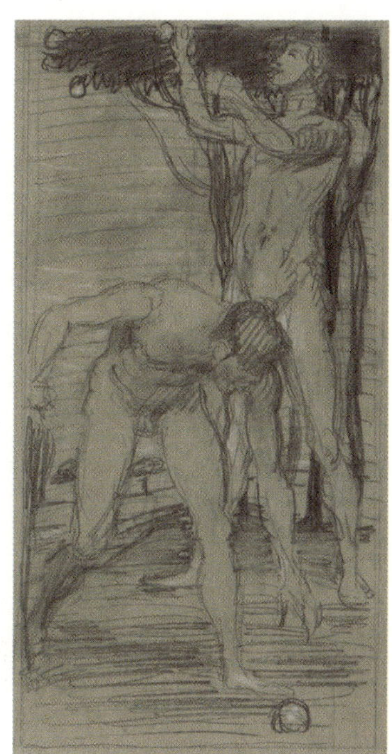

2-05 Hans von Marées, *Die beiden Männer*, 1885, Kohle und Kreide auf grauem Papier, 44,5 × 29,5 cm[69]

(Zweite Fassung). Marées knüpft in seiner Zeichnung an die antike Sage des von den göttlichen Hesperiden bewachten Baumes mit den goldenen Früchten an. Er interpretiert diese Früchte als ein höchstes Gut, mit dem jeder auf die ihm bestimmte Art umgeht - so auch die im Bild auf der Höhe ihres Lebens dargestellten Männer.[68]

Bei aller Variation lassen sich Marées'sche Motivanregungen und seine Formensprache als Einflüsse auch in weiteren Werken Edith von Bonins finden, so in einem skizzenhaft ausgeführten Bild (Abb. 2-06), in dem es um den Aufbruch und die Verabschiedung einer Reitergruppe geht: Während die beiden Reiter im Hintergrund ungeduldig zum Losreiten drängen, beugt sich der Reiter im Vordergrund noch zu einer neben ihm stehenden Frau hinab, um ihr die Hand zu reichen. Die angedeuteten Kopfbedeckungen der Reiter könnten auf deren soldatischen Stand hinweisen. Die Ausführung der Szenerie und die Farbwahl tragen zu einer melancholischen Grundstimmung des Bildes bei, dessen Entstehungszeit und -ort wiederum unbekannt sind.

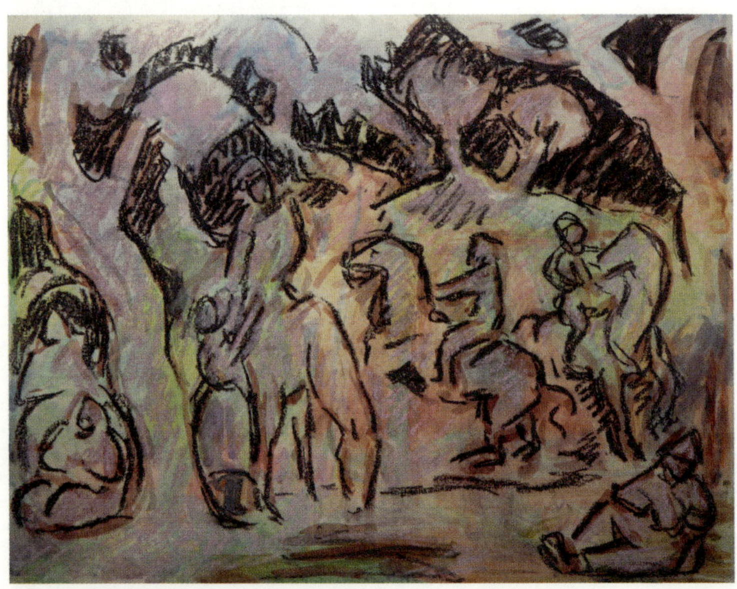

2-06 Edith von Bonin, »*Aufbruch einer Reitergruppe*«, o. J., Pastellkreide/Mischtechnik auf Papier, 34,5 × 45 cm

1 Brief Elsa von Bonin an ihre Schwester Edith vom 22.09.1961.

2 Sauer 1986, S. 81f., Sauer 1990, S. 20, sowie Deseyve 2005, S. 14–33.

3 Deseyve 2005, S. 145.

4 Ebd., S. 79, sowie Nebel 2007, S. 281.

5 Aufgrund der Familienwohnsitze in Brettin und Berlin wäre auch ein Besuch der Zeichen- und Malschule des Vereins der Berliner Künstlerinnen 1867 e. V. naheliegend gewesen. Jedoch gibt es weder im Archiv des Vereins der Bildenden Künstlerinnen Berlins (Pietsch, E-Mail vom 02.05.2016) noch in den Beständen des Historischen Archivs der Akademie der Künste in Berlin (Möhlenbeck, E-Mail vom 04.05.2016) Hinweise auf Edith von Bonin.

6 Die Volljährigkeit war in Deutschland seit dem 1. Januar 1876 gemäß § 1 des Gesetzes, betreffend das Alter der Großjährigkeit, vom 17. Februar 1875, auf 21 Jahre festgelegt; Reichs-Gesetzblatt 1875, Nr. 8, S. 71. Das Bürgerliche Gesetzbuch vom 18.08.1896, das zum 01.01.1900 in Kraft trat, übernahm in § 2 diese Regelung; Reichs-Gesetzblatt 1896, Nr. 21, S. 195.

7 Das Familienrecht des Bürgerlichen Gesetzbuches gab dem Vater, bei Eheschließung dem Ehemann, die Entscheidungsbefugnis in den die Familie betreffenden Angelegenheiten. Dies betraf auch die Entscheidungen in Geldangelegenheiten. Siehe ebd. besonders §§ 1354, S. 426, 1363, S. 428, und 1627, S. 474.

8 Einführung zu Rilke 1986, S. 12f. Sein Wohnsitz war die von der Heydt'sche Familienvilla in der Von-der-Heydt-Straße 18; Artikel ›Villa von der Heydt (Berlin-Tiergarten)‹ 2020. Sie lag nur wenige hundert Meter vom Bonin'schen Wohnsitz entfernt.

9 Brief Elsa von Bonin an ihre Schwester Edith vom 22.09.1961. Oder, wie 1907 in einem Brief von Sophie Hoechstetter an Toni Schwabe formuliert: »Und Edith galt doch auch als der Familie bezw. der Tradition verlorene Tochter.« Zit. nach Opitz und Landeshauptstadt Erfurt 2016, S. 110.

10 Die Medaille mit einem Durchmesser von 120 mm enthält auf der Vorderseite die Prägung »EDITH·BONIN·BRETTIN·INV·M·v·KAWACZYNSKI·FEC«; Antykwariat Wu-eL 2020, Lot 31.

11 Die gesellschaftlichen Hürden für eine Künstlerin um 1900 werden anschaulich dargestellt bei Umbach 2015, bes. S. 13–16, sowie bei Sauer 1986, bes. S. 75–86.

12 Siehe hierzu und zur Einordnung der schriftstellerischen Betätigung Maria Gräfin Gneisenaus Opitz und Landeshauptstadt Erfurt 2016, S. 10f. und S. 97f.

13 Siehe dazu Bonin-von Ostau 1985, S. 283–286, sowie Vorsatz 2005.

14 Deseyve 2005, S. 145.

15 Deseyve, Telefonauskunft vom 12.07.2016.

16 Geb. 30.10.1868 in München, gest. 09.10.1940 ebd. Angelo Jank war von 1899 bis 1907 Lehrer an der Damen-Akademie; Deseyve 2005, S. 199. Siehe zu Angelo Janks Person und Werk den Artikel ›Angelo Jank‹ 2020. 1906 war er an der Freskierung des Schwurgerichtssaals im Münchner Justizpalast beteiligt; Gröner und Götsch 2007, S. 270f. Weitere Jank'sche Arbeiten waren Historienbilder für das Berliner Reichstagsgebäude. Bekanntheit erlangte er auch als Pferdemaler.

17 Geb. 14.02.1869 in Neumarkt/Oberpfalz, gest. 20.11.1948 in Münchshöfen bei Straubing. Max Feldbauer war von 1902 bis 1916 Lehrer an der Damen-Akademie; Deseyve 2005, S. 198. Siehe zu Max Feldbauers Person und Werk Zweckverband Dachauer Galerien und Museen 2015, Bender 1915, S. 362f., sowie Thiemann-Stoedtner und Hanke 1989, S. 127–132. In Bender 1915, S. 362, wird Feldbauer beschrieben als »ein Temperament von männlicher und bayrisch-derber Struktur, ein geschickter u. humorvoller Illustrator und Plakatzeichner, vor allem aber ein sicherer u. interessanter Kolorist. Seine Ölbilder, deren Motive er mit Vorliebe dem bayrischen Volks- u. Soldatenleben entnimmt, sind von einer breiten Frische, in ihrem letzten Wert nicht selten beeinträchtigt durch einen Mangel an künstlerischer Konzentration, der ihnen den Charakter von Studien großen Formats verleiht. Besonders bekannt, ja populär sind F.s Pferdeporträts (schwere Bauern-, Brauer- u. Soldatengäule) u. die derben weibl. Akte, Bauermädchen, Münch. Kellnerinnen etc. geworden.«

18 Briefe Anny Wasner an Felicitas Tietz vom 21.03.1973 und 05.05.1981.

19 Im Ausstellungskatalog der Secession 1898 wird Angelo Jank erstmals im Mitgliederverzeichnis aufgeführt; Verein bildender Künstler Münchens (A. V.) ›Secession‹ 1898, S. 55. Im Ausstellungskatalog von 1896 taucht sein Name noch nicht als Mitglied auf.

20 Siehe zur Entstehung und zur Geschichte des Vereins bildender Künstler Münchens Secession e. V. Best 2007, S. 9–27, sowie Kästl 2018. Der Verein besteht – mit Unterbrechung während der nationalsozialistischen Zeit – bis heute.

21 Zur Entstehung und zur Geschichte der »Scholle« siehe Nebel 2007, S. 276–289. Es gab »kein anderes gemeinsames bewußtes Ziel, keine andere Marschroute und Parole, als die Forderung an ihre Mitglieder, daß jeder seine eigene Scholle bebaue, die freilich auf keiner Landkarte zu finden ist«; *Jugend* 1903, S. 758. Gemeinsames Arbeiten, gegenseitiger Erfahrungsaustausch und Gruppenpräsentationen sollten den Mitgliedern Möglichkeiten bieten, sich in der Kunstszene besser zu etablieren. Nachdem dies erreicht war, wurde die Gruppe 1911 aufgelöst.

22 Lenz 2007, S. 11.

23 Nebel 2007, S. 280.

24 Gröner und Götsch 2007, S. 267, sowie Boser 2015, S. 8.

25 Thiemann-Stoedtner und Hanke 1989, S. 128.

26 Die 1896 bis 1940 erschienene Zeitschrift *Jugend - Münchner illustrierte Wochenschrift für Kunst und Leben* ist digital bei der Universitätsbibliothek Heidelberg erschlossen; http://jugend-muenchen.uni-hd.de/.

27 Deseyve 2005, S. 199.

28 Thiemann-Stoedtner und Hanke 1989, S. 128.

29 Deseyve 2005, S. 198.

30 Ebd., S. 75.

31 Ebd.

32 Ebd., S. 197-200.

33 Ebd., S. 198f.

34 Boser 2015, S. 11.

35 Ebd.

36 Mannes 2013, S. 112.

37 Darstellungen der Geschichte Dachaus als Künstlerkolonie finden sich bei Thiemann-Stoedtner und Hanke 1989, S. 11-28, sowie bei Boser 2013, S. 7-38. Auf sie wird hier Bezug genommen.

38 Boser 2013, S. 16.

39 Geb. 14.08.1878 in Dachau, gest. 20.04.1969 ebd. Siehe zu Maria Langer-Schöllers Person und Werk Mannes 2015, Ewers-Schultz 2004a, S. 132-137, sowie Thiemann-Stoedtner und Hanke 1989, S. 133-136. Maria Langer-Schöller war an der Damen-Akademie von 1896/97 bis 1902/03 eingeschrieben; Angabe aus Deseyve 2005, S. 168.

40 Geb. 07.02.1880 in Flensburg, gest. 22.12.1956 ebd. Siehe zu Käte Lassens Person und Werk Mahn 2007 sowie Wolff-Thomsen [1997], S. 99-117. Käte Lassen war an der Damen-Akademie von 1898/99 bis 1909/10 eingeschrieben; Angabe aus Deseyve 2005, S. 168.

41 Geb. 07.01.1876 in Riga, gest. 30.05.1959 in Würzburg. Siehe zu Gertraud Rostoskys Person und Werk Kleinlauth 1998. Gertraud Rostosky war an der Damen-Akademie von 1901/02 bis 1904/05 eingeschrieben; Angabe aus Deseyve 2005, S. 181.

42 Geb. 19.10.1877 in Mangalore/Indien, gest. 09.05.1973 in Stuttgart. Siehe zu Käte Schaller-Härlins Person und Werk - sie machte sich besonders als Porträtistin einen Namen - Heussler 2017. Käte Härlin war an der Damen-Akademie von 1900/01 bis 1903/04 eingeschrieben; Angabe aus Deseyve 2005, S. 157. Allerdings nahm sie nicht den gesamten Zeitraum über am Unterricht teil, wird sie im Münchner Melderegister doch lediglich von Ende April 1900 bis zur Rückkehr nach Stuttgart Ende Mai 1901 aufgeführt; Heussler 2017, S. 29 und S. 33.

43 Geb. 20.05.1881 in Basel, gest. 25.07.1957 ebd. Siehe zu Louise Weitnauers Person und Werk Pfister-Burkhalter 1959, S. 65-68. Louise Weitnauer war an der Damen-Akademie von 1903/04 bis 1908/09 eingeschrieben; Angabe aus Deseyve 2005, S. 193.

44 Geb. 09.01.1876 in Solln, gest. 15.06.1971 in Dachau. Siehe zu Paula Wimmers Person und Werk Thiemann-Stoedtner und Hanke 1989, S. 54-58, sowie Zweckverband Dachauer Galerien und Museen 1994. Paula Wimmers Studienzeit an der Damen-Akademie war von 1906/07 bis 1907/08; Angabe aus Deseyve 2005, S. 193.

45 Deseyve 2005, S. 113.

46 Thiemann-Stoedtner und Hanke 1989, S. 133.

47 Geb. 13.05.1853 in Olmütz, gest. 17.10.1934 in Stuttgart. Siehe zu Adolf Hölzels Person und Werk und insbesondere zu seinen Dachauer Jahren Thiemann-Stoedtner und Hanke 1989, S. 219-231, sowie Mannes 2013, S. 91-100. Maria Langer-Schöller besuchte Hölzels Dachauer Malschule 1899 und 1903; ebd, S. 119. Die Unterrichtsteilnahme erfolgte möglicherweise während der Monate August und September, in denen die Münchner Damen-Akademie Ferien hatte; Mannes 2015, S. 14.

48 So die Standesbezeichnung in Landeshauptstadt München 2016a. Als Edith von Bonins Heimatgemeinde ist dort Berlin angegeben.

49 Deseyve 2005, S. 68.

50 Landeshauptstadt München 2016a.

51 Ebd.

52 In Bonin 1953 erklärt Edith von Bonin, dass sie in Paris erworbene Werke französischer Künstler aus ersparten Studiengeldern, die ihr ihre Eltern nach Paris gesandt hätten, finanziert habe.

53 Kleinlauth 1998, S. 43.

54 Ebd., zit. aus einem Brief Max Dauthendey an Gertraud Rostosky o. O. und o. D. Siehe zu Max Dauthendeys (geb. 25.07.1867 in Würzburg, gest. 29.08.1918 in Malang auf Java) Person und Werk z. B. Bietak 1957, S. 531-533.

55 Siehe zu Käte Lassen Wolff-Thomsen [1997], S. 100, zu Gertraud Rostosky Kleinlauth 1998, S. 30.

56 Brief Edith von Bonin an Felicitas Tietz vom 21.02.1952.

57 Heussler 2017, S. 39.

58 Deseyve 2005, S. 109.

59 Ehrenurkunde des Künstlerinnen-Hilfsvereins München an Edith von Bonin vom 02.12.1960.

60 Titel und Datierung gemäß der Beschriftung auf der Rückseite.

61 Geb. 24.12.1837 in Elberfeld, gest. 05.06.1887 in Rom. Siehe zu Hans von Marées' Person und Werk Meier-Graefe 1909, Meier-Graefe 1910a, Meier-Graefe 1910b, Gerlach-Laxner 1990, S. 145f., sowie Finckh und Hartje-Grave 2008.

62 Meier-Graefe 1909, S. 267. Dort findet sich zu Marées' Werk *Drei Jünglinge unter Orangenbäumen* der Hinweis: »Eine Kopie von Edith v. Bonin im Elberfelder Museum.« Marées' Originalgemälde befindet sich in der Neuen Pinakothek, München, die es 1891 als Schenkung erwarb. Bis 1913 war Schloss Schleißheim der Ausstellungsort. Recherchen des Wuppertaler Von der Heydt-Museums sowohl in den vorhandenen Beständen als auch im Inventarbuch der entsprechenden Zeit erbrachten keine Hinweise auf die Kopie; Storm, E-Mail vom 15.11.2018.

63 Brief Rainer Maria Rilke an Edith von Bonin vom 28.04.1909.

64 Brief Edith von Bonin an Rainer Maria Rilke vom 19.11.1909.

65 Bei der ersten der beiden Zeichnungen handelt es sich um die Studie *Die beiden Männer* zum linken Flügelbild des in der Münchner Neuen Pinakothek ausgestellten Marées'schen Triptychons *Die Hesperiden* (Zweite Fassung), Kohle und Kreide auf grauem Papier, 44,5 × 29,5 cm, 1885. Meier-Graefe 1909 führt zu der Studie auf S. 308 unter der Werkverzeichnis-Nr. 399 ergänzend aus: »Gehört zu den 30 in der Vorbemerkung vor dem Katalog erwähnten Zeichnungen, deren Erlös Frau Hofkapellmeister Mary Balling gestiftet hat. Wurde 1909 erworben. Bes.: Frl. Edith v. Bonin, Paris«.

Die zweite der beiden Zeichnungen ist eine in Meier-Graefes Werkverzeichnis nicht erwähnte Ideenskizze zum ebenfalls im Bestand der Münchner Neuen Pinakothek befindlichen Gemälde *Pferdeführer und Nymphe,* Rötelzeichnung, ca. 50 × 40 cm, 1881.

Titel und Datierungen gemäß Strobl, E-Mail vom 26.10.2018.

66 Marées 1923, Meier-Graefe 1925.

67 Gerlach-Laxner 1990, S. 145f.

68 Lenz 2014, S. 247.

69 Reproduktion der Staatlichen Graphischen Sammlung München.

»Man sieht so viel Schönes. Ich hoffe, viel dabei zu lernen«[1]

Die Pariser Jahre

Ankunft in Paris

Am 6. September 1907 kam Edith von Bonin - eine von vielen deutschen Künstlerinnen »im Aufbruch«[2] - erstmals in der zu Beginn des 20. Jahrhunderts unangefochtenen Kunstmetropole Paris an, nunmehr 32 Jahre alt. Bereits wenige Tage später schreibt sie an Gertraud Rostosky: »Ich bin froh, daß ich hier gelandet bin, und München aufgab. [...] Man sieht so viel Schönes. Ich hoffe viel dabei zu lernen.«[3]

Bis zum Ausbruch des Ersten Weltkrieges Ende Juli/Anfang August 1914 blieb Paris ihr Lebensmittelpunkt. Dies war neben den künstlerischen Perspektiven sicherlich auch durch den Wunsch motiviert, ein unabhängiges Leben außerhalb des Elternhauses zu führen.

Die Freundschaft mit Rainer Maria Rilke

Der Halbbruder Karl von der Heydt kündigte seinem Freund, dem Dichter Rainer Maria Rilke, der zu dieser Zeit ebenfalls in Paris weilte,[4] Ediths Besuch brieflich mit den Worten an: »Übrigens kommt meine Schwester Edith - die Malerin - nächstens für ½ Jahr nach Paris. Die müssen Sie kennen lernen.«[5] Wenige Tage später übermittelte er Rilke auch ihre Adresse im 6. Pariser Arrondissement, in der Rue d'Assas 51^{III}.[6] Bereits kurz danach kam es zu einem ersten Treffen zwischen Rilke und Edith von Bonin. Der Verabredungsbrief ist hier wiedergegeben:

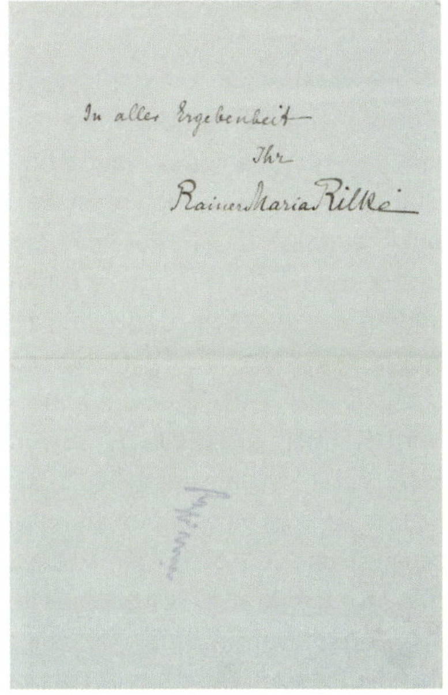

In aller Ergebenheit
Ihr
Rainer Maria Rilke

3-01, 3-02 und **3-03**
Brief Rainer Maria Rilkes an Edith von Bonin vom 11. September 1907; Privatbesitz

»Mittwoch morgen.

Liebes gnädiges Fräulein,

der Teufel der Coinzidenzen (einer der geschicktesten und eifrigsten) hat seine Freude: ich habe gerade heute für 2 Uhr eine kurze Verabredung, die sich jetzt nicht mehr umstellen lässt. Trotzdem möchte ich nicht um Ihren Vorschlag kommen. Ich habe in der Rue de Rivoli zu thun. Es würde zu spät, wollte ich nach Abmachung meiner Angelegenheit Sie abholen kommen. Aber ich bin sehr zur Hand beim Louvre. Und wenn Sie doch den Louvre meinten, so dürfte ich Ihnen vielleicht dort begegnen?

Es bedarf keiner weiteren Nachricht. Ich werde ein Viertel vor Drei in der Bildersammlung des Louvre, im Salon carré, nah an der Mona Lisa sein: begegne ich Ihnen dort nicht, so nehme ich an, daß mein Vorschlag nicht passte, und hoffe auf ein nahes anderes Mal.

Verzeihen Sie die Eigenmächtigkeit dieser Auswege. Aber gestern abend konnte ich nicht mehr schreiben und nun - in Eile - lässt sich die Sache nicht anders ordnen.

Vielleicht habe ich also die Freude, ¼ vor Drei im Louvre.

In aller Ergebenheit

Ihr

Rainer Maria Rilke«[7]

Zwar nahm Edith von Bonins Bekanntschaft mit Rilke ihren Anfang in der Empfehlung Karl von der Heydts, aber selbst falls Rilke den Kontakt zunächst als Verpflichtung gegenüber seinem Freund und Mäzen[8] angesehen haben sollte, stand er augenscheinlich recht bald auf eigenen Füßen. Es entstand eine Freundschaft, aus der nicht nur während der Zeit in Paris bis 1914 und später bei Aufenthalten in Berlin und München immer wieder Begegnungen, Gespräche und gelegentliche gemeinsame Unternehmungen resultierten, sondern die auch zu einem langjährigen und umfangreichen, bis 1918/19 dokumentierten Briefwechsel führte.[9] Darin wird deutlich, dass Rilke Edith von Bonin nicht nur als Pariser Nachbarin schätzte, mit der er eine Zeit lang, von ihr vermittelt, unter gleichem Dach im Hôtel Biron wohnte, sondern auch als Begleiterin in Museen und Ausstellungen und als Gesprächspartnerin zu Fragen von Kultur und Kunst. Rilkes Wunsch, sich mit Edith von Bonin über den Kulturphilosophen Rudolf Kassner auszutauschen,[10] ist hierfür ebenso ein Beispiel wie seine Bitte um ihre Meinung über den Maler Kees van Dongen,[11] die mit dem Dank für einen Hinweis auf den jungen Bildhauer Elie Nadelman[12] an sie adressierten Ausführungen über sein Skulpturen-Kunstverständnis,[13] seine Ratschläge für ihren Besuch in der Provence[14] auf den Spuren des 1906 verstorbenen Malers Paul Cézanne[15] oder seine Freude, bei ihr den Maler Othon Friesz[16] kennenlernen zu können.[17] Belegt ist zudem, dass Rilke, der im Hôtel Biron an seinem *Malte Laurids Brigge* arbeitete, Edith von Bonin neue Kapitel des Romans vorlas. Dabei war gelegentlich auch der Maler Hans Dornbach[18], ein Freund Edith von Bonins, anwesend.[19]

Anders als bei ihrer Schwester Maria Gräfin Gneisenau, die den Dichter bewunderte, sich aus ihrem Selbstverständnis als angehende Dichterin zu ihm hingezogen fühlte[20] und deren Korrespondenz mit Rilke nicht frei von schwärmerischen Formulierungen ist,[21] blieb die Freundschaft zwischen Rilke und Edith von Bonin, die sich allmählich aus der nachbarschaftlichen Kontaktaufnahme entwickelt hatte, auf einer sachlich-nüchternen Ebene. Sie war, soweit wir es erkennen können, unkompliziert, beiderseits nicht besitzergreifend und frei von Gefühlsüberschwang; sie gab weder für Rilke noch für Edith von Bonin Anlass zu Irritationen. Edith von Bonins durch Pragmatismus geprägter Umgang mit Rilke wird in einer kleinen Episode anschaulich, von der ihre Freundin Lou Albert-Lasard[22], die zutiefst von Rilkes Werken beeindruckt war, anlässlich eines Besuchs zum Tee 1913 nicht ohne Selbstironie berichtet: »Seit sie mir in die Hände gefallen waren, hatten seine Bücher mit unglaublicher Heftigkeit von mir Besitz ergriffen. Ich kannte sie fast auswendig. Und ich sehe mich eines Tages bei einer Freundin, E. v. Bonin, ankommen, die mich zum Tee eingeladen hatte. Ich war wie in einer Wolke. ›Was fehlt Ihnen?‹ fragt sie. – ›Ich kann nicht sprechen. Ich habe gerade Rilke gelesen.‹ – ›Sieh da, soeben ist er von hier fortgegangen.‹ – ›Wie? – er lebt? – hier mitten unter uns? Ich kann es nicht glauben!‹ – ›Ja, wollen Sie ihn kennenlernen?‹ – ›Ich – niemals! ich würde in die Erde versinken …‹ – ›Vielleicht ist es auch besser so, er braucht viel Einsamkeit.‹«[23]

Die einzige ersichtliche Eintrübung der Beziehung zwischen Edith von Bonin und Rilke könnte aus dem Hin und Her um die 1909 von Rilkes Ehefrau Clara Rilke-Westhoff begonnene Porträtbüste Edith von Bonins entstanden sein. Dass Edith von Bonin die Freundschaft mit dem berühmten Dichter aber als etwas Besonderes ansah, zeigt nicht zuletzt die Bewahrung seiner Briefe, die als einzige Korrespondenz aus jenen Jahren erhalten blieben.

Die Jahre 1907 und 1908

Mitte Oktober 1907 gab Edith von Bonin ihre erste Pariser Unterkunft in der Rue d'Assas 51^{III} auf und fand in einem nur wenige hundert Meter entfernten Mietshaus in der Rue Le Verrier 16 eine neue Bleibe.[24] Rainer Maria Rilke hatte ihr die Nachricht zukommen lassen, dass das dortige Atelier der deutschen Künstlerin Mathilde Vollmoeller[25] zum 15. Oktober frei würde und für ein halbes Jahr gemietet werden könne.[26]

Angesichts der Tatsache, dass Edith von Bonin aus ihren Münchner Akademiejahren über eine solide Malausbildung verfügte und keine Anfängerin mehr war, vermag es nicht wirklich zu überraschen, dass sie sich bereits im Frühjahr 1908, also nur sechs Monate nach ihrer Ankunft in Paris, mit drei Werken (*Noël, Etude de Fleurs, Etude*) an der Jahresausstellung der Société des Artistes Indépendants, kurz Salon des Indépendants, beteiligte.[27] Die Ausstellung fand vom 20. März bis zum 2. Mai 1908 in den Serres du Cours-la-Reine statt.

1884 als Vereinigung unabhängiger Künstler gegründet, hatte sich die Société des Artistes Indépendants in ihren Statuten zum

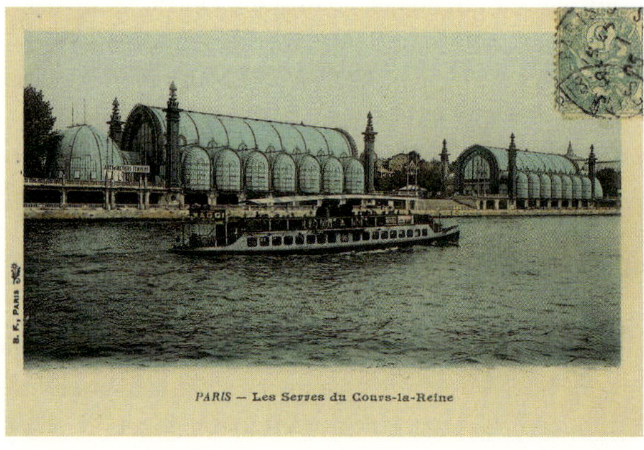

3-04 Die Gewächshäuser am Cours-la-Reine in Paris (Ansichtskarte um 1910)[28]

Ziel gesetzt, die ausgestellten Kunstwerke nur durch das Publikum bewerten zu lassen; Jurys und Auszeichnungen wurden abgelehnt.[29] Das Fehlen einer solchen Auswahljury bewirkte große Qualitätsunterschiede der ausgestellten Werke, die der Maler Max Pechstein[30] am 19. März 1908 in einem Brief harsch wie folgt kommentierte: »Am vergangnen Freitag wurde hier der erste Salon eröffnet, und kann ich Dir blos schreiben, ich denke modern zu sein, aber was da meine Augen zu sehen bekamen, es war einfach nicht zum Aushalten, und ich glaube doch eine Naht vertragen zu können, ich kann das gar nicht niederschreiben, wie gräßlich diese Ausstellung auf mich gewirkt, denn da es keine Jury giebt, sieht man alles, um Dir zwei Punkte zu geben man sieht ungefähr folgendes, vom Firmenschild des Schauwerkmaurers auf dem Dorf bis zum Photographieladen, dazwischen hängen aber natürlich auch die guten Sachen, wie ich herausging hatte ich ganz wahnsinnige Kopfschmerzen und konnte die Nacht bald nicht schlafen, Donnerwetter noch mal man kann sich keinen Begriff davon machen, wenn man's nicht gesehen. Wollte ich Dir eine Schilderung geben, müßte ich auf rotem Papier mit irgendeiner schrecklichen Substanz schreiben. Es hat eben alles seine Schattenseite, so auch eine Ausstellung ohne Jury, man muß zuviel Spreu vom Weizen sondern, entgegengesetzt sieht man auch wieder ganz famose Sachen.«[31]

Trotz des unfreundlichen Urteils von Pechstein sollte die künstlerische Qualität der Jahresausstellungen des Salon des Indépendants, die jeweils mehreren hundert Künstlern ein Forum zur Präsentation ihrer Werke boten, keinesfalls unterschätzt werden. Es handelte sich um renommierte Ausstellungen, an denen sich neben zahlreichen unbekannten auch viele namhafte Künstler beteiligten.[32] Der Ausstellungskatalog des Jahres 1908 verzeichnet zum Beispiel die Teilnahme von Georges Braque, André Derain, Kees van Dongen, Raoul Dufy, Othon Friesz, Wassily Kandinsky, Albert Marquet, Amedeo Modigliani, Gabriele Münter, Edvard Munch, Paul Sérusier, Paul Signac und Mathilde Vollmoeller.[33]

Wohl aufgrund des Ablaufs ihres Mietvertrags in der Rue Le Verrier wechselte Edith von Bonin zum Sommer 1908 erneut ihre Wohnung und zog ins 7. Pariser Arrondissement. Die ursprüngliche Absicht, nur ein halbes Jahr in Paris zu bleiben, war inzwischen revidiert worden.[34] Mathilde Vollmoeller schreibt am 13. August 1908 an Rainer Maria Rilke, sie glaube, dass Edith von Bonin jetzt am Boulevard des Invalides 33 wohne.[35] Interessanterweise ist dies die Adresse der Académie Matisse, die dort in einem Gebäude des leerstehenden säkularisierten Klosters Couvent des Dames du Sacré-Cœur Unterkunft gefunden hatte.[36] Sofern die Vermutung Mathilde Vollmoellers zutrifft, kann der Aufenthalt an diesem Wohnsitz nur von sehr kurzer Dauer gewesen sein. Spätestens im Mai 1908 war Edith von Bonin auf die Möglichkeit aufmerksam geworden, Wohn- und Atelierräume in einem Palais am anderen Ende des ehemaligen Klostergrundstücks anzumieten, im Hôtel Biron, Rue de Varenne 77 (das heutige Musée Rodin). Die Lage beider Objekte auf demselben großen Grundstück lässt es denkbar erscheinen, dass Mathilde Vollmoeller bei ihrer Wohnungsvermutung im Brief an Rilke die Adresse der Académie Matisse irrtümlich auf das gesamte Grundstück übertrug und in Wirklichkeit das Hôtel Biron als Edith von Bonins Wohnsitz meinte.

Das Palais mit seinem großen Park war in der ersten Hälfte des 18. Jahrhunderts als Domizil eines durch Spekulation vermögend gewordenen Finanziers errichtet worden. Es hatte sich, nach zwischenzeitlicher Nutzung als Wohnsitz adliger Familien, seit 1820 im Besitz des Schwesternordens Société du Sacré-Cœur de Jésus befunden. Die Schwestern entfernten die luxuriöse Ausstattung und wandelten das Gebäude in ein Internat für Mädchen aus aristokratischen Familien um, das 85 Jahre bestand. Neue gesetzliche Regelungen zur Trennung von Staat und Kirche führten 1905 zur Schließung des Internats. Angesichts noch unklarer Vorstellungen, was mit dem stark renovierungsbedürftigen Gebäude längerfristig geschehen solle, wurden dessen zahlreiche Räumlichkeiten zur kurzfristigen Vermietung freigegeben. Besonders Künstler machten von dieser Möglichkeit gern Gebrauch.[37]

Aufgrund eines Hinweises von Edith von Bonin[39] entdeckten auch Rilke, seine Ehefrau Clara Rilke-Westhoff[40] und über Rilke Auguste Rodin[41], als dessen Sekretär der Dichter tätig gewesen war,[42] das Hôtel Biron und zogen in die dortigen Studio- und Atelierräume ein (Clara Rilke-Westhoff Anfang Juli 1908[43], Rilke und Rodin im September 1908[44]). »Rilkes völliges Abgeschlossensein lockerte sich,

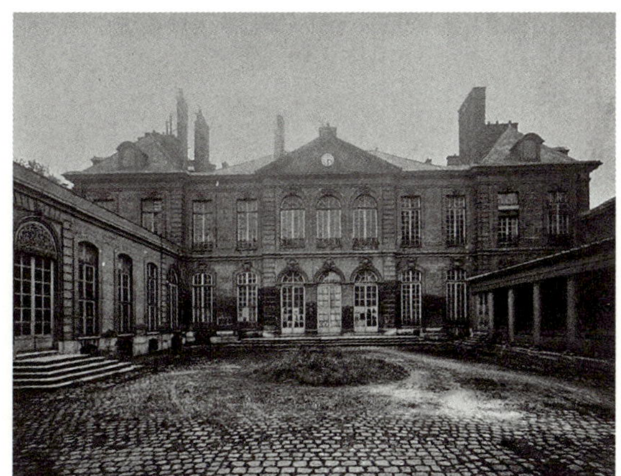

3-05
Hôtel Biron (Straßenseite) mit damaligen seitlichen Anbauten, vermutlich um 1910[38]

seit er mit Rodin, Clara Rilke und Edith von Bonin unter einem Dache wohnte.«[45] Wann Edith von Bonin selbst dort einzog, lässt sich nicht genau datieren; es wird im Juli/August 1908 gewesen sein, nach Clara Rilke-Westhoff und vor Rilke und Rodin.[46] Zu den deutschen Künstlerkollegen, die sich gleich ihr dort einmieteten und zu denen sich Freundschaften entwickelten, gehörten neben Rilke und seiner Frau Hans Dornbach und Ivo Hauptmann[47]. Auch die Münchner Studienkollegin Käte Schaller-Härlin lebte, vermutlich ebenfalls von Edith von Bonin vermittelt, während eines ihrer Paris-Aufenthalte 1909 und 1910 für einige Zeit im Hôtel Biron.[48]

Von Ivo Hauptmann liegt eine anschauliche Beschreibung des Hôtel Biron und der dortigen Lebensumstände vor: »Das Palais Biron gehörte den Schwestern vom Sacré Cœur. Der damalige Ministerpräsident Aristide Briand hatte sämtliche katholischen Klöster aus Frankreich ausgewiesen, so daß die Schwestern ihre Besitze in der Rue de Varenne verlassen mußten. Das Palais selbst war ein großer alter Renaissancebau [...], von dem man auf einen großen verwilderten Garten sah. Nebenan konnte man die in der Sonne glänzende vergoldete Kuppel des Dom des Invalides sehen, die über die Dächer ragte. Rechts vom Eingang lag eine Kapelle, die nicht benutzt wurde. In der Mitte des großen Hofes hinter dem Palais war ein Gebäude errichtet worden, das Isadora Duncan mietete, um ihre Tanzstunden zu geben. Links vom Eingang, an das Nachbargebäude angelehnt, befand sich ein Gebäude, das mit zahlreichen Zimmern ausgestattet war, deren Fenster auf den Hof gingen, so daß man den Eingang in die Wohnung des Concierge und die Kapelle vor sich hatte. In diesem Gebäude mieteten Erika [von Scheel, die spätere Ehefrau] und ich je zwei leere und ramponierte Räume im zweiten Stock. Das Möblieren der Räume geschah preiswert und einfach, da wir uns verpflichten mußten, auf Wunsch innerhalb von 14 Tagen auszuziehen. Bettstelle aus Eisen, einen Schrank gab es nicht. Das teuerste war ein Ofen, in dem drei Stück Briketts verheizt wurden, die Wärme ausströmten [...]. Beschädigte Fensterscheiben wurden mit Zeitungspapier verklebt. [...] Das Erdgeschoß des Palais hatte Briand seinem Freund Auguste Rodin zur Verfügung gestellt neben seinem Atelier in Meudon. Man sah den bedeutenden Mann bisweilen, wenn er im Garten spazierte oder sich im Hof aufhielt, wo er sich mit Leuten unterhielt. [...] Über uns wohnte Rainer Maria Rilke, der drei oder vier Räume zur Verfügung hatte.«[49]

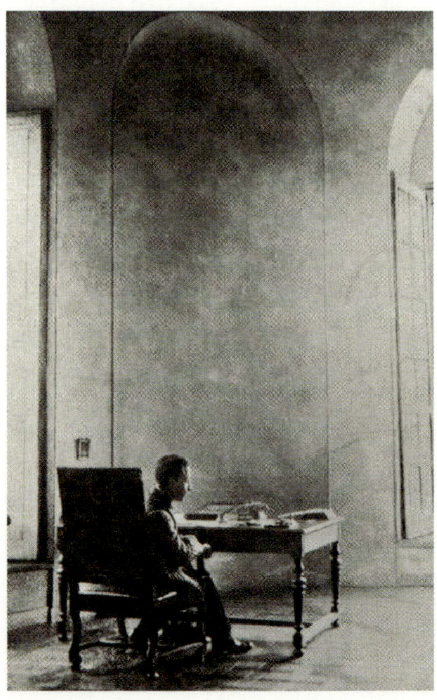

3-06
Rainer Maria Rilke in seinem Arbeitszimmer im Hôtel Biron, Paris[50]

Die seit Juni 1912[51] mit Ivo Hauptmann verheiratete Erika von Scheel beschreibt 1946 zahlreiche weitere Details über das Leben im Hôtel Biron und lässt uns auch an Edith von Bonins Alltag dort teilhaben: »Über den Ateliers von Rodin hatte Edith v. B. ihren Arbeitsraum. Obwohl sie über sehr reiche Mittel verfügte, war sie für ihre eigene Person äußerst bescheiden und anspruchslos. Um sich nicht um ihren Haushalt bekümmern zu müssen, hatte sie ihrer alten Aufwartefrau - einer Negerin - anbefohlen, jeden Tag ein Beefsteak, Bratkartoffeln und Bohnen für sie zu bereiten. Das aß sie tagaus, tagein! Meistens war das Fleisch steinhart - aber das merkte sie nicht! Hatte sie Gäste, so wurden als Vorspeise Austern aus dem nächsten kleinen Lebensmittelladen geholt. - Beefsteak, Bratkartoffeln und Bohnen blieben aber unweigerlich bestehen. Ich bin fest davon überzeugt, daß sie vielen armen Künstlern geholfen hat - aber davon sprach sie nie.«[52]

Zur Frage eines Akademiestudiums

Nicht zuletzt die Vermutung Mathilde Vollmoellers über den Wohnsitz Edith von Bonins im August 1908 führt zu der Frage, ob sie nach ihrem sechsjährigen Studium an der Münchner Damen-Akademie zwecks Vervollkommnung oder Neuorientierung noch Unterrichtsbedürfnis verspürte und sich für den Unterricht an der Académie Matisse oder einer der anderen privaten Pariser Akademien einschrieb. Dafür könnte zum einen sprechen, dass sie selbst von »études d'art«, also Kunststudien spricht, derentwegen sie in Paris gewesen sei,[53] zum anderen, dass sie während ihres Paris-Aufenthaltes von ihren Eltern »Studiengelder« erhielt.[54] Zudem gab es Freunde und Bekannte, die an einer der Pariser Akademien studiert hatten oder noch eingeschrieben waren und sie zu einem Akademiestudium angeregt haben könnten. Da konkrete Belege fehlen, etwa in Form ihres Namenseintrages in Studierendenlisten, können wir lediglich Vermutungen anstellen, letztlich aber keine Antwort zu dieser Frage finden.

Am ehesten wäre wohl eine Akademie in der Nähe ihrer sämtlich auf der Pariser Rive Gauche, also südlich der Seine, gelegenen Wohnungs- beziehungsweise Atelierstandorte infrage gekommen.[55]

Obwohl auch andere Institute nicht unplausibel erscheinen, besonders die Académie Julian, die Académie de la Grande-Chaumière, die Académie Vitti (Académie du Montparnasse) und die Académie La Palette,[56] neigen wir dazu, den folgenden drei Akademien Priorität für einen eventuellen Besuch Edith von Bonins zu geben: der Académie Colarossi, der Académie Ranson und der Académie Matisse.

Académie Colarossi

Die bis 1930 existierende Académie Colarossi (Rue de la Grande-Chaumière 10) nahm lange Zeit einen der oberen Plätze in der Beliebtheitsskala der privaten Lehrstätten ein. Zu den Lehrkräften gehörten unter anderem Bernard Naudin, Picard Ledoux, Charles Guérin, Charles Cottet, André Favory, Christian Krohg und eine Zeit lang wohl auch Aristide Maillol. Die Studentenschaft war vor allem international. Für die meisten Schüler dürfte wichtig gewesen sein, dass dort nach lebenden Modellen gearbeitet werden konnte. Den Ausschlag für eine Anmeldung gaben allerdings wohl oftmals die besonders günstigen Tarife, mit denen Colarossi die Studenten zu locken wusste. Schülerlisten haben sich, wie es scheint, nicht erhalten. An der Académie Colarossi studierte auch Paula Modersohn-Becker[57], die sich ausgiebig zum Betrieb dort äußerte.[58]

Edith von Bonin könnte dieser Akademie aufgrund der früheren dortigen Studienaufenthalte Paula Modersohn-Beckers (um 1900)[59] sowie Gertraud Rostoskys (1902–1904)[60] zugeneigt gewesen sein. Allerdings war Paula Modersohn-Becker 1905 mit dem Unterricht und den Verhältnissen gar nicht mehr zufrieden und schrieb sich an der Académie Julian ein: »Meine frühere Akademie Cola Rossi ist sehr auf den Hund gekommen, bald nachdem ich wegging.«[61]

Académie Ranson

Die noch bis 1955 existierende Académie Ranson wurde im Oktober 1908 von dem Ehepaar Paul und France Ranson in der Rue Henri-Monnier 21 gegründet. Zu den Lehrern zählten Maurice Denis, Aristide Maillol, Theo van Rysselberghe, André Metthey, Pierre Bonnard, Paul Sérusier, Edouard Vuillard und Paul Signac.[62] Die relativ bescheidenen Räumlichkeiten umfassten zwei Gemeinschaftsateliers, die Platz für jeweils zwanzig Schüler boten. Außerdem bestand die Möglichkeit, Einzelateliers zu mieten. Nach dem plötzlichen Tod des Malers Paul Ranson führte seine Witwe die Akademie weiter und bezog im Oktober 1911 größere Räumlichkeiten in einem Garten der Rue Joseph Bara 7. Bei ihrer Eröffnung bot die Akademie Ranson Ateliers für Damen, für Herren, ein gemischtes Atelier sowie eines für Bildhauerei. Wenig später wurden auch Lehrveranstaltungen zu Kunstgeschichte und Kostümkunde angeboten.[63]

Edith von Bonin muss die Académie Ranson sehr gut gekannt haben, wurde sie doch während ihrer Pariser Zeit von Freunden besucht: 1909/10 von Hans Dornbach[64], 1909–12 von Ivo Hauptmann (der 1903 bereits an der Académie Julian gewesen war)[65] sowie 1911 von Paula Wimmer[66]. Das 1955 erschienene Gedenkbuch für den Maler Hans Dornbach[67] aus Edith von Bonins Nachlass enthält bei den dort genannten Lehrernamen der Akademie einige handschriftliche Korrekturen Edith von Bonins, die die genaue Kenntnis der Einrichtung deutlich machen.

Académie Matisse

Die letzte der drei plausibelsten Möglichkeiten, Edith von Bonin einer Pariser Akademie zuzuordnen, die ebenfalls von Ausländern besucht wurde, stellt die Académie Matisse (Boulevard des Invalides 33) dar.

Auf Betreiben und mit Unterstützung von Bewunderern gründete Henri Matisse[68] in den letzten Wochen des Jahres 1907 eine private Malschule, die seinen Namen trug. Er unterrichtete dort bis 1910. Die nach neuer Erkenntnis bis zu 40 Schülerinnen und Schüler, deren genaue Erfassung fehlende Immatrikulationslisten verhindern, kamen überwiegend aus Deutschland, Amerika, Skandinavien, Russland und Ungarn. Für Organisation und Verwaltung war der deutsche Maler Hans Purrmann[69] zuständig. Durch ihren zunächst nicht-kommerziellen Charakter hob sich die Académie Matisse von vergleichbaren Meisterateliers ab. Matisse legte viel Wert auf eine klassische Grundausbildung der jungen Künstler. Einmal in der Woche stand ein gemeinsamer Museumsbesuch auf dem Lehrplan. Das Arbeiten nach einem Modell kam erst nach der Mühe des Kopierens. Für die damalige Zeit war der Frauenanteil innerhalb der Schülerschaft überraschend hoch. Als Matisse der Trubel zu viel und er des Lehrens müde wurde, das Interesse an der Akademie verlor und zudem erkennen musste, dass alle Versuche einer individuellen Förderung seiner Schüler letztlich nur Varianten seiner eigenen Bildideen produzierten, nahm er Abstand von dem Projekt.[70]

Sollte Edith von Bonin den Wunsch gehabt haben, sich durch das Studium an einer privaten Akademie künstlerisch zu vervollkommnen, so sprächen für die Wahl der Académie Matisse zum einen die dortigen Akademiebesuche ihrer Bekannten Mathilde Vollmoeller im Jahr 1908 (die 1906 bereits an der Académie de la Grande-Chaumière war)[71] und Maria Langer-Schöller um 1909/10[72], zum anderen ihr unmittelbar benachbarter Wohnsitz im Hôtel Biron in der Rue de Varenne 77.

In jedem Fall könnte Edith von Bonin - wo auch immer sie sich, wenn überhaupt, zum Unterricht angemeldet hat - eine Akademie weniger der Unterweisung wegen als vielmehr deshalb aufgesucht haben, weil hier gegen geringes Entgelt Modelle zur Verfügung standen.[74] Diese Möglichkeit nutzte zum Beispiel ihre Münchner Studienkollegin Käte Lassen. Sie nahm bei ihrem Paris-Aufenthalt von Oktober 1908

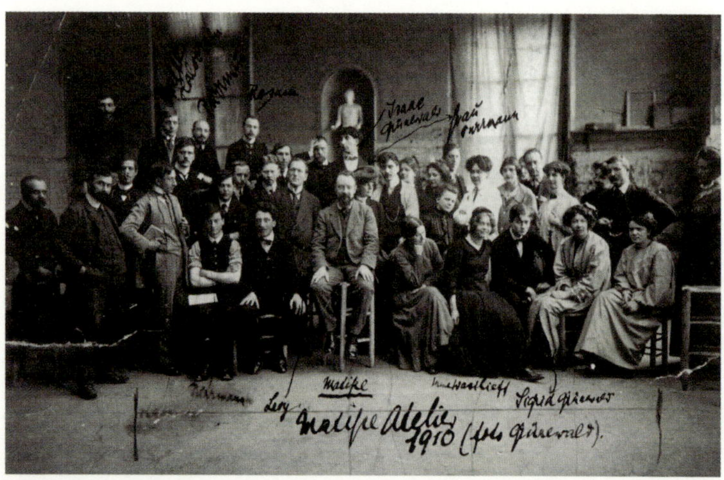

3-07 In der Académie Matisse, Paris, 1910[73]

bis Mai 1909 die Angebote der Akademien Colarossi und Grande-Chaumière wahr, die nachmittags und abends gegen Zahlung von fünfzig Centimes Aktzeichnen ohne Korrekturen ermöglichten.[75] Dass Edith von Bonin in dieser Zeit Kontakt zu Käte Lassen hatte, ergibt sich daraus, dass sie dieser im Winter 1908/09 eine Einladung Auguste Rodins vermittelte, wo Käte Lassen auch Rainer Maria Rilke kennenlernte.[76] Ob es zu gemeinsamen Akademiebesuchen der beiden Malerinnen kam, bleibt aber spekulativ.

Das Jahr 1909

Im Frühjahr 1909 nahm Edith von Bonin erneut mit zwei Zeichnungen (*Dessins*) an der Jahresausstellung des Salon des Indépendants teil, die diesmal vom 25. März bis zum 2. Mai in den Serres de l'Orangerie im Jardin des Tuileries stattfand.[77] Der Ausstellungskatalog verzeichnet als Teilnehmer unter anderem Georges Braque, Robert Delaunay, André Derain, Kees van Dongen, Raoul Dufy, Othon Friesz, Charles Guérin, Wassily Kandinsky, Albert Marquet, Henri Matisse, Paul Sérusier und Paul Signac.[78] Ob es danach noch weitere Ausstellungsbeteiligungen Edith von Bonins in Paris gab, möglicherweise auch in privaten Galerien, ist nicht bekannt.

Ebenfalls im Frühjahr 1909 begann die Bildhauerin Clara Rilke-Westhoff mit der Erstellung einer Porträtbüste Edith von Bonins,[79] über die Rainer Maria Rilke vermutlich zwischen April und Juni 1909 an die zum Rodin-Kreis gehörende Kunststudentin Agnes Speyer[80] schrieb: »[...] meine Frau vergaß eine kleine Bitte an Sie, die ich eilig nachtrage: Sie würden ihr gefällig sein, wenn Sie Fräulein Bonin nicht erzählen wollten, dass Sie ihre Büste gesehen haben; es ist darum, weil meine Frau neulich versagen musste, diese Arbeit einigen Bekannten jener Dame zu zeigen; so möchte es leicht ungut ausgelegt werden, dass sie sie Ihnen aufgedeckt hat.«[81] Vermutlich handelt es sich um die Skulptur, die Rilke in einem Brief an Rodin vom 2. Juni 1909 erwähnt.[82] Clara Rilke-Westhoff dürfte Rodin bei einem Besuch des Künstlers in ihrem Atelier neben anderen Werken auch diese Arbeit gezeigt haben.[83] Es ist nicht bekannt, ob die verschollene Skulptur unvollendet blieb oder zerstört wurde,[84] ob Nichtgefallen oder unterschiedliche Honorarvorstellungen dabei eine Rolle spielten. Unklar ist

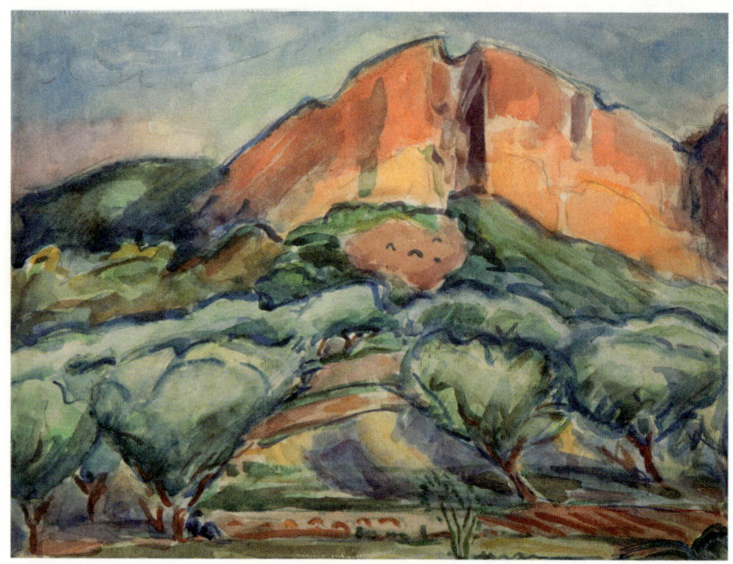

3-08 Edith von Bonin, »*Berge bei Cassis (Bouches-du-Rhône)*«, o. J., vermutlich 1909, Aquarell auf Papier, 31 × 41 cm; Privatbesitz[95]

auch, ob die Arbeit zehn Jahre später erneut aufgegriffen wurde.[85] Die Existenz der Porträtbüste bleibt somit rätselhaft.

Zu Studien- und Arbeitszwecken unternahm Edith von Bonin im Sommer und Herbst 1909 eine längere, vermutlich zusammenhängende Reise, die sie im August nach Santa Margherita bei Genua, wo sie »gut zu arbeiten hoffte im vollen Sommerlicht«[86], im August/September nach Cassis[87] und im Oktober, versehen mit Reisetipps von Rilke, auf den Spuren von Paul Cézanne in die Provence führte[88]. Ende Oktober traf sie wieder im Hôtel Biron ein.[89]

Cassis, unweit von Marseille am Mittelmeer gelegen, erweckt dabei besonderes Interesse. Der kleine Ort war ein beliebtes Reiseziel der Maler des Matisse-Kreises,[90] die bei ihrem Auftritt im Pariser Herbstsalon 1905 mit dem (Schimpf-)Namen »Fauves«[91], die »Wilden«, bedacht worden waren. Im Februar 1909, ein halbes Jahr vor Edith von Bonins Besuch, war Henri Matisse mit Hans Purrmann, dem Obmann seiner Académie, in Cassis gewesen.[92] Othon Friesz hielt sich im Sommer/Herbst desselben Jahres dort auf,[93] also zur selben Zeit wie Edith von Bonin. Wir dürfen davon ausgehen, dass Edith von Bonin über die Aufenthalte dieser Künstler in Cassis Bescheid wusste und dass dies ihre Reisepläne dorthin gefördert hat. Es liegt nahe, dass sie in Cassis mit Friesz in Verbindung stand.

Als ein künstlerisches Ergebnis der Reise Edith von Bonins nach Cassis ist ein Aquarell erhalten (Abb. 3-08), bei dem nicht nur die (naheliegende) Ähnlichkeit des Sujets, sondern auch diejenige des Malstils mit zur gleichen Zeit dort entstandenen Landschaftsbildern von Othon Friesz auffällt.[94]

Die Jahre 1910 bis 1913

Die Pariser Zeit Edith von Bonins wurde nicht nur durch Reisen zu Studien- und Arbeitszwecken unterbrochen, sondern auch durch Familienheimfahrten, sei es zu Karl von der Heydt nach Bad Godesberg,[97] wo dieser seit 1893 einen Sommersitz besaß,[98] sei es nach Brettin[99] oder nach Berlin[100]. Selbstverständlich nahm sie während dieser Besuche an gesellschaftlichen Ereignissen teil - auch einmal, wie sie sich später erinnerte, von Bad Godesberg aus am Rahmenprogramm eines Pferderennens in Köln »auf hoher Coach als Lady beim Lenker mit Viererzug«.[101]

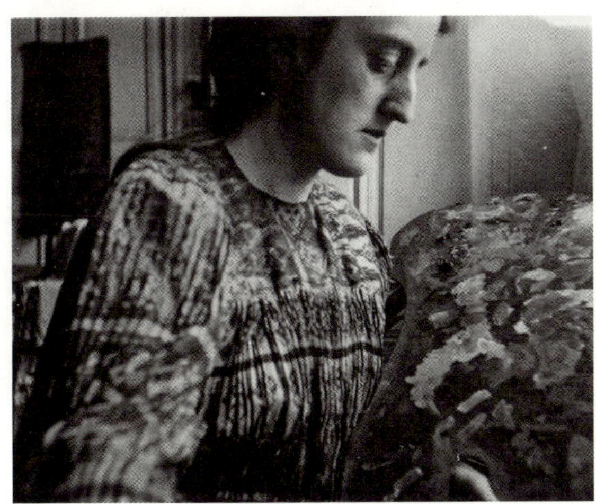

3-09
Edith von Bonin im Hôtel Biron, Paris, 1910[96]

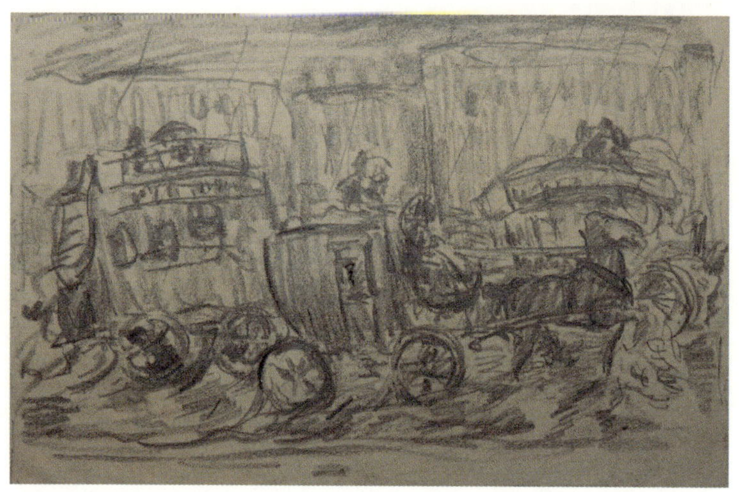

3-10 Edith von Bonin, »*Pferdekutschen*«, Paris, 1910, Blei auf Papier, 14 × 21,5 cm [102]

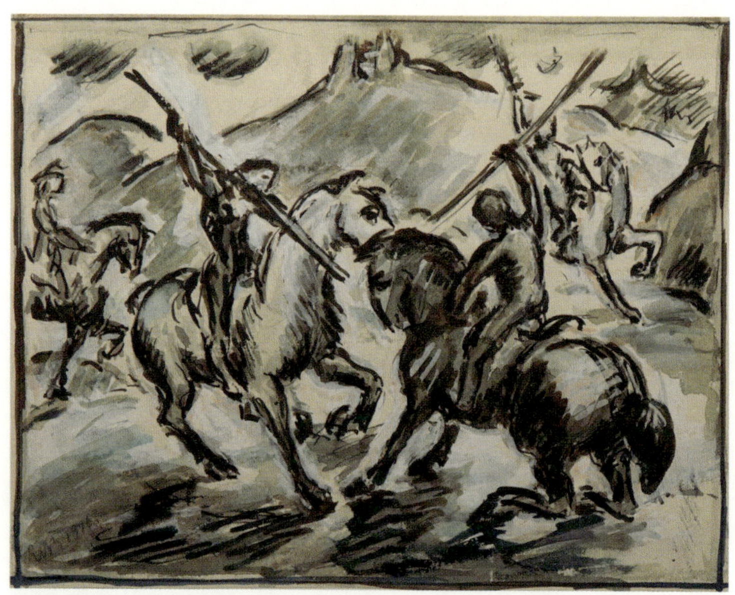

3-11 Edith von Bonin, *Reiterkampf*, Paris, 1911, Aquarell auf Papier, 15 × 20 cm; Privatbesitz [104]

Leider sind aus der Zeit in Paris nur sehr wenige Werke erhalten. Eines davon stammt aus dem Jahr 1910 (Abb. 3-10).

Im August jenes Jahres unternahm Edith von Bonin eine Reise in die Normandie.[103] Ihre Postkarte an Rilke verrät ein gewisses Maß an Enttäuschung: »St. Michel [...] erfüllt für mich nicht alle schönen Bilder Ihrer Erzählungen. - Ich dachte ihn mir danach zu schön.«

Von den Arbeiten Edith von Bonins aus dem Jahr 1911 sind drei Werke erhalten. Im ersten, *Reiterkampf*, lassen sich wiederum Marées'sche Einflüsse erkennen (Abb. 3-11).

Anlässlich eines Besuchs bei Aristide Maillol[105], der in Marly-le-Roi nahe Paris lebte, dürfte die Bleistiftskizze Marly-le-roi (Abb. 3-12) entstanden sein. Fünf Jahrzehnte später schreibt Edith von Bonin über Maillol an Maximiliane Gräfin Gneisenau: »Damals in Paris, - in Marly le roi kannte ich Maillol selbst durch Sissy Brentano

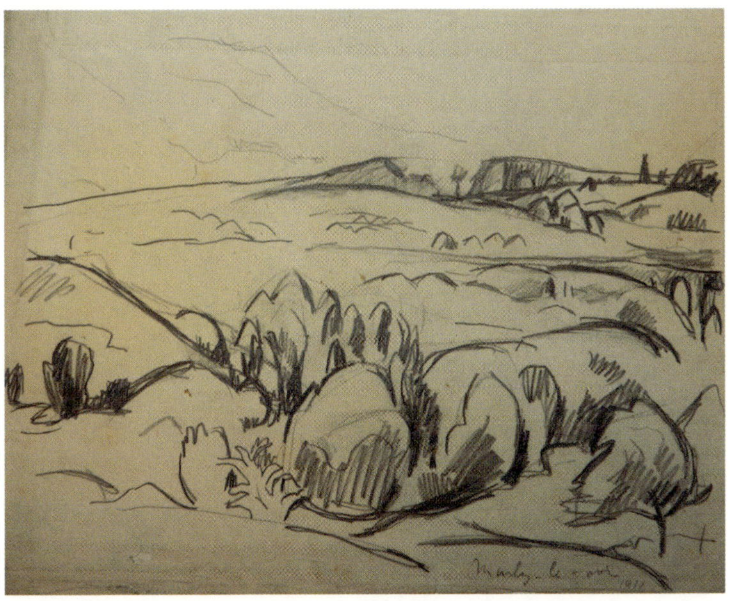

3-12 Edith von Bonin, *Marly-le-roi,* 1911, Bleistift auf Papier, 20,5 × 26,5 cm[107]

bei der ich zum Besuch war - sie war Schülerin von ihm. Er war sehr liebenswürdig. Er zeigte einem alles, - nur sprach er solchen südfranz. Dialekt, dass man ihn schwer verstand.«[106]

Bei dem dritten aus dem Jahr 1911 erhaltenen Bild, einem Stillleben mit zwei Topfblumen, Lauch und Obst, kommt Cézanne'sche Tradition zum Ausdruck (Abb. 3-13).

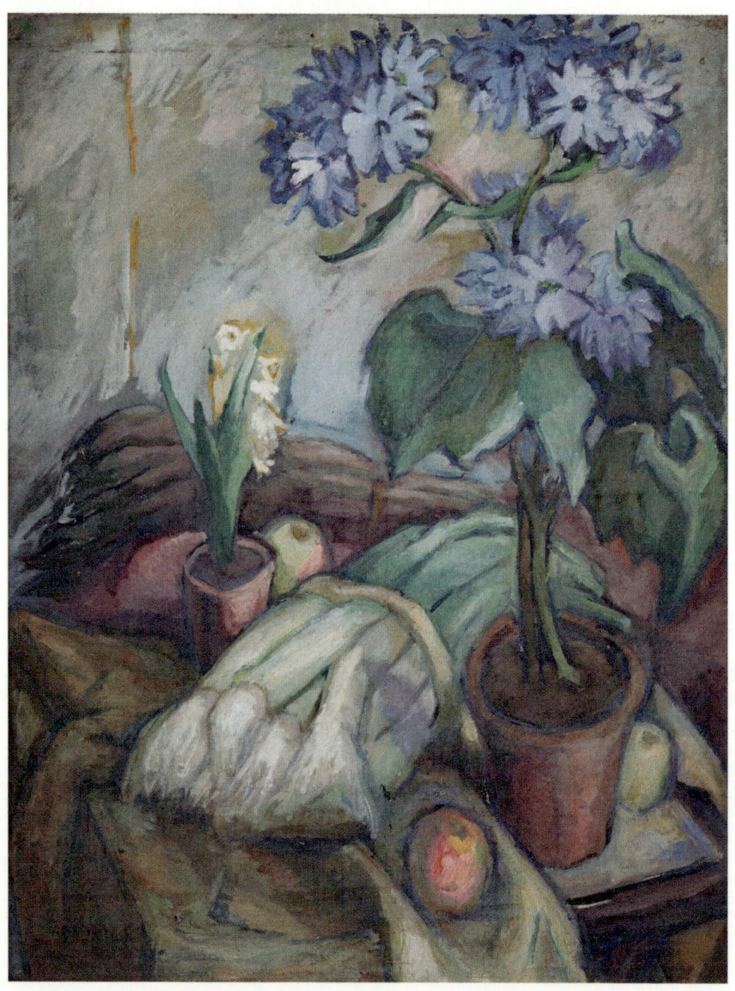

3-13 Edith von Bonin, »*Stillleben*«, Paris, 1911, Öl auf Leinwand, 83 × 65 cm[108]

Für den Sommer 1911 gibt es einen Hinweis auf eine Exkursion Edith von Bonins nach Samois-sur-Seine.[109] Die Wahl dieses idyllischen, etwa 70 Kilometer südöstlich von Paris gelegenen kleinen Ortes könnte dadurch motiviert gewesen sein, dass Paul Signac[110] und andere Maler in Samois-sur-Seine öfters auf Motivsuche gingen.[111]

Nach einer Kur in der Kuranstalt Ebenhausen bei München im August 1911[112] zog Edith von Bonin spätestens Anfang 1912, vielleicht aber auch bereits im Vorjahr, aus dem Hôtel Biron aus und fand im Haus Boulevard Montparnasse 116[113] oder wahrscheinlicher 126[114] im 14. Pariser Arrondissement eine neue Bleibe. Letztere Hausnummer ist als Adresse von Ateliers bekannt, die der Architekt Louis Süe von 1908 bis 1912 gemeinsam mit seinem Architekturbüro-Partner Paul Huillard als auf zwei Höfe verteiltes Ensemble gerade erbaut hatte.[115] Der Umzug wurde erforderlich, weil der französische Staat, der das Hôtel Biron am 13. Juli 1911 erworben hatte, alle Mietverhältnisse mit Ausnahme desjenigen von Rodin gekündigt hatte.[116] Als weitere, anscheinend nur kurzzeitige Pariser Anschrift taucht 1913 noch die Rue Vavin 10bis auf.[117] In amtlichen Adressbüchern ist Edith von Bonin nicht zu finden.[118]

Kunsterwerbungen in den Jahren 1910 bis 1913

Finanziert aus den Studiengeldern, die ihre Eltern ihr sandten,[119] erwarb Edith von Bonin zwischen 1910 und 1913 in Paris zahlreiche Kunstwerke der französischen Künstler ihres Umfeldes. Ihre bemerkenswerte Sammlung umfasste zwölf Werke von Othon Friesz[120] aus dessen - nach Einschätzung des Friesz-Biografen David Butcher - bester Schaffensphase[121], sieben von Raoul Dufy[122], je eines von André Derain[123], Albert Marquet[124], Paul Signac[125] und Henri Matisse[126] sowie zwei von Aristide Maillol[127]. Nicht mitgezählt sind verschiedene Zeichnungen von Derain, Friesz, Maillol und Matisse, die Edith von Bonin aufgrund mangelnder Identifizierbarkeit nicht in ihre nach dem Zweiten Weltkrieg erstellten Sammlungsverzeichnisse aufnahm.[128]

Der Katalog zu Herwarth Waldens *Erstem Deutschen Herbstsalon* 1913 listet »Fräulein von Bonin Berlin« unter Nr. 117 darüber hinaus als Besitzerin und Leihgeberin des Objekts *Halo profondeur Lampe mit Lampenschirm* von Sonia Delaunay-Terk[129] auf.[130] Über den Verbleib des Werkes liegen keine Informationen vor.

Besonders wertgeschätzt hat Edith von Bonin die 1913 bei der Pariser Galerie Druet erworbene Statuette *Pomona* von Aristide Maillol,[131] wie die zahlreichen, allerdings erfolglosen Bemühungen zur Wiederbeschaffung der 1943 entwendeten Plastik zeigen.[132]

Überwiegend handelte es sich bei ihrer Kollektion um Künstler aus der Gruppe der - ehemaligen - Fauvisten. Ausnahmen hiervon waren Maillol und Signac. Werke von Othon Friesz bildeten den Schwerpunkt ihrer Sammlung.

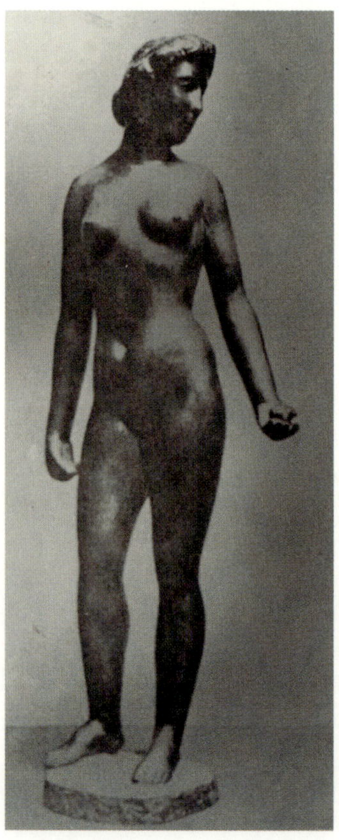

3-14
Aristide Maillol, *Pomona* (auch *Ève*), 1902, Bronze, Höhe 60 cm [133]

Zu den herausragenden Stücken der Kollektion gehörten zweifellos die beiden 1910 in Cassis entstandenen Bilder dieses Künstlers (Abb. 3-15 und 3-16), die Edith von Bonin als Leihgeberin 1925 zusammen mit zwei weiteren seiner Gemälde für die *Internationale Kunstausstellung* im Kunsthaus Zürich zur Verfügung stellte.[134]

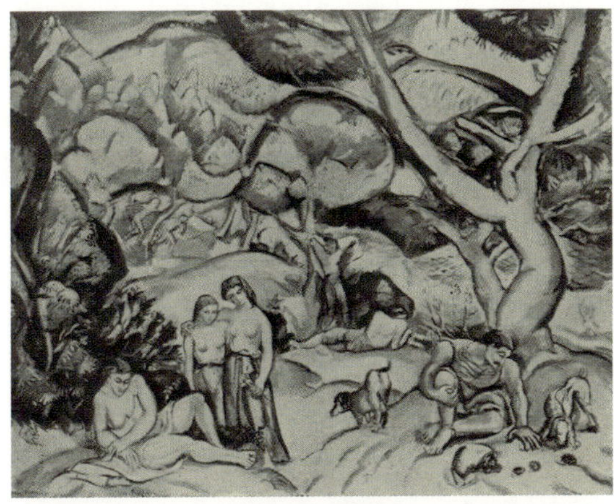

3-15
Othon Friesz,
Indolence (auch *L'Été [Cassis]*), 1910,
Öl auf Leinwand,
114 × 146 cm[135]

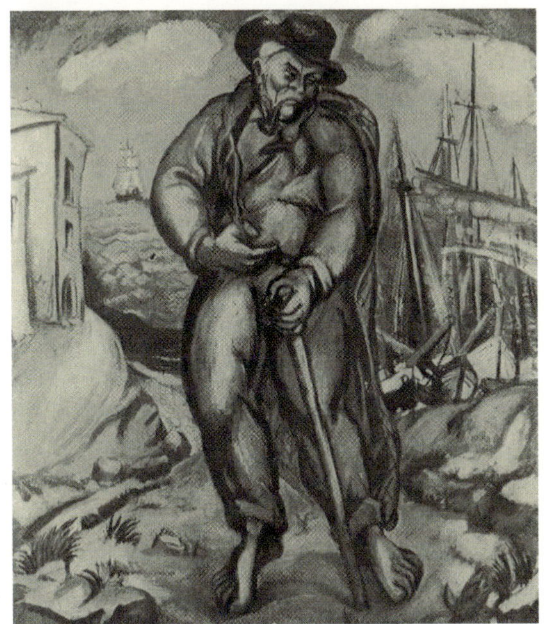

3-16
Othon Friesz,
Le Pêcheur (Cassis),
1910, Öl auf Leinwand,
180,5 × 159,5 cm[136]

Indem sie ihre Bilder vor ihrer alljährlichen Heimreise im Juli 1914 bei dem ihr gut bekannten Galeristen Eugène Druet in seinen Räumen in der Rue Royale 20 einlagerte, rettete Edith von Bonin die in Paris verbliebenen Werke über den Ersten Weltkrieg.[137] Allerdings ging ihre Sammlung, die nachher zum Teil von ihr selbst in ihrer Dachauer Wohnung aufbewahrt wurde und zum Teil an verschiedenen Orten in Deutschland eingelagert oder bei Familienangehörigen und Freunden deponiert war,[138] dann drei Jahrzehnte später durch Zerstörung bei Bombenangriffen im Zweiten Weltkrieg, durch Plünderungen und durch ungeklärtes Verschwinden in den Kriegs- und Nachkriegswirren bis auf eine Kohlezeichnung von Othon Friesz vollständig verloren. Die Teilung Deutschlands führte dazu, dass auf Werke, die sich in der Sowjetischen Besatzungszone und späteren DDR befanden, kein Zugriff mehr möglich war. Dies galt auch für eine Kiste mit drei großformatigen aufgerollten Werken von Othon Friesz,[139] die, bei Kriegsende zunächst in Potsdam versteckt, später von Bekannten Edith von Bonins in Dresden aufbewahrt wurde,[140] wo sich die Spur in den 1960er Jahren verliert.[141] Ihr Derain-Gemälde, das sich in der Obhut des Neffen Constantin Graf Gneisenau befand, verschwand 1945 während der Okkupation durch amerikanische Truppen aus dessen Haus in Fronberg (Schwandorf).[142] Mehrere Kunstwerke kleineren Formats gingen kurz nach dem Ende des Zweiten Weltkrieges in ihrer Dachauer Wohnung verloren.[143] Edith von Bonins langjährige Bemühungen, die verlorenen Kunstwerke wiederzufinden und zurückzuerhalten, blieben ohne Erfolg. Sie hat keines der Werke jemals wieder in ihren Händen gehabt.

Für drei abhandengekommene Gemälde aus Edith von Bonins ehemaliger Kollektion, sämtlich von Othon Friesz, gibt es Erkenntnisse oder Vermutungen über deren späteres Schicksal, auch wenn Besitzer- und Standortwechsel nach dem Zweiten Weltkrieg nur lückenhaft nachvollziehbar sind und Zwischenstationen im Ungewissen bleiben.

Ein mit *Cassis ou paysage idéal* betiteltes Ölgemälde von 1910, bei dem es sich mit hoher Wahrscheinlichkeit um Edith von Bonins Gemälde *Indolence/L'Été* handelt (Abb. 3-15), befindet sich im Albertinum - Galerie Neue Meister der Staatlichen Kunstsammlungen Dresden.[144]

Das Ölgemälde *Adam et Ève* von 1910 wurde am 30. Mai 2013 bei einer Auktion in Berlin angeboten.[145] Die Abbildung im Auktionskatalog mit einem im Vordergrund liegenden Krokodil entspricht der Beschreibung in Edith von Bonins Verlustlisten, die Bildabmessungen sind mit denjenigen ihrer Leihgabe zur Ausstellung im Kunsthaus Zürich 1925 identisch. Zur Provenienz führte der Auktionskatalog aus: »Privatsammlung, Norddeutschland (nach 1945 in Dresden erworben)«. Das Bild wurde gemäß der Ergebnisliste nicht verkauft. Dem Auktionshaus ist nicht bekannt, wo es sich aktuell befindet; der Einlieferer sei inzwischen verstorben.[146]

Unklar ist, ob das im November 2018 in New York versteigerte Ölgemälde *Dans les pins*[147] mit dem Bild *Les Pins* (Titulierung in Edith von Bonins Verlustlisten) beziehungsweise *Paysage aux pins* (Titulierung anlässlich der Ausstellung des Bildes im Kunsthaus Zürich 1925) aus Edith von Bonins ehemaliger Kollektion identisch sein könnte, für das keine Abbildung vorliegt. Die Titelähnlichkeit, das auch in Edith von Bonins Unterlagen genannte Entstehungsjahr 1909, die Abmessungen sowie unvollständige Provenienzangaben im Auktionskatalog von Sotheby's lassen eine Übereinstimmung möglich erscheinen.[148]

Bedauerliche Gewissheit besteht über das Schicksal eines vierten Friesz-Werkes aus Edith von Bonins Sammlung: Das Gemälde *Le Pêcheur/Der Fischer* von 1910 (Abb. 3-16), das im Zweiten Weltkrieg bei einer Potsdamer Spedition eingelagert war, verbrannte am 14. April 1945 bei einem Bombenangriff auf die Stadt.[149]

Als einziges ihrer Friesz-Werke konnte Edith von Bonin die Kohlezeichnung *À la fontaine de Guarda (fragmente)* von 1912 über die Zeit des Zweiten Weltkrieges hinaus retten und für sich bewahren.[150] Die Zeichnung befindet sich heute in Privatbesitz.

Edith von Bonin ging es in ihren späteren Lebensjahren weniger darum, ihre Bilder zurückzuerhalten. Sie wollte mit ihren Verlustanzeigen Vorsorge treffen, dass »die Bilder für Deutschland erhalten bleiben«.[151] Das scheint nur teilweise in Erfüllung gegangen zu sein. Immerhin besteht die Hoffnung, dass im Laufe der Zeit noch weitere Bilder wiederauftauchen.

Die Freundschaft mit Othon Friesz

Wann und wie Edith von Bonin und Othon Friesz sich kennenlernten, ist unbekannt.[152] Vielleicht geschah dies anlässlich von Edith von Bonins Teilnahme an den Ausstellungen des Salon des Indépendants im Frühjahr 1908 und im Frühjahr 1909, wo Othon Friesz nicht nur Aussteller, sondern auch in der Kommission tätig war, die die Platzierung der ausgestellten Werke verantwortete (1908 als Vertreter[153], 1909 als Kommissionsmitglied[154]). Spätestens wird die Bekanntschaft während des gleichzeitigen Aufenthaltes von Edith von Bonin und Othon Friesz in Cassis im September 1909 entstanden sein.

Vor Friesz' mehrmonatiger Reise nach Deutschland im Herbst/Winter 1909,[155] »où l'attire la faveur des amateurs«,[156] muss der Kontakt jedenfalls recht vertraut gewesen sein. Zwar berichtet André Salmon, dessen Friesz-Biografie wir die kurze Bemerkung verdanken, nicht, wer die Bewunderer waren, die Friesz seine Deutschlandreise ermöglichten. Eine Briefaussage Hans Purrmanns lässt allerdings darauf schließen, dass es sich um Edith von Bonin und Elsa Weise[157], eine andere deutsche Malerin in Paris, gehandelt hat. Die beiden waren Purrmann zufolge über die Reise gut informiert und allem Anschein nach in die Vorbereitung und Planung eingebunden.[158] Ob Edith von Bonin und Elsa Weise sich erst in Paris oder bereits vorher in Deutschland kennengelernt hatten, ist nicht bekannt.[159]

Für November 1910 ist ein Besuch von Friesz bei Edith von Bonin im Hôtel Biron belegt.[160] Angesichts ihres erreichten künstlerischen Status und ihres Lebensalters erscheint es allerdings zweifelhaft, ob sie später bei ihm an der Académie Moderne (Rue Notre-Dame-des-Champs 86) studierte, wo Friesz 1912 eine Dozentenstelle übernahm.[161]

Edith von Bonins Anteilnahme an Othon Friesz' Person und an seiner künstlerischen Entwicklung blieb auch nach ihrer Pariser Zeit bestehen. In ihrem Nachlass fanden sich, neben zwei Veröffentlichungen über ihn aus den Jahren 1949 und 1957,[162] ein undatiertes Porträtfoto des Künstlers vor seiner Staffelei, das der Fotograf Guy Le Boyer möglicherweise Mitte der 1920er Jahre anfertigte,[163] sowie eine in den 1930er Jahren entstandene Ansicht seines Ateliers in der Rue Notre-Dame-des-Champs 73 des Fotografen Marc Vaux.[164] Im Zweiten Weltkrieg, im Jahr 1943, bat Edith von Bonin einen Schwei-

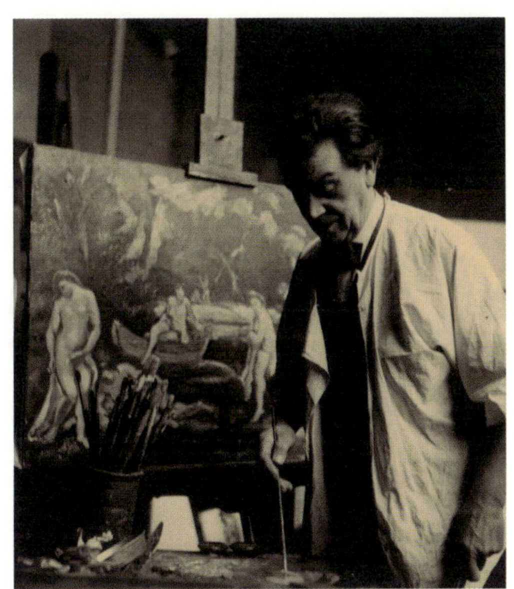

3-17
Othon Friesz, vermutlich Mitte der 1920er Jahre (Foto: Guy Le Boyer)

zer Bekannten, ihr Informationen über Friesz zu besorgen, zu dem zu dieser Zeit offenbar kein Kontakt bestand.[165]

In einem sehr freundschaftlichen Brief vom 16. Februar 1949, in dem Raoul Dufy ihr den Tod des gemeinsamen Freundes Othon Friesz und dessen Umstände mitteilt, heißt es: »Je sais bien ce que vous avez été pour FRIESZ, que vous l'avez beaucoup aidé, et c'est pour cela que je pense aussi que vous avez été très touchée par cette mort, et qu'à mon tour je vous fais mes condoléances. Ce sont de bien vieux souvenirs, et ils sont mêlés à tant de tristesse et de malheurs, qu'on se les rappelle toujours avec une certaine discrétion.«[166] Auch drückt Dufy seine Hoffnung aus, die Korrespondenz mit Edith von Bonin fortzusetzen, was von dieser mit einer Einladung in ihr Haus nach Malcesine erwidert wird.

Edith von Bonin beschreibt ihre Beziehung zu Friesz als enge Freundschaft.[167] Die Wortwahl legt nah, dass die Verbindung über die vermutlich willkommene finanzielle Unterstützung, die Edith von Bonin Friesz in den 1910er Jahren durch den Erwerb einiger seiner

Arbeiten zukommen ließ, weit hinausreichte und in persönlicher Sympathie sowie wohl auch in ähnlichen künstlerischen Ansichten tiefer gründete. Leider zählt beider Korrespondenz zu Edith von Bonins kriegsbedingten Verlusten.[168]

Impulse

Edith von Bonin hatte vor Paris noch nicht zu einem Malstil gefunden, der sie zufriedenstellte. Wie anfangs der Ausführungen über ihre Pariser Zeit zitiert, kam sie mit der Absicht, »viel zu lernen«. Über die Entwicklungen der dortigen Kunstszene wird sie schon vorher, in München, in Grundzügen informiert gewesen sein. Inwieweit sie Pariser Einflüsse in ihren Münchner Bildern aufnahm und verarbeitete, wissen wir nicht. Getrost dürfen wir jedoch unterstellen, dass sie im Verlauf ihrer siebenjährigen Zeit in der französischen Hauptstadt die künstlerischen Strömungen im Allgemeinen und bei ihren Künstlerfreunden im Besonderen genau wahrnahm und, so sie ihrem Kunstverständnis entsprachen, ihnen als Anregungen in ihren eigenen Bildern Raum gab.

Sie kam in die Kunstmetropole Paris in einer Zeit des künstlerischen Umbruchs und der Neubesinnung, der Loslösung sowohl von früheren akademischen Malregeln als auch vom Gedankengut des Impressionismus. Anhand der Namen der französischen Maler, die uns im Zusammenhang mit Edith von Bonin begegnet sind, sollen einige Entwicklungen der Pariser Kunstszene während der Jahre, die sie dort verbrachte, skizziert werden.

Wenige Wochen nach ihrer Ankunft in Paris fand vom 1. bis zum 22. Oktober 1907 der Salon d'Automne samt einer Retrospektive auf das Werk des 1906 verstorbenen Paul Cézanne statt.[169] Der jahrzehntelang unverstandene Künstler erfuhr eine posthume Würdigung, die erhebliche Resonanz bei jüngeren Künstlern hervorrief. Rainer Maria Rilke war zwischen dem 7. und dem 22. Oktober fast täglich in der Ausstellung und setzte sich in fünfzehn Briefen an Clara Rilke-Westhoff mit Cézanne und seinem Werk auseinander.[170] Ganz sicher war auch Edith von Bonin dort, deren Kontakt mit Rilke in diesen Tagen seinen Anfang nahm.[171] Cézannes Kunstverständnis, das er im Laufe eines vierzigjährigen Prozesses entwickelt hatte, bedeutete die Abkehr von einer impressionistisch zerfließenden Malweise: Nicht in einem flüchtigen, subjektiven Eindruck, sondern im Wesen des Dargestellten, über das oberflächlich Sichtbare hinaus, sollte ein Bild begründet sein. Aus genauer Beobachtung und Erforschung des Motivs und der ihm innewohnenden Struktur konstruiert Cézanne dessen Abbild durch methodisches und systematisches Zusammenfügen von Formen, Strukturen, Farben und Tönungen.[172] Cézanne wurde zum »Vater aller modernen Malerei«.[173]

Zwei Jahre vorher, im Pariser Salon d'Automne 1905 vom 18. Oktober bis zum 25. November[174], hatten einige gemeinsam ausstellende Künstler, zu denen Henri Matisse, André Derain und Albert Marquet zählten, großes Aufsehen, wenn nicht einen Skandal erregt. In ihren aufreizend grellbunten Bildern war eine flächige Ausbreitung des Sujets mit reinen, gesättigten Farben an die Stelle illusionistischer Plastizität und Räumlichkeit getreten: »Die Besucher trauten ihren Augen nicht: Die Motive auf den Bildern waren kaum wiederzuerkennen. Man nahm ein Gemenge von Farbformen wahr: reine, scheinbar willkürlich gewählte Farbtöne, die die Lokalfarben überhöhten, sie gar ersetzten oder mit gewaltsamen Akkorden Spannungen erzeugten. Kontraste und Harmonien modulierten Licht und Raum; unbemalte Stellen der Leinwand wurden mitunter in die Darstellung einbezogen; der Pinselstrich war breit, bisweilen grob und skizzenhaft. Die Bilder spotteten akademischer Perfektion und künstlerischer Konvention; ihre Produzenten hatten sich scheinbar jede Freiheit genommen, um mit der Tradition zu brechen. Auf der Leinwand schien die Anarchie ausgebrochen zu sein, der sich manche dieser Künstler auch politisch verbunden fühlten.«[175] Wie wilde Tiere, instinktiv und aggressiv, schienen dem Kritiker Louis Vauxcelles die jungen Maler, die er als »Fauves« bezeichnete.[176]

Als Rezipienten fauvistischer Ästhetik schlossen sich ihnen neben anderen die beiden Le Havrer Freunde Othon Friesz und Raoul Dufy an.[177] Eine gewisse Ausnahmestellung nahm der Einzelgänger Kees van Dongen ein; er durchlief eine von den anderen Fauves unabhängige Entwicklung und wird ihnen nicht uneingeschränkt zugerechnet.[178] Dabei strebten die Fauvisten niemals an, eine geschlossene

Gruppe zu bilden.[179] Was sie verband, war das leidenschaftliche Bekenntnis zur Farbe und zur Verwendung bestimmter Mittel, um sie zur Geltung zu bringen.[180] Die Periode des Fauvismus war nur kurz, von 1905 bis circa 1908, danach wurden dessen Protagonisten als Anführer der Avantgarde von den Kubisten abgelöst.[181] Ihre Bedeutung für anschließende Entwicklungen schmälert dies nicht.

André Derain wendet sich nach seiner Zusammenarbeit mit Matisse und der Beteiligung an der Fauves-Ausstellung ab 1908 zunächst dem Kubismus zu. Seine Suche nach einer Kunst klassischer Beständigkeit, die er durch Formvereinfachung und Verdichtung, durch Herausarbeitung der plastischen Volumen, durch Klarheit der Konturen und deutliche Bestimmung der Lokalfarbe zu erreichen trachtete, brachte ihn bald in Widerspruch zum Kubismus und führte ihn ab 1912 zurück zu ›Dingbildern‹ und zu einem klassizistischen ›gotischen‹ Stil der Ordnung und der sachlichen Schlichtheit.[182]

Für den methodischen Geist Albert Marquets war die Beziehung zum Fauvismus ein überlegtes Studium gewesen, das ihn nicht von weiteren Rückbezügen abhielt. Sein Spektrum reicht von der reinen Farbe bis zu den Neoimpressionisten, von der freien Arabeske bis zum grafischen Zeichnen nach ostasiatischem Vorbild. Nachdem er sich von der Ausdrucksmalerei des Fauvismus gelöst hat, findet er zu einem synthetischen, beruhigten, vereinfachten ›Impressionismus‹. Anstelle der gesteigerten Farbe der Fauves benutzt er in seinen nun entstehenden See- und Hafenbildern gedämpfte Töne in dünnem Auftrag, vereinfacht die wechselnden Nuancen der Farben und des Lichts zu ihrer Kernfarbe, sucht Ruhe und gibt den Konturen die Klarheit zurück, durch die sich die Dinge wieder schärfer abheben.[183]

Bei Othon Friesz, einem ›schüchternen‹ Fauvisten, hört 1908 die Farbe auf, die Leinwand zu dominieren; unter Volumen und Licht ersteht wieder die Form.[184] Den Kubisten schließt er sich nicht an. Vielmehr fühlt er sich bereit, zwischen Tradition und Moderne einen eigenen Stil zu entwickeln: »Les compositions à figures de cette période puisent leur force dans la grandeur des thèmes, l'expressivité des lignes, une structure solide inspirée par Cézanne et la poésie qui se dégage des gestes de personnages.«[185] Die Aussage bezieht sich zwar auf Friesz' figürliche Darstellungen, doch lässt sie sich sinngemäß auch auf sein übriges Werk übertragen.

Raoul Dufy, als Fauvist »kühn, unbekümmert und ausdrucksvoll in Deformation und Farbe«, müht sich mit seinem dem »Reiz der Farbe zugeneigten Temperament [...] vergeblich in der Zucht der kubistischen Askese«.[186] Erst nach 1911 befreit er sich durch sehr erfolgreiche Musterentwürfe für Textilien auch in seiner Malerei und findet in hellen, leuchtenden Farben »einen leichten freudigen Stil, einen neuen zärtlichen, modischen Fauvismus«.[187] Er wird der heitere Illustrator des Lebens: »Un sentiment d'allégresse, une joie de vivre s'en dégagent; la nature de Dufy exclut toute tristesse [...]«[188]

Kees van Dongen behält noch bis etwa 1910 eine fauvistische Malweise bei und entwickelt sich dann zum Gesellschaftsmaler: »Satte Farben, harte Kontraste und somit das Fehlen vermittelnder Farbübergänge sowie dekorative, summarische Formen trugen ihm den Vorwurf der Effekthascherei ein.« [189]

Henri Matisse bleibt seiner Kunsttheorie[190] treu und schafft Werke von farbiger Klarheit, Heiterkeit und Ausgewogenheit. Eine Reise nach Algerien wird 1906 zum Ausgangspunkt für die Entwicklung von Arabesken in seinem Werk, einer reinen, flächig aufgetragenen Farbe, der Reduktion der Zeichnung auf eine arabeskenhafte Linie sowie der flächigen Anordnung des Bildraums.[191] Orientalische Teppiche erscheinen auf seinen Gemälden wie bei keinem anderen Maler der Moderne.[192] 1908 sagt er: »Je veux un art d'équilibre, de pureté, qui n'inquiète ni ne trouble; je veux que l'homme fatigué, surmené, éreinté, goûte devant ma peinture le calme et le repos.«[193] Und weiter im selben Jahr: »Ce que je poursuis par-dessus tout, c'est l'expression ... je ne puis pas distinguer entre le sentiment que j'ai de la vie et la façon dont je le traduis. Le dessin doit avoir une force d'expansion qui vivifie les choses qui l'entourent.«[194]

Der etwas ältere Paul Signac hat zu Edith von Bonins Pariser Zeit seinen Stil bereits gefunden. Als Vertreter einer streng durchkomponierten Malweise ist er einer der bedeutendsten Maler des Pointillismus beziehungsweise Neoimpressionismus.[195] Bevorzugte Sujets des Künstlers sind Landschaften in hellen, leuchtenden Farben sowie Häfen und Segelschiffe, sowohl in seinen Ölbildern als auch zunehmend in seinen Aquarellen.[196]

In Verbindung stand Edith von Bonin auch mit dem Malerehepaar Robert Delaunay und Sonia Delaunay-Terk. Robert Delaunay[197] war 1909 vom Neoimpressionismus über Cézanne zu den Kubisten gekommen.[198] Zunächst noch ganz analytisch und dicht am Motiv, geht er zu einer abstrakt deformierten Darstellungsweise über, neigt seine Motive, bricht Teile heraus, konstruiert ein sinnfälligeres Gefüge. Er entdeckt, dass die Farbe im gleichen Sinn wie die Form Rhythmus und Bewegung widerspiegeln kann, und entwickelt als Steigerung der Abstraktion, basierend auf der Farbskala Michel Eugène Chevreuls und dessen Überlegungen zum Simultankontrast,[199] eine vom Gegenständlichen losgelöste Malerei von Farbfeldern,[200] der der Dichter und Schriftsteller Guillaume Apollinaire den Namen »Orphismus« gibt.[201] Beim Beschreiten dieser neuen Wege hat er in seiner Ehefrau, der experimentellen Avantgarde-Künstlerin Sonia Delaunay-Terk, eine Weggefährtin, auch wenn sie eher instinktiv und nicht wie ihr Mann unter Anwendung der Farbtheorie Chevreuls arbeitet.[202] Auf die von Robert Delaunay entwickelte Kunsttheorie wird an späterer Stelle noch eingegangen.

Die Rezeption der Pariser Impulse

Edith von Bonins in Paris entstandenen Arbeiten gingen bis auf wenige Ausnahmen verloren. Die lediglich fünf erhaltenen Werke, die sie nachweisbar in dieser Zeit schuf, datieren aus den Jahren 1909 bis 1911, also aus einem Zeitraum, der nicht einmal die Hälfte ihrer Verweildauer in Paris abdeckt. Somit fehlt für die Beurteilung des künstlerischen Entwicklungsprozesses Edith von Bonins in der französischen Kunstmetropole eine verlässliche Basis. In Verbindung mit anderen, meist undatierten Werken aus vermutlich späterer Zeit lässt sich gleichwohl erkennen, welche Inspirationen sie aus diesen Jahren aufgriff und sich zu eigen machte. Ihre freundschaftlichen Kontakte zu Künstlern aus dem Kreis um Henri Matisse, besonders zu Othon Friesz, sowie auch ihre Pariser Kunsterwerbungen können hierfür als zusätzliche Fingerzeige gesehen werden.

Im Ganzen gesehen zeigen die nachgelassenen Werke Edith von Bonins, dass Paul Cézanne zu einem ihrer prägenden und nachhaltigen Vorbilder wurde.[203] Dies sei - zusätzlich zu dem oben bereits

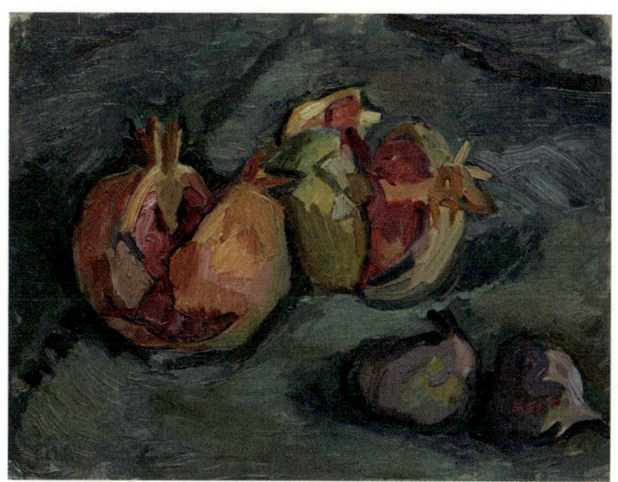

3-18 Edith von Bonin, »*Stillleben mit Granatäpfeln und Feigen*«, o. J., Öl auf Malpappe, 23 × 31 cm [204]

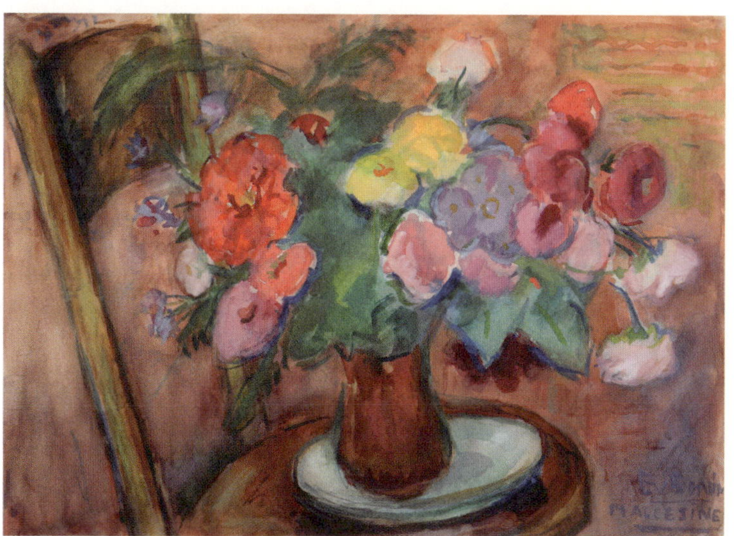

3-19 Edith von Bonin, »*Blumenvase auf Stuhl*«, Malcesine, o. J., Aquarell auf Papier, 38 × 54,5 cm [205]

abgebildeten Stillleben mit Topfblumen, Lauch und Obst aus dem Jahr 1911 (Abb. 3-13) - beispielhaft an zwei undatierten weiteren Stillleben verdeutlicht, die ebenfalls in Sujet und Bildkomposition, in der Farbgestaltung des Motivs und in der Verwendung einfacher Formen dessen Einfluss erkennen lassen (Abb. 3-18 und 3-19).

Auch falls sie nicht Schülerin der Académie Matisse war, hat die Malweise von Henri Matisse, die ihrerseits Cézanne rezipierte und weiter-

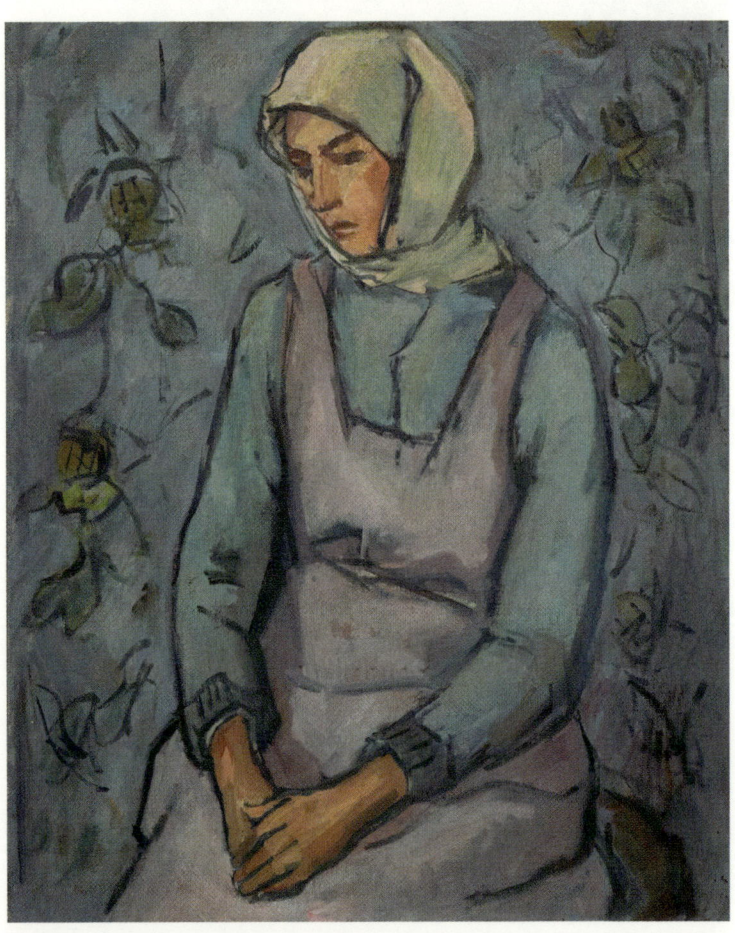

3-20 Edith von Bonin, *Mädchen in blauem Kleid*, o. J., Öl auf Leinwand, 55,5 × 46 cm[206]

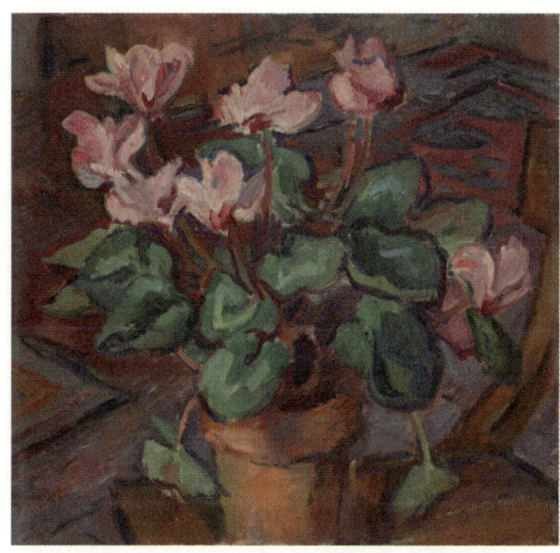

3-21 Edith von Bonin, *Rosa Alpenveilchen, Hintergrund Orientteppich*, o. J., Öl auf Leinwand, 48 × 52 cm [207]

entwickelte, Einfluss auf Edith von Bonin ausgeübt. Die Verwendung von Attributen, die für Matisse in der ersten Dekade des 20. Jahrhunderts charakteristisch wurden, ist in zwei Ölbildern unbekannten Entstehungsdatums augenfällig: die arabeskenhaften Blumenranken in dem als Halbfigur ausgeführten Mädchenporträt (Abb. 3-20) sowie das als Orientteppich ausgestaltete Hintergrund-Flächenmuster im Stillleben mit Alpenveilchen (Abb. 3-21).

Von diesen Bildern abgesehen, zeigt sich die Nähe Edith von Bonins zur ›Matisse-Schule‹ weniger im Vergleich mit Matisse selbst als vielmehr in Parallelen zum Malstil des ihm nahestehenden Othon Friesz. Vier Beispiele aus Edith von Bonins nachgelassenem Werk, in denen sich in Friesz'scher Manier - besonders der Jahre 1909 bis 1912 - die Farben, die Bildstruktur und eine markante Linienführung zu einem Gesamteindruck verdichten, der die Stimmung des Motivs empfindsam einfängt, mögen dies illustrieren.

Das erste ist ein undatiertes und möglicherweise in den 1920er Jahren entstandenes Ölgemälde, das einen frühlingshaft blühenden Obstgarten im kleinen brandenburgischen Ort Warchau darstellt (Abb. 3-22).[208]

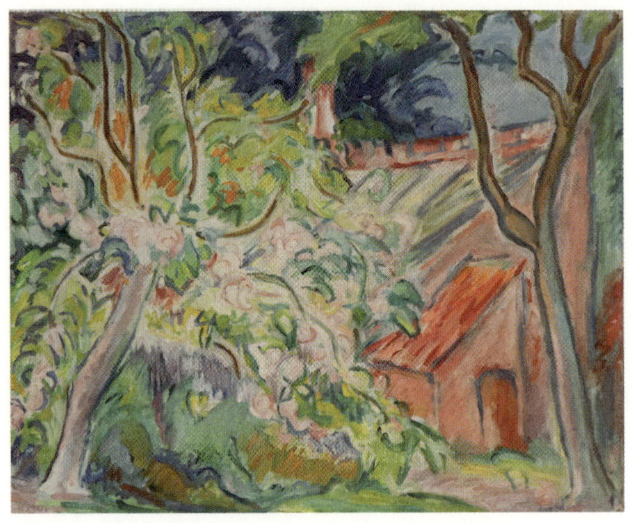

3-22 Edith von Bonin, *Altmärkischer Obstgarten*, Warchau, o. J., Öl auf Leinwand, 44,5 × 56 cm[209]

Zu den Besitzern des dortigen Schlosses, der Familie von Britzke, hatte Edith von Bonin verwandtschaftliche Beziehungen.

Das zweite Beispiel ist ein undatiertes und nicht mit Ortsangabe versehenes Genrebild, das Angler an einem Fluss zeigt (Abb. 3-23).

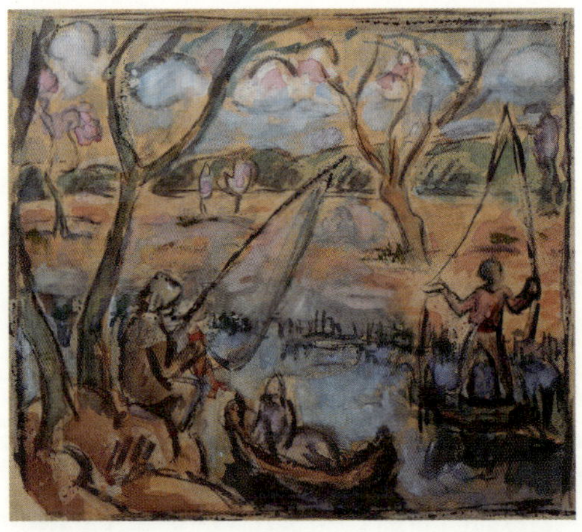

3-23 Edith von Bonin, »*Angler*«, o. J., Aquarell auf Papier, 28 × 32 cm

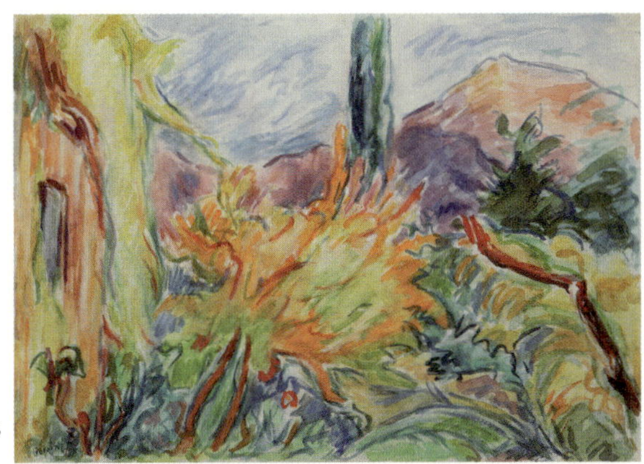

3-24 Edith von Bonin, »*Südlicher Garten*«, November 1937, Aquarell auf Papier, 33,5 × 48 cm[210]

Beim dritten und vierten Beispielbild handelt es sich wiederum um Gartenansichten, diesmal am oberitalienischen Gardasee, der Wahlheimat Edith von Bonins in ihren späteren Lebensjahren (Abb. 3-24 und 3-25).

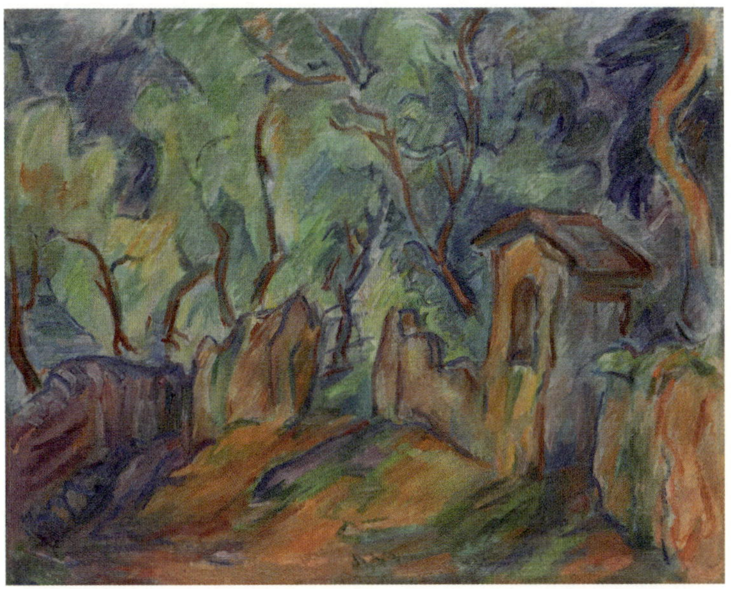

3-25 Edith von Bonin, »*Garten in Malcesine*«, o. J, Öl auf Leinwand, 47,5 × 61,5 cm.[211]

Es passt schließlich auch zu Edith von Bonins Auseinandersetzung mit dem Werk von Friesz, Matisse und Cézanne, dass sie von diesen bearbeitete Motive wie »Erntearbeiten« und »Badende« aufgriff und in eigenständiger, leicht idealisierender Form umsetzte.[212]

Zu Edith von Bonins Pariser Zeit gehörte die kurze Periode des Fauvismus bereits weitgehend der Vergangenheit an; seine Protagonisten wandten sich neuen Ausdrucksformen zu. Dennoch dürfte Edith von Bonins lebenslange Freude an der Verwendung heller, leuchtender, satter, manchmal auch gleichsam ›explodierender‹ Farben durch den Fauvismus - wenn auch in gemilderter Form - wesentlich befördert worden sein.

Für das Aufgreifen anderer künstlerischer Ausdrucksformen aus ihrem Pariser Freundes- und Bekanntenkreis, wie etwa des pointillistischen Malstils Paul Signacs oder des orphistischen Stils der Delaunays, finden sich bei Edith von Bonin keine Belege. Sollte sie in diese Richtungen experimentiert haben - was allerdings unwahrscheinlich sein dürfte -, sind die Werke verschollen. Hinsichtlich des Orphismus wird das in einem Brief Robert Delaunays an Edith von Bonin aus dem Sommer 1913 deutlich, in dem er Stellung zu einigen ihrer Bilder nahm, die seinem Weg offensichtlich nicht entsprachen. Delaunays Argumentation spricht dafür, dass er die Künstlerin in der Nähe der Matisse'schen Ästhetik ansiedelte.

Delaunay, der sich um 1912 zum Protagonisten einer neuen Kunstrichtung, des Orphischen Kubismus, entwickelt hatte, äußert in dem Brief in sehr offenen Worten Kritik an der künstlerischen Entwicklung Edith von Bonins. Der Brief, der aufgrund der persönlichen Bekanntschaft direkter als sonst üblich ausgefallen sein dürfte, geht über die bloße Auseinandersetzung mit den vorgelegten Bildern weit hinaus; Delaunay legt darin seine Konzeption einer »art constructif«, einer konstruktiven Kunst dar, bei der es nicht darum geht, geometrische, aus der Wirklichkeit extrahierte stilisierte Elemente zu kombinieren, sondern darum, mit dieser Methode in vertiefter Weise simultan visuelle Emotionen mit einer allein auf der Handhabung des Lichts und der Farben gegründeten Technik zu verbinden.[213] Er schreibt:[214]

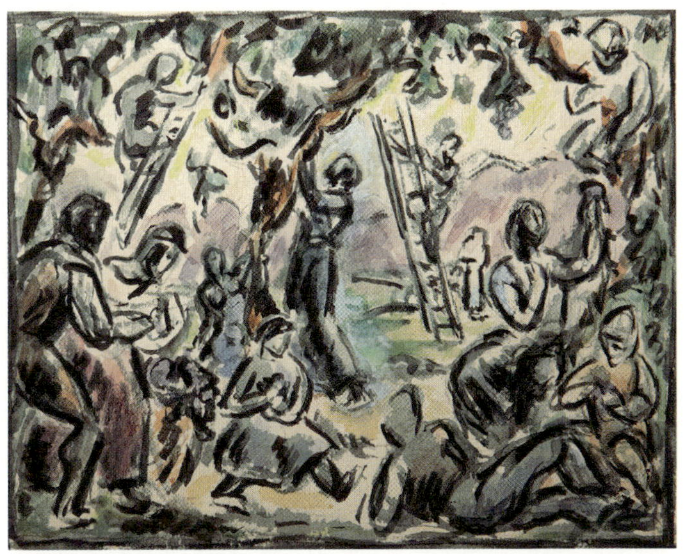

3-26 Edith von Bonin, »*Obsternte*«, o. J., Aquarell auf Papier, 13 × 17 cm

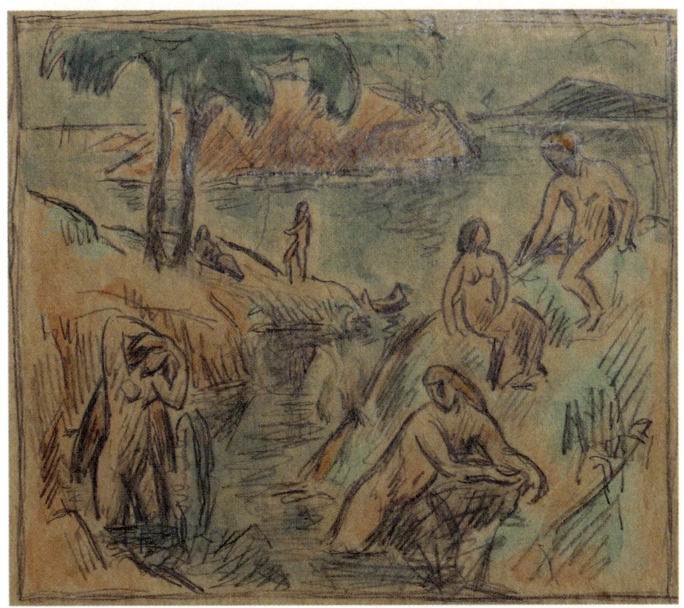

3-27 Edith von Bonin, »*Badende*«, o. J., Blei mit farbigen Ausmalungen auf Papier, 18,5 × 21,5 cm

»Chère Madame, j'ai beaucoup remis pour vous causer un peu en profondeur, de vos tableaux, comme vous en étiez intéressée. J'ai trouvé la dernière toile la plus intéressante (nature morte). Ma vision s'est faite plus claire à propos de vos œuvres, en ne vous en parlant pas de suite. J'ai trouvé que vous aviez moins de matière que dans vos anciennes toiles, qui étaient d'une vision plus simple et plus grande.

Le défaut très grave des dernières toiles est que vous aboutissez à une impasse très mauvaise, l'arabesque.

L'arabesque linéaire ou en couleurs est d'un métier archaïque, descriptif, qui pour *moi* ne compte plus avec le métier moderne qui est représentatif.

Je ne sépare pas l'Art (dans le sens Vie et Mouvement) de la *Représentation*.

Et c'est cette grave chose dont je vous parlais plus haut dans ma lettre.

J'aime une œuvre d'art, moderne ou ancienne, par la *construction qui tombe sous les sens*.

Ma sensibilité réagit immédiatement à une œuvre d'art, qui me donne, *comme dans la nature* (à laquelle je la compare instinctivement) *le sens de la profondeur*.

Je trouve que vos derniers tableaux arrivent à une écriture abstraite (qui ressort plutôt du goût) qui s'éloigne de la sensibilité, du sens de la profondeur (nos yeux voient le soleil).

Il y a mouvement des couleurs dans leur contraste *simultané*. Les contrastes simultanés forment une esthétique simultanée, (il ne s'agit pas de *vision* simultanée). Je ne veux pas faire de métaphysique en art, comme dans les dernières écoles. Et je veux rester le plus possible dans des questions de *métier de peintre ou de sculpteur*.

Je ne fais pas séparation entre la peinture et la sculpture. *Tout est couleur en mouvement* (profondeur): qui est la construction de ce que j'appelle la *représentation simultanée*.

Il y a des qualités de mouvement des couleurs de toutes forces:
les mouvements *lents*, des compléments,
les mouvement *vites*, des dissonances.

Il ne s'agit pas du mouvement *déscriptif* des cubistes-futuristes que les peintres appellent *dynamisme*. Les mouvements dont je parle, je les ressens, je ne les *décris pas*. Ils sont simultanés, par leur contraste, et non successifs.

Tout ce qui est successif est descriptif (illustratif, non représentatif).

Perspective, géometrie, dessin, clair-obscur, aboutissent à une esthétique monumentale.

L'estéthisme simultané est en dehors et pour moi le seul possible, en partant d'un *métier simultané*, c'est à dire des *couleurs constructives*.

Couleurs constructives, c'est la clef de l'art moderne dans toutes (ses) manifestations: sculpture, architecture, meubles, affiches, etc ... (Les) *couleurs constructives* donnent *une matière* indispensable à une œuvre et *c'est le métier*.

J'ai trouvé que vous aviez plus de possibilité de construire, dans vos anciennes toiles, naturellement dans la continuation vers la pureté, vers plus de mouvement: j'y trouvais une certaine matière à laquelle on pouvait suppléer par plus de métier. Il y avait plus de mouvement, de vous-même, et je fais cette comparaison avec vos dernières œuvres que j'ai trouvé trop froides, *sans profondeur* (arabesque).«

Delaunay beurteilt in dem Schreiben, dessen kunsttheoretische Ausführungen gleichrangig mit denen seiner Briefe der Jahre 1912/13 an Wassily Kandinsky[215], August Macke[216] und Franz Marc[217] sind,[218] die neuesten Bilder Edith von Bonins mit Strenge und Skepsis. Sie habe an Persönlichkeit verloren, die älteren Bilder seien ihm lieber gewesen. Er argumentiert mit für ihn typischen Begriffen und starkem Selbstbezug wie »vision simultanée«, »couleur en mouvement«, »couleurs constructives«. Diverse Charakterisierungen legen nah, dass sie sich auf die Ästhetik einer Kunstrichtung beziehen, die ihm selbst fremd oder fremd geworden ist, wie etwa die von Matisse (»l'arabesque«). Zwar ist der etwas redundante Brief für französische Verhältnisse ungemein direkt und ablehnend, dabei wenig konziliant. Seine Ausführlichkeit und Argumentationsweise lassen andererseits aber erkennen, dass Delaunay Edith von Bonin als eine Künstlerin ansah, mit der es sich zu beschäftigen lohnte.[219]

Die Delaunay'sche Kritik in der Form eines Briefes macht eine Gelegenheitsäußerung unter Bekannten unwahrscheinlich. Edith von Bonin wird, wie auch die Bemerkung am Anfang des Briefes nahelegt, Delaunay explizit um sein Urteil gebeten haben. Welche ihrer Bilder sie ihm vorlegte, ist nicht bekannt. Es kann nicht ausgeschlossen werden, dass dazu auch die beiden oben erwähnten Bilder *Mädchen in blauem Kleid* (Abb. 3-20) sowie *Rosa Alpenveilchen, Hintergrund Orientteppich* (Abb. 3-21) gehörten; in diesem Fall wäre zugleich deren Entstehungszeit eingegrenzt. Zweifellos hat sie sich mit den Ausführungen des renommierten Künstlers auseinandergesetzt. Nicht unplausibel scheint, dass sie sich die negative Beurteilung zu Herzen genommen und sich in der Folge bemüht hat, die kritisierten Attribute zu vermeiden.

Edith von Bonin hat die in Paris empfangenen Anregungen nicht einfach kopiert, sondern mit den bereits an der Münchner Damen-Akademie erworbenen Fertigkeiten zu einer persönlichen Malweise amalgamiert. Der vorstehend unternommene Versuch, die Einflüsse einzelner Maler auf ihr Werk herauszuarbeiten, ist vor diesem Hintergrund ein vereinfachender Ansatz. Überlagerungen, wie zum Beispiel der Münchner durch die Pariser Einflüsse oder von Marées'schen Stilelementen durch solche von Friesz, werden aufgrund der wenigen sicher datierbaren Werke dieser Zeit außer Betracht gelassen.

Seit etwa 1903 war das Café du Dôme am Boulevard du Montparnasse – heute ein Edelrestaurant – Anlaufstelle und Treffpunkt der deutschsprachigen Künstler in Paris geworden: »Von einer Art Familie entwickelte sich dieser undogmatische und lockere Zusammenschluß Gleichgesinnter in wechselnder Zusammensetzung bis zum Ausbruch des Ersten Weltkrieges zum Ort der Begegnung und des Austausches, zur obligatorischen Durchgangsstation eines jeden in Paris weilenden deutschsprachigen Schaffenden, Händlers, Sammlers und Literaten.«[220] Hinzu kamen ganz pragmatische Gründe, das Café aufzusuchen: Dort konnte man nicht nur günstig essen, sondern stundenlang bei einer Tasse Kaffee oder einem Glas Bier im Warmen sitzen – ein großer Anreiz, besonders im Winter, wenn das eigene Atelier kaum zu heizen war.[221]

Es gibt keine Belege, dass auch Edith von Bonin das Kaffeehaus besuchte. Sie wird sich der Anziehungskraft des Ortes jedoch kaum entzogen haben können und wollen, verkehrten dort doch auch Künstlerinnen und Künstler ihres unmittelbaren Umfeldes, wie zum Beispiel Hans Purrmann, Mathilde Vollmoeller, Käte Schaller-Härlin und Elsa Weise.[222] Zudem lag das Café nur wenige Gehminuten von ihren Domizilen während der Pariser Jahre entfernt.[223]

Ob mit oder ohne engere Kontakte: Edith von Bonin war der Kunstauffassung der »Dômiers«[224] eng verbunden, die sich bei allen vorhandenen Unterschieden zwischen den einzelnen Malerinnen und Malern zusammengefasst wie folgt darstellt: »Die Kunst ist für die Maler des Dôme-Kreises Synonym einer schönen Ordnung, eine auf Ausgewogenheit und Mäßigung basierende Sprache, die sich äußerst selten Deformierungen, einer ungepflegten Faktur oder heftiger Emotionen bedient. Sie glauben an eine Malerei, die auf der Originalität der Konzeption und der Klarheit der Sprache beruht, sind wahre Vertreter einer Ästhetik der goldenen Mitte. [...] Starke Reminiszenzen an die Arbeiten von Matisse, Renoir und Cézanne weisen sie stilistisch aus. Der Duktus ist manchmal grazil, fast feminin, und die Farbgebung klug ausbalanciert. [...] Der Dôme-Kreis fügt sich nur zaghaft in das Spektrum der internationalen Avantgarden des beginnenden Jahrhunderts ein und spielt eher eine konsolidierende als eine erneuernde Rolle. Die Dômiers gehören nicht zu den Vorwärtsdrängenden oder den Revolutionären. [...] Sie verlassen selten die traditionellen Genres des Stillebens, der Landschaft oder des Porträts und bemühen sich, eine zeitlose Kunst zu schaffen, eine Kunst der Eintracht und Ruhe im Sinne ihrer spirituellen Vorbilder Matisse und Cézanne.«[225]

Das Jahr 1914

Anfang Juli 1914 brach Edith von Bonin am Vorabend des Ersten Weltkrieges zu ihrer »sommerlichen Reise« nach Deutschland auf,[226] bei der sie auch die zwei Monate zuvor eröffnete Deutsche Werkbund-Ausstellung in Köln besuchen wollte.[227] Sie ahnte nicht, dass der Kriegsausbruch eine baldige Wiederkehr nach Paris verhindern würde, wo sie entgegen anfänglicher Absicht so lange verweilt hatte.

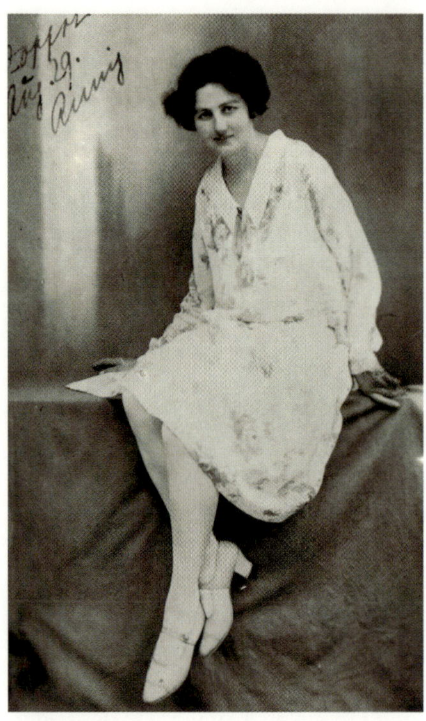

3-28
Anny Wasner, Zoppot, August 1929

In ihre Heimat Brettin nahm sie Anny Wasner mit, die sie im Herbst 1912 bei Robert und Sonia Delaunay kennengelernt hatte, deren kleinen Sohn die junge Frau betreut hatte.[228] Anny Wasner, fünfzehn Jahre jünger als Edith von Bonin, blieb anschließend zeitlebens ihre Haushälterin und Vertraute. Sie wurde »mein Annchen, Frl. Wasner genannt«.[229]

Wie bei anderen nunmehr ›feindlichen‹ Deutschen, Österreichern und Ungarn, deren Hab und Gut in Pariser Wohnungen, Ateliers und Büros beschlagnahmt wurde, wurde auch in Edith von Bonins Räumlichkeiten am Boulevard du Montparnasse 126 am 16. Februar 1915 ein Sequester namens Varennes tätig:

Bonin (Dlle Édith von), allemande, artiste peintre, 126, boulevard Montparnasse. — S. : Varennes, 16 février 1915.

3-29 Sequestrationsanzeige zum 16. Februar 1915[230]

Die eigenhändige Notiz »vom Sequestre 1920 zurückbekommen« auf der Rückseite der 1911 entstandenen Bleistiftskizze *Marly-le-roi* (Abb. 3-12) belegt, dass Edith von Bonin nach dem Krieg zumindest Teile ihres sequestrierten Eigentums wiedererlangen konnte. Allerdings kam es auch zu Verlusten.[231] Die Maillol-Statuette *Pomona* (Abb. 3-14), an der sie ganz besonders hing, erwarb sie aus ihrem 1920 in Paris zum Verkauf angebotenen Eigentum zurück.[232]

Auch wenn die Pariser Zeiten nicht immer glücklich waren, »non toujours heureux«, wie sich Edith von Bonin rückblickend in einem Brief an Raoul Dufy erinnert[233] - sie fühlte sich dort wohl: »Ich wohne in Paris und bin sehr froh dort.«[234]

Nach dem Ersten Weltkrieg

Die Fäden zu den französischen Künstlerfreunden wurden nach dem Ersten Weltkrieg wieder aufgenommen. 1920 kam es zu einem von Edith von Bonin eigentlich - vielleicht weil sie antideutsche Ressentiments befürchtete - gar nicht geplanten Wiedersehen. »Nach dem damaligen Kriege, als ich 1920 in Paris war, waren die alten Freunde reizend nett zu mir. Ich kam zufällig [...] mit ihnen zusammen, - denn ich hatte mir vorgenommen, niemand v. d. alten Bekannten zu sehen. Aber Künstler sind meist in diesen Dingen großzügig.«[235] Die Namen dieser alten Freunde nennt Edith von Bonin in ihrem Schreiben nicht. Darunter waren, wie sie an anderer Stelle berichtet, jedenfalls Raoul Dufy und seine Frau Émilienne.[236] Anlass des Paris-Besuchs war ihre Tätigkeit für eine dorthin entsandte Delegation der Freien Stadt Danzig[237], für die sie Übersetzungsarbeiten leistete: »[...] man muss sagen, in vielen menschlichen Dingen sind oft die Franzos. netter, vor allem natürlicher als wir. Das fand ich auch wieder als ich 1920 in Paris war. Leider hatte ich da, weil ich die ganzen Übersetzungsarbeiten für die Danz. Delegation machte, nur zu wenig Zeit.«[238]

Auch während des Zweiten Weltkrieges bestanden Briefkontakte.[239] Nach wie vor nahm Edith von Bonin Anteil an ihren dortigen Künstlerfreunden.[240] Dies setzte sich nach dem Krieg fort.

1 Postkarte Edith von Bonin an Gertraud Rostosky vom 11.09.1907.

2 Umbach 2015, S. 11–27.

3 Postkarte Edith von Bonin an Gertraud Rostosky vom 11.09.1907. Vollständiger Text: »L. R. Viele Grüße von Paris. Ich bin froh, daß ich hier gelandet bin, und München aufgab. Sie kommen wohl nicht hierher? Man sieht so viel Schönes. Ich hoffe viel dabei zu lernen. Wie ists mit Ihrem Prozess? Ihre Bonin. Rue d'Assas 51[III]« Gertraud Rostosky war mit Paris durch Studienaufenthalte in den Jahren 1902 bis 1904 samt Besuch der Académie Colarossi vertraut. Von September 1911 bis Ende April 1912 und nochmals im Herbst 1912 hielt sie sich erneut in Paris auf (Atelier auf dem Montmartre, Rue Camille Tahan 4). Ausführliche Darstellung der Lebensstationen bei Kleinlauth 1998, S. 119–123. Es liegt nahe, dass es 1911/12 zu Begegnungen mit der gleichzeitig in Paris weilenden Edith von Bonin kam.

4 Geb. 04.12.1875 in Prag, gest. 29.12.1926 in Montreux. Für Rilke-Biografien siehe z. B. Osann 1947 und Holthusen 1973. Eine Zeittafel von Rilkes Aufenthaltsorten findet sich z. B. in Rilke 1950, S. 1051–1061. Speziell zu Rilkes Zeit in Paris siehe Betz 1948.

5 Die Mitteilung Karl von der Heydts an Rilke vom 26.08.1907 ist zit. in Rilke 1986, S. 343f.

6 Ebd., S. 344.

7 Die Transkription des auf den 11.09.1907 datierten Briefes ist abgedruckt in Rilke 1930, Nr. 168, S. 322f.

8 Zu Karl von der Heydts Mäzenatentum siehe Rilke 1986, S. 14–21, sowie Bohlmann-Modersohn 2015, S. 204f. und S. 271.

9 Überliefert sind 53 Schriftstücke Rilkes an Edith von Bonin (21 Briefe, 25 Briefkarten, 6 beschriebene Visitenkarten und 1 Buchwidmung). Die Schriftstücke sind in der Brief-Konkordanz der Internationalen Rilke-Gesellschaft gelistet, wo auch ersichtlich ist, welche Briefe bisher veröffentlicht wurden; Internationale Rilke-Gesellschaft 2017. Ein Konvolut von 45 dieser Schriftstücke wurde als Lot Nr. 746 im September 2016 beim Kölner Auktionshaus Venator & Hanstein angeboten; Venator & Hanstein 2016, S. 235–238. Die Originale befinden sich in Privatbesitz.

Umgekehrt sind 9 Schriftstücke Edith von Bonins an Rilke überliefert, die sich im Rilke-Archiv des Schweizerischen Literaturarchivs befinden. Es handelt sich um 3 Briefe, 3 Ansichtskarten, 1 Kurzbrief, 1 Grußnotiz und 1 Begleitschreiben zu Blumen.

10 Briefkarte Rainer Maria Rilke an Edith von Bonin vom 09.10.1908; Rilke 1939, Nr. 24, S. 57f. Siehe zur Person Rudolf Kassners (geb. 11.09.1873 in Groß-Pawlowitz, Mähren, gest. 01.04.1959 in Sierre, Kanton Wallis) Kamper 1977, S. 320f.

11 Briefkarte Rainer Maria Rilke an Edith von Bonin vom 03.12.1908. Siehe zu Kees van Dongens (geb. 26.01.1877 in Delfshaven bei Rotterdam, gest. 28.05.1968 in Monte Carlo) Person und Werk Chaumeil 1967 sowie Hopmans 2013, S. 302–313.

12 Der Bildhauer und Zeichner Elie Nadelman (geb. 20.02.1882 in Warschau, gest. 28.12.1946 in New York City) hatte 1909 in der Pariser Galerie Eugène Druet seine erste Einzelausstellung. Siehe zu Elie Nadelmans Person und Werk Haskell 2003. Die Galerie Druet gehörte während ihres Bestehens 1903 bis 1938 zu den führenden Pariser Galerien, siehe hierzu Sanchez und Viéville 2009.

13 Brief Rainer Maria Rilke an Edith von Bonin vom 09.05.1909; Rilke 1933, Nr. 43, S. 102f. (dort fälschlich auf das Jahr 1910 datiert).

14 Brief Rainer Maria Rilke an Edith von Bonin im Juni 1909; Rilke 1986, S. 365f., sowie auszugsweise in Frowen 1998, S. 28–30.

15 Geb. 19.01.1839 in Aix-en-Provence, gest. 22.10.1906 ebd. Siehe zu Paul Cézannes Person und Werk Dittmann 2005, Adriani 2006 sowie Baumann, Feilchenfeldt und Gaßner 2004.

16 Geb. 06.02.1879 in Le Havre, gest. 10.01.1949 in Paris. Siehe zu Othon Friesz' Person und Werk Salmon 1920, Gauthier 1957 sowie Butcher 2007, S. 17–101 und S. 243–259.

17 Brief Rainer Maria Rilke an Edith von Bonin vom 02.11.1910.

18 Geb. 26.08.1885 in Düsseldorf, gest. 17.01.1952 in Lippstadt. Siehe zu Hans Dornbachs Person und Werk Koblenzer Kunstverein 1955.

19 Ebd., S. 7.

20 Opitz und Landeshauptstadt Erfurt 2016, S. 69.

21 Der Briefwechsel zwischen Rilke und Maria Gräfin Gneisenau ist abgedruckt und kommentiert ebd., S. 34–85.

22 Geb. 10.11.1885 in Metz, gest. 21.07.1969 in Paris. Siehe zu Lou Albert-Lasards Person und Werk Schneegans 1996. Zu Lou Albert-Lasards Beziehung mit Rilke siehe auch Decker 2004, S. 143–151.

23 Albert-Lasard 1952, S. 13.

24 Die Anschrift Rue Le Verrier 16 ist für Edith von Bonin durch die Angaben zur Künstlerin im Ausstellungskatalog Société des artistes indépendants 1908, S. 54, belegt.

25 Geb. 18.10.1876 in Stuttgart, gest. 17.07.1943 in München. Siehe zu Mathilde Vollmoellers Person und Werk Umbach 2015, S. 77–85, sowie Ewers-Schultz 2004b, S. 146–157.

26 Undatierte Nachricht Rainer Maria Rilke an Edith von Bonin (zu datieren auf den Zeitraum zwischen dem 06.09.1907 und dem 15.10.1907). In einem weiteren Brief drückt er ihr am 19.10.1907 sein Bedauern aus, beim Umzug nicht geholfen zu haben; Rilke 1930, Nr. 201, S. 392f.

27 Société des artistes indépendants 1908, Katalognummern 695, 696 und 697, S. 54. Es liegen keine weiteren Hinweise zu den Werken vor, die als verschollen gelten müssen.

28 Ansichtskarte Sammlung Kropmanns, Paris.

29 »La Société des Artistes Indépendants basée sur le principe de la suppression des jurys d'admission, a pour but de permettre aux artistes de présenter librement leurs œuvres au jugement du public.« Näheres zur Société des Artistes Indépendants bei Monneret 1996.

30 Geb. 31.12.1881 in Zwickau, gest. 29.06.1955 in Berlin. Siehe zu Max Pechsteins Person und Werk Chrambach 2001, S. 154–156.

31 Brief Max Pechstein an Alexander Gerbig vom 19.03.1908, zit. nach Knop 2014.

32 Siehe hierzu Monneret 2000.

33 Société des artistes indépendants 1908.

34 Auf den zunächst begrenzt angelegten Paris-Aufenthalt deutet die Mitteilung im Brief Karl von der Heydts an Rainer Maria Rilke vom 26.08.1907 hin; Rilke 1986, S. 343f.

35 Brief Mathilde Vollmoeller an Rainer Maria Rilke vom 13.08.1908; Glauert-Hesse 2001, S. 41. Statt einer Wohnanschrift Edith von Bonins könnte es sich hier auch um eine meldetechnische Erreichbarkeitsangabe handeln.

36 Padberg 2004, S. 11, Kropmanns 2016, S. 94, Ewers-Schultz 2019, S. 90.

37 Vorstehende Ausführungen gemäß Leguay 2010, S. 13–33.

38 Foto entnommen ebd., S. 26. Der Name des Fotografen ist vermutlich Cl. Lémery.

39 Rainer Maria Rilke schreibt am 29.05.1908 an Mathilde Vollmoeller: »[...] Fräulein v. Bonin, der wir die Adresse verdanken, hat sich, wie ich glaube, inzwischen auch eine Wohnung dort gesichert, und meine Frau wird Anfang July hinüberziehen. [...]«; Glauert-Hesse 2001, S. 35. Siehe zu Edith von Bonin als Hinweisgeberin und zum Einzug Clara Rilke-Westhoffs, Rainer Maria Rilkes und Auguste Rodins ins Hôtel Biron auch Bohlmann-Modersohn 2015, S. 235–237.

40 Geb. 21.11.1878 in Bremen, gest. 09.03.1954 in Fischerhude. Siehe zu Clara Rilke-Westhoffs Person und Werk Sauer 1986, Stephan 1990, S. 109–126, sowie Bohlmann-Modersohn 2015.

41 Geb. 12.11.1840 in Paris, gest. 17.11.1917 in Meudon. Siehe zu Auguste Rodins Person und Werk Masson und Mattiussi 2016.

42 Von September 1905 bis Mai 1906. Rilke 1917 ist eine einfühlsame Charakterisierung von Rodins Kunst durch einen Nahestehenden.

43 Brief Rainer Maria Rilke an Mathilde Vollmoeller vom 29.05.1908; Glauert-Hesse 2001, S. 35.

44 Sauer 1986, S. 375. Am heutigen Museumseingang befindet sich eine Hinweistafel: »Dans cet Hôtel qu'il fit découvrir à Auguste Rodin Rainer-Maria Rilke vécut de 1908 à 1911.«

45 So die Feststellung in Rilke 1986, S. 362.

46 Für diese Zeitspanne stehen die Einzugsdaten der Eheleute Rilke als Hausnachbarn, Mathilde Vollmoellers obige Wohnsitz-Vermutung in ihrem Brief an Rilke vom 13.08.1908 sowie drei Schreiben Rainer Maria Rilkes an Edith von Bonin am besten in Einklang: Ein Brief vom 28.05.1908 legt nahe, dass Edith von Bonin sich - im Gegensatz zu Clara Rilke-Westhoff - noch nicht zur Anmietung entschlossen hatte, eine Briefkarte vom 09.10.1908 (Rilke 1939, Nr. 24, S.57f.) lässt hingegen enge Nachbarschaft erkennen, eine Briefkarte vom 03.11.1908 wird mit »nachbarschaftlichen Grüßen« gezeichnet. Im Katalog zur Jahresausstellung des Salon des Indépendants im Frühjahr 1909 wird Edith von Bonin unter dieser Adresse geführt; Société des artistes indépendants 1909, S. 30.

47 Geb. 09.02.1886 in Erkner bei Berlin, gest. 28.09.1973 in Hamburg. Siehe zu Ivo Hauptmanns Person und Werk Blumenfeld 1976. Ivo Hauptmann sandte Edith von Bonin die zu seinem 70. Geburtstag herausgegebene Festschrift (Italiaander 1957) mit der handschriftlichen Widmung: »Edith von Bonin zur Erinnerung an gemeinsamen Aufenthalt im Palais Biron in Paris. Hamburg 26. Aug. 1957«.

48 Heussler 2017, S. 65–69 sowie S. 115.

49 Blumenfeld 1976, S. 46–48.

50 Foto entnommen aus Schnack 1977, S. 146.

51 Blumenfeld 1976, S. 54.

52 Hauptmann 1946. Die heute rassistisch oder kolonial-romantisch konnotierte Bezeichnung »Negerin« war bei Abfassung des Artikels üblicher Sprachgebrauch.

53 Briefentwurf Edith von Bonin an das Musée National d'Art Moderne, Paris, vom 25.11.1962.

54 Bonin 1953.

55 Vermutung Kropmanns, E-Mail vom 25.08.2017.

56 Ebd.

57 Geb. 08.02.1876 in Dresden, gest. 20.11.1907 in Worpswede. Siehe zu Paula Modersohn-Beckers Person und Werk Decker 2007 sowie Umbach 2015, S. 86–93. Im Nachlass Edith von Bonins fanden sich zwei Biografien der Künstlerin aus den 1930er Jahren, eine davon mit handschriftlicher Aktualisierung eines Berliner Ausbilderinnennamens sowie der handschriftlichen Eintragung auf dem Vorblatt »Edith v. Bonin in Erinnerung an Paula Becker«. Dies könnten Hinweise auf eine persönliche Bekanntschaft sein.

58 Geschichte und Bedeutung der Académie Colarossi sind beschrieben bei Kropmanns und Schäfer 2004, S. 31–33. Der vorstehende Text gibt dortige Ausführungen wieder.

59 Ebd., S. 32.

60 Kleinlauth 1998, S. 33–40.

61 Zit. nach Kropmanns und Schäfer 2004, S. 32.

62 Liste der Lehrer ebd., S. 34, ergänzt um zusätzliche Namen in Koblenzer Kunstverein 1955, S. 7f. und Anhang, sowie in Blumenfeld 1976, S. 44.

63 Geschichte und Bedeutung der Académie Ranson sind beschrieben bei Kropmanns und Schäfer 2004, S. 34f. Der vorstehende Text gibt dortige Ausführungen wieder.

64 Koblenzer Kunstverein 1955, S. 7f. sowie Lebensdaten im Anhang.

65 Geb. 09.02.1886 in Berlin, gest. 28.09.1973 in Hamburg. Siehe zu Ivo Hauptmanns Person und Werk Blumenfeld 1976. Zu Hauptmanns Studienzeit an den beiden Akademien siehe ebd., S. 26–29 und S. 44–49.

66 Boser 1994, S. 11.

67 Koblenzer Kunstverein 1955.

68 Geb. 31.12.1869 in Le Cateau-Cambrésis, gest. 03.11.1954 in Cimiez. Siehe zu Henri Matisse' Person und Werk Sembat 1920, Spurling 2007 sowie Kropmanns und Lorenz 2019.

69 Geb. 10.04.1880 in Speyer, gest. 17.04.1966 in Basel. Seit 1912 mit Mathilde Vollmoeller verheiratet. Siehe zu Hans Purrmanns Person und Werk Billeter und Wagner 2016.

70 Geschichte und Bedeutung der Académie Matisse sind beschrieben bei Padberg 2004, S. 9–17, Kropmanns 2019, S. 70–73, und Ewers-Schultz 2019, S. 88–95. Ergänzende Hinweise finden sich bei Küster 1996, S. 6, sowie Kropmanns 2016, S. 96. Der vorstehende Text greift dortige Ausführungen auf. Der Gebäudekomplex beherbergt heute eine Schule, das Lycée Victor Duruy.

71 Entsprechende Hinweise bei Glauert-Hesse 2001, S. 245f.

72 Mannes 2015, S. 29.

73 Foto entnommen aus Kropmanns 2019, S. 71.

74 Hinweis Kropmanns, E-Mail vom 25.08.2017.

75 Wolff-Thomsen [1997], S. 102f.

76 Ebd., S. 103. Darüber hinaus sind gemäß Auskunft der Kunsthistorikerin und Lassen-Biografin Dr. Christina (Mahn-)Kohla, Berlin, keine weiteren Informationen über Edith von Bonins Beziehung zu Käte Lassen bekannt, die ein Atelier in der Rue Belloni im Montparnasse-Viertel bezogen hatte; Kohla, Telefonauskunft vom 10.08.2016.

77 Société des artistes indépendants 1909, Katalognummern 169 und 170, S. 30. Nähere Informationen über die beiden Zeichnungen liegen nicht vor. Sie müssen als verschollen gelten.

78 Ebd.

79 Sauer 1986, S. 375.

80 Agnes Speyer(-Ulmann), geb. 23.12.1875 in Wien, gest. 01.04.1942 in New York, war eine Malerin, Grafikerin und Bildhauerin; Schweiger 2007, S. 17f.

81 Abgedruckt und kommentiert bei Stern 1971, S. 45–47.

82 Ebd., Fußnote 7, S. 47.

83 Sauer 1986, S. 375.

84 Ebd., S. 442.

85 Ebd. Venator & Hanstein 2016 führen auf S. 238 dazu aus: »Ein Rätsel gibt in diesem Zusammenhang der letzte undatierte Brief [Rilkes an Edith von Bonin – Anm. d. Verf.] auf, bei dem unklar ist, ob er im Frühjahr 1918 oder 1919 verfasst wurde. Absendeort ist München, Hotel Continental, wo sich Rilke nachweislich bis zum 7. Mai 1918 aufgehalten hat. Edith von Bonin hat den Brief jedoch mit 1919 datiert. Rilke zeigt sich darin beglückt über die Entscheidung Bonins, die Porträtbüste fertigstellen zu lassen: [...] Falls der Brief tatsächlich schon 1918 geschrieben wurde, hat Edith von Bonin danach den Auftrag zurückgezogen, andernfalls wäre es wohl zur Fertigstellung gekommen.«

86 So Rainer Maria Rilke am 05.08.1909 in einem Brief an Karl von der Heydt; Rilke 1986, S. 164 samt Anmerkungen S. 366f.

87 Dokumentiert durch den Brief Mathilde Vollmoeller an Rainer Maria Rilke am 20.09.1909 aus Cassis, Dep. Bouches-du-Rhône; Glauert-Hesse 2001, S. 63f.: »Fräulein von Bonin ist auch hier seit 3 Wochen.«

88 Dokumentiert zum einen durch den Brief Rainer Maria Rilkes an Edith von Bonin im Juni 1909 (Rilke 1986, S. 365f.), zum anderen durch eine Ansichtskarte Edith von Bonins an Rainer Maria Rilke aus der Provence vom 20.10.1909.

89 Ebd. kündigt Edith von Bonin Rainer Maria Rilke ihre Rückkehr »noch Ende der Woche« an. Zur Begrüßung schreibt ihr Rilke: »[...] vernehmend, dass Sie wieder zuhause sind, beeile ich mich, Ihnen mein bestes Willkommen zu schreiben.«; Briefkarte Rainer Maria Rilke an Edith von Bonin (undatiert, wohl Ende Oktober 1909).

90 Hinweise auf die Anwesenheitszeiten der Künstler in den Jahren 1905–1910 bei Butcher 2007, S. 249–253.

91 Siehe als Einführung in den Fauvismus Giry 1981, Widauer und Grammont 2013, Labrusse 2013, S. 250–265, sowie Brodskaïa [2012].

92 Hinweis Kropmanns, E-Mail vom 25.08.2017.

93 Butcher 2007, S. 78 und S. 252.

94 Ebd., S 186-189. Bei dem Vergleich ist zu berücksichtigen, dass die Friesz'schen Bilder anders als Edith von Bonins Aquarell als Ölbilder auf Leinwand ausgeführt wurden.

95 Eine Bleistiftskizze zu dem Aquarell ist *Cassis 1909* untertitelt.

96 Gemäß eigenhändiger rückseitiger Fotobeschriftung.

97 In einem Brief Rainer Maria Rilkes an Karl von der Heydt vom 31.10.1909 wird auf einen Besuch Edith von Bonins bei ihrem Halbbruder Bezug genommen; Rilke 1986, S. 165f. Umgekehrt meldet sich Edith von Bonin am 05.11.1909 von dieser Reise bei Rilke mit einer Postkarte.

98 Artikel ›Villa von der Heydt (Bad Godesberg)‹ 2019.

99 Dokumentiert durch einen undatierten Brief Edith von Bonins an Gertraud Rostosky aus Paris, vermutlich zwischen 1908 und 1911 geschrieben. Darin schreibt Edith von Bonin, dass sie Gertraud Rostoskys Wunsch nach Zusendung einer Studie nicht erfüllen könne, da sich diese in Brettin befinde und ihr derzeit nicht zugänglich sei.

100 Dokumentiert z. B. durch einen Brief Edith von Bonins an Rainer Maria Rilke aus Berlin vom 19.11.1909 mit Absendeort Berlin W. 62, Lützowplatz 8 (der Adresse der Eltern Edith von Bonins) sowie durch einen Brief Edith von Bonins an Rainer Maria Rilke aus Berlin vom 01.12.1909 (Absendeort wiederum Berlin W. 62, Lützowplatz 8).

101 Brief Edith von Bonin an Felicitas Tietz vom 21.02.1952.

102 Ort und Datierung gemäß der Beschriftung auf dem unterlegten Papier.

103 Dokumentiert durch eine Ansichtskarte Edith von Bonins an Rainer Maria Rilke aus Mont Saint-Michel mit nicht lesbarem Datum. Gemäß der Zeittafel in Rilke 1950, S. 1055f., ist der August 1910 der einzige Zeitraum, in dem die Änderung der Empfängeradresse auf der Postkarte zwecks deren Weiterleitung Sinn ergibt. Nur in diesem Zeitraum war Rilke zunächst in Oberneuland (08.07.-10.08.1910) und kurze Zeit später in Schloss Janowitz (27.08.-Mitte September 1910). Oberneuland ist die auf der Postkarte durchgestrichene und durch Schloss Janowitz ersetzte Empfängeradresse.

104 Titel und Datierung gemäß der Beschriftung auf der Rückseite.

105 Geb. 08.12.1861 in Banyuls-sur-Mer, gest. 27.09.1944 ebd. Siehe zu Aristide Maillols Person und Werk Bouvier 1945 sowie Camo 1950.

106 Brief Edith von Bonin an Maximiliane Gräfin Gneisenau vom 15.11.1962. Zu Sophie (Sissi) Brentano (geb. 1875, gest. 1956) hielt Edith von Bonin auch nach der Pariser Zeit jahrzehntelangen Kontakt, wie der Eintrag »1953 Weihnachten von Sissy Brentano« im Bändchen Buchheim 1951 zeigt. Weitere Einzelheiten waren jedoch nicht in Erfahrung zu bringen. Siehe zu Sophie Brentanos Person und Werk Strohmeyr 2006, S. 299-315.

107 Außer dem Titel und der Datierung enthält die Beschriftung auf der Rückseite des unterlegten Papiers den Hinweis »vom Sequestre 1920 zurückbekommen«.

108 Ein Schwarz-Weiß-Foto dieses Ölgemäldes aus dem Nachlass Edith von Bonins weist rückseitig die Bleistiftnotiz »Paris 1911« auf.

109 Brief Rainer Maria Rilke an Edith von Bonin vom 28.06.1911.

110 Geb. 11.11.1863 in Paris, gest. 15.08.1935 in Paris. Siehe zu Paul Signacs Person und Werk Cachin 2000, Franz 1996 sowie Signac 2013.

111 Hinweis Kropmanns, E-Mail vom 25.08.2017.

112 Absenderangabe im Brief Edith von Bonin an Rainer Maria Rilke vom 15.08.1911 samt undatierter Grußnotiz.

113 So vermutlich irrtümlich aufgrund eines Schreib- oder Erinnerungsfehlers in der eigenhändigen Abschrift eines Briefes von Edith von Bonin an den Württembergischen Kunstverein, Stuttgart, vom 16.05.1962.

114 So vermutlich korrekt in der Sequestrationsanzeige im *Bulletin de la Chambre de Commerce de Paris*, 10.04.1915, S. 299.

115 Hinweis Kropmanns, E-Mail vom 25.08.2017.

116 Leguay 2010, S. 31. Alle Bewohner mussten spätestens bis 15.01.1912 das Hôtel Biron verlassen; Hauptmann 1946.

117 Absenderangabe in einem Kurzbrief Edith von Bonin an Rainer Maria Rilke vom 15.04.1913.

118 Hinweis Kropmanns, E-Mail vom 25.08.2017. Geprüft wurden die Jahre 1908, 1909 und 1911.

119 Bonin 1953.

120 Edith von Bonins nach dem Zweiten Weltkrieg angefertigte Verlustverzeichnisse (Bonin 1949, 1953 und 1957) sowie die Briefabschrift Edith von Bonins an das Städelsche Kunstinstitut vom 18.04.1957 listen mit kurzen Kommentaren und vereinzelten Widersprüchlichkeiten bei den Bildbeschreibungen acht Ölgemälde auf Leinwand, zwei Zeichnungen sowie ein Werk mit unbekannter Maltechnik auf; der Wortlaut der Verzeichnisse wird hier in Anführungszeichen wiedergegeben: »*Studie für großes Bild ›Herbst‹* (Öl auf Leinwand)«, vermutlich um 1907/08 entstanden, »*Les Pins/Die Kiefern* (Öl auf Leinwand, Cassis, 1909)«, »*Entrée de Cassis/Eingang von Cassis* (Öl auf Leinwand, 1909, gekauft bei einer Auktion zugunsten des Monuments Cézanne 1911)«, »*Adam et Ève/Adam und Eva* (ergänzend als *Garten mit Krokodil - grand Paradis* bezeichnet, Öl auf Leinwand, 1910)«, »*Indolence* (auch als

L'Été/Sommer bezeichnet, Öl auf Leinwand)«, 1910 in Cassis entstanden, »*Le Pêcheur/Der Fischer* (Öl auf Leinwand)«, 1910 in Cassis entstanden, »*Studie ›Junger Neger‹* (Öl auf Leinwand, Paris, 1911)«, »*Selbstporträt Othon Friesz* (Öl auf Leinwand)«, Entstehungsjahr unbekannt, »*Landschaftsmotiv für ›Herbst‹* (Tuschzeichnung, Honfleur, 1907)«, »*Adam et Ève/Adam und Eva* (Rötelzeichnung)«, vermutlich 1910 entstanden, »*Paradis au crépuscule/Paradies in Dämmerung* (1910/11)«, Maltechnik unklar. Nicht in den Verzeichnissen enthalten ist als zwölftes Werk eine Kohlezeichnung *À la fontaine de Guarda (fragmente),* 1912, die sich in Edith von Bonins Nachlass befand. Zur Wahrung des historischen Kontexts wurde der überlieferte Titel *Studie ›Junger Neger‹* beibehalten, auch wenn er heute als rassistisch oder kolonial-romantisch konnotiert einzustufen ist.

In der Literatur finden sich die folgenden beiden Hinweise auf Edith von Bonins Kollektion von Friesz-Gemälden: Im Bildtafel-Anhang der Friesz-Biografie von André Salmon aus dem Jahr 1920 werden die beiden Bilder »*Le Pêcheur (Cassis)* (Der Fischer, Cassis, 1910)« sowie »*L'Été (Cassis)* (Sommer in Cassis, 1910)« als zur »Collection de Bonin« gehörig bezeichnet; Salmon 1920, S. 37 und S. 41. Der Katalog zur Internationalen Kunstausstellung August/September 1925 im Kunsthaus Zürich benennt »Edith von Bonin, Potsdam« als Leihgeberin der vier Gemälde »*Paradis* (Öl auf Leinwand, 1910, 205 × 180 cm)«, »*Le Pêcheur* (Öl auf Leinwand, 1910, 180,5 × 159,5 cm)«, »*Indolence, Cassis* (Öl auf Leinwand, 1910, 114 × 146 cm)« sowie »*Paysage aux pins* (Öl auf Leinwand, o. J., 65 × 80,5 cm)«; Kunsthaus Zürich 1925, S. V und S. 10, Ausstellungsnummern 153 bis 156.

Die von Edith von Bonin als »*Les Pins/Die Kiefern*« sowie »*Adam et Ève/Adam und Eva*« bezeichneten Bilder dürften mit den im Kunsthaus Zürich unter den Namen »*Paysage aux pins*« sowie »*Paradis*« ausgestellten Ölgemälden identisch sein.

121 Butcher, E-Mail vom 22.03.2018.

122 Geb. 03.06.1877 in Le Havre, gest. 23.03.1953 in Forcalquier. Siehe zu Raoul Dufys Person und Werk Perez-Tibi 2008, Musée des Beaux-Arts Lyon 1999 sowie Brodskaïa [2012], S. 117–124. In ihren Verlustlisten Bonin 1949, 1953 und 1957 nennt Edith von Bonin die folgenden sieben Werke von Raoul Dufy: »zwei große Holzschnitte *St. Marie des Flots* (einer schwarz-weiß, einer handkoloriert)«, »vier Holzschnitte *Les quatre saisons* (schwarz-weiß)« sowie ein »Aquarell *Kühe auf der Weide*«.

123 Geb. 10.06.1880 in Chatou, gest. 08.09.1954 in Garches. Siehe zu André Derains Person und Werk Hilaire 1959 sowie Brodskaïa [2012], S. 95–104. In den Verlustlisten Bonin 1949 und 1957 wird von André Derain ein Bild »*Paysage de la Seine Argenteuil* (Öl auf Leinwand)« aufgeführt.

124 Geb. 27.03.1875 in Bordeaux, gest. 14.06.1947 in Paris. Siehe zu Albert Marquets Person und Werk Krebs u. a. 2016 sowie Brodskaïa [2012], S. 105–116. In den Verlustlisten Bonin 1949 und 1957 wird von Albert Marquet ein Bild »*Seine-Landschaft* (Öl auf Leinwand, Kauf 1912)« aufgeführt.

125 In den Verlustlisten Bonin 1949 und 1957 führt Edith von Bonin von Paul Signac ein Bild »*Fischer am Mittelmeer* (Aquarell, 1913)« auf.

126 In der Verlustliste Bonin 1953 führt Edith von Bonin von Henri Matisse eine »Tuschzeichnung *Weiblicher Act sitzend auf Stuhl*« auf.

127 In den Verlustlisten Bonin 1949 und 1957 führt Edith von Bonin von Aristide Maillol eine »Bronzeplastik *Pomona* (später als *Ève* bezeichnet, erworben 1913/14 in der Galerie Druet)« auf. Die Verlustliste Bonin 1953 nennt zusätzlich eine »Kreidezeichnung *Weiblicher Act*«.

128 Bonin 1957.

129 Geb. 14.11.1885 in Gradischsk, Gouvernement Poltawa, gest. 05.12.1979 in Paris. Siehe zu Sonia Delaunay-Terks Person und Werk Baron und Damase 1995 sowie Hamburger Kunsthalle und Centre Georges Pompidou 1999.

130 Walden und Der Sturm 1913.

131 Erwerb dokumentiert in Bonin 1949 und 1957; Bestätigung, die Statuette in Edith von Bonins Berliner Wohnung gesehen zu haben, im Brief Maximiliane Gräfin Gneisenau an Edith von Bonin vom 04.11.1962. In einem Brief an Maximiliane Gräfin Gneisenau vom 15.11.1962 schreibt Edith von Bonin: »Ich liebte, wie du richtig schreibst diese kleine Figur sehr.«

132 Der Diebstahl bzw. die Plünderung ist u. a. dokumentiert in einem Brief Edith von Bonins an Maximiliane Gräfin Gneisenau vom 05.11.1962. Mit der Bitte um Hilfe bei der Wiederbeschaffung wandte sie sich u. a. an Raoul Dufy (Briefabschrift vom 10.09.1949) und an das Musée National d'Art Moderne, Paris (Briefentwurf Edith von Bonin vom 25.11.1962 und Antwortschreiben des Museums vom 30.11.1962).

133 Abbildung mit Angabe des Entstehungsjahres und Größenangabe aus dem Nachlass Edith von Bonins. Im Katalog zu der Ausstellungsreihe *Aristide Maillol*, die 1961/62 in Hamburg, Amsterdam, Frankfurt am Main, Stuttgart und München stattfand, war als Abbildung 5 zur Katalognummer 7 eine sehr ähnliche Ansicht aus etwas anderem Blickwinkel enthalten; Kunstverein in Hamburg 1961. Die Abbildung ließ bei Edith von Bonin die Vermutung entstehen, bei dem Exponat könne es sich um ihr verschwundenes Exemplar handeln. Dem wurde von den Organisatoren der Ausstellungsreihe mit dem Hinweis widersprochen, dass die ausgestellte Statuette aus einer späteren Edition als die von Edith von Bonin erworbene stamme, jene überdies in mehreren

Exemplaren existiere; Brief Galerie Dina Vierny, Paris, an Edith von Bonin vom 14.02.1963.

134 Zur Liste der in Zürich ausgestellten Werke siehe Fußnote 120.

135 Foto entnommen aus Salmon 1920, S. 41, Abmessungen gemäß Kunsthaus Zürich 1925, S. 10.

136 Foto entnommen aus Salmon 1920, S. 37, Abmessungen gemäß Kunsthaus Zürich 1925, S. 10.

137 Hierzu heißt es in der Briefabschrift Edith von Bonins an den Württembergischen Kunstverein, Stuttgart, vom 16.05.1962: »Als ich Anfang July 1914 meine sommerliche Reise nach Deutschland unternahm, hatte Druet, den ich gut kannte mir angeboten meine Kunstsachen während meiner Abwesenheit bei sich aufzubewahren, so hatte er sie mir damals gerettet.«

138 Edith von Bonin schreibt 1949 an Raoul Dufy, dass ihr während des Krieges in der Gegend von Berlin und Potsdam Werke abhandengekommen seien und nach dem Krieg durch russische Plünderungen in Thüringen; Briefabschrift Edith von Bonin an Raoul Dufy vom 12.03.1949.

139 Den handschriftlichen Anmerkungen in Edith von Bonins Abschrift ihres Briefes an das Städelsche Kunstinstitut vom 18.04.1957 zufolge handelte es sich um die Friesz-Werke *Adam et Ève/Adam und Eva, Paradis au crépuscule/Paradies in Dämmerung* sowie *Studie ›Junger Neger‹*. In der Briefabschrift Edith von Bonins an Raoul Dufy vom 10.09.1949 wird zum Gemälde *Adam et Ève/Adam und Eva* ergänzt, dass es sich um das Bild *Paradis (Adam et Ève) avec le crocodile (mit dem Krokodil)* handelt.

140 In Edith von Bonins Briefabschriften an Raoul Dufy vom 10.09.1949 sowie an das Städelsche Kunstinstitut vom 18.04.1957 finden sich Angaben über das beinahe abenteuerlich anmutende Schicksal der Bilderkiste, ihre Aufbewahrungsorte und die involvierten Bekannten Edith von Bonins: Demzufolge gelangte die Kiste, über deren Verbleib Edith von Bonin erst 1949 Gewissheit erhielt, von Potsdam aus zunächst in die Obhut ihrer Malerkollegin und Freundin Charlotte Tesdorpf, geb. Pfund, und deren Bruder Max Pfund in Reinholdshain bei Dippoldiswalde, nach beider Tod 1949 bzw. 1950 in die Verwahrung von deren Nichte Edeltraud Thiers, geb. Gräfin Königsdorff, in Dresden. Das Vorhandensein »Ihre[r] Bilderkiste« und deren Lagerung in einem häuslichen Abstellraum außerhalb der Wohnung zusammen mit anderen Gegenständen aus Reinholdshain wird im Brief Edeltraud Thiers an Edith von Bonin vom 20.12.1963 bestätigt, verbunden mit der Ankündigung, nachschauen zu wollen, »was in der Kiste noch drin ist«, sowie mit der Frage: »Soll ich mich einmal erkundigen, ob ich sie Ihnen schicken kann?« Etwaige anschließende Korrespondenz liegt nicht vor.

141 Brief Frau Tuscha an Edith von Bonin vom 09.10.1966. Edeltraud Thiers verstarb der Notiz auf einem nicht zustellbaren und deshalb zurückgesandten Brief zufolge am 07.07.1967.

142 Siehe hierzu die Briefe Edith von Bonin an Constantin Graf Gneisenau vom 14.06.1950, Constantin Graf Gneisenau an Edith von Bonin vom 20.07.1953 sowie Anny Wasner an Felicitas Tietz vom 04.09.1970.

143 Gemäß Bonin 1953 handelte es sich um die in Fußnote 120 genannte Rötelzeichnung *Adam et Ève* von Othon Friesz, alle in Fußnote 122 genannten Werke von Raoul Dufy, die in Fußnote 126 genannte Tuschzeichnung *Weiblicher Act sitzend auf Stuhl* von Henri Matisse sowie die in Fußnote 127 genannte Kreidezeichnung *Weiblicher Act* von Aristide Maillol.

144 Der Vergleich des Bildes im Bestand des Albertinum / Galerie Neue Meister, Staatliche Kunstsammlungen Dresden (wiedergegeben in der Online Collection der Staatlichen Kunstsammlungen Dresden, Inventarnummer 80/15) mit dem bei Salmon 1920 abgedruckten Gemälde *Indolence* bzw. *L'Été (Cassis)* aus Edith von Bonins Kollektion ergab, dass die Bilder übereinstimmen. Das Gemälde wurde 1980 aus Dresdner Privatbesitz für die Gemäldegalerie Neue Meister (GGNM, heute Albertinum / Galerie Neue Meister) angekauft. Über Vorbesitzer und mögliche Verkäufe zwischen 1945 bis 1980 liegen der Galerie keine Informationen vor. Am Werk selbst befinden sich keinerlei Spuren, Aufkleber oder Hinweise, die Rückschlüsse auf etwaige Vorbesitzer ermöglichen. Die Galerie bestätigt, dass es sehr naheliegend ist, dass sich das Gemälde, wie bei Salmon 1920 angegeben, einst im Besitz Edith von Bonins befand; Dalbajewa und Müller, E-Mail vom 11.02.2020. Ein Hinweis auf Edith von Bonins früheren Besitz wurde von der Galerie in die Provenienzangaben aufgenommen.

145 Auktion der Villa Grisebach Auktionen GmbH, Berlin, vom 30.05.2013, Los-Nr. 10; Villa Grisebach Auktionen GmbH 2013.

146 Kapitzky, E-Mail vom 29.10.2018.

147 Sotheby's 2018, Lot 455.

148 Die Liste der früheren Besitzer des Gemäldes geht im Auktionskatalog lediglich bis 1952 zur Perls Gallery, New York, zurück. In den Archives of American Art / Smithsonian Institution, wo die Geschäftsunterlagen der von 1937 bis 1996 existierenden Perls Gallery aufbewahrt werden, waren keine Informationen auffindbar, wie und wann die Galerie das Werk erworben hat; Bourgoin, E-Mail vom 06.01.2020.

149 Gemäß Bonin 1949 und 1957 handelte es sich um ein Lager der Spedition Grauel & Coqui. Das Datum der Zerstörung nennt Edith von Bonin in der Abschrift ihres Briefes an Raoul Dufy vom 10.09.1949.

150 Die 32 × 21 cm große Zeichnung ist mit »E Othon Friesz« signiert und eine Studie zu seinem Gemälde *Les Femmes à la fontaine de Guarda* aus demselben Jahr.

151 Briefabschrift Edith von Bonin an Städelsches Kunstinstitut vom 18.04.1957.

152 In den uns vorliegenden Biografien des Künstlers wird die Bekanntschaft nicht erwähnt. Bei Salmon 1920, S. 37 und S. 41, wird Edith von Bonin lediglich als Besitzerin zweier Werke genannt. David Butcher, dem Autor der jüngsten Friesz-Biografie (Butcher 2007), war Edith von Bonins Name auf Nachfrage unbekannt; Butcher, E-Mail vom 13.12.2017. Auch in den Friesz-Archiven der Bibliothèque Armand Salacru in Le Havre (E-Mail Pierrat vom 07.07.2017) sowie des Getty Research Institute (GRI) in Los Angeles (E-Mail Getty Research Institute vom 13.09.2018) ist Edith von Bonin als Verfasserin oder Empfängerin von Briefen unbekannt. Ob und ggf. in welchem Zusammenhang ihr Name in dort archivierten Briefen von und an andere Korrespondenzpartner auftaucht, konnte im Rahmen der vorliegenden Arbeit nicht recherchiert werden.

153 Société des artistes indépendants 1908, [S. 14].

154 Société des artistes indépendants 1909, [S. 10].

155 Details zu dieser Reise bei Salmon 1920, S. 11, Briend 1999, S. 229, Butcher 2007, S. 76–78 und S. 252f., sowie Perez-Tibi 2008, S. 53. Salmon charakterisiert die Reise als »belles vacances«, als Urlaubsreise; Salmon 1920, S. 11. Ohne dies zu präzisieren, schreibt Edith von Bonin in ihrer Briefabschrift an Raoul Dufy vom 10.09.1949: »Mons. Salmon s'est trompé sur les dates«; dt.: »Herr Salmon hat sich bei den Daten geirrt.«

156 Salmon 1920, S.11; in deutscher Übersetzung: »wohin ihn die Gunst von Liebhabern [seiner Kunst] lockt«.

157 Über Elsa Weise liegen nur wenige Informationen vor, die sich größtenteils auf ihre Freundschaften und Treffen mit der Malerin Gertraud Rostosky (Kleinlauth 1998, S. 72–103, Keß 2003, S. 32f.) sowie mit der Malerin, Schriftstellerin und Journalistin Editha Klipstein (geb. 13.11.1880 in Kiel, gest. 27.05.1953 in Laubach; Haaser 2018) beziehen. Bei Kleinlauth 1998, S. 140, findet sich als Fußnote 295 die folgende biografische Notiz: »Elsa Weise * 12. Juli 1879 Halle/Saale, † 5. Okt. 1948. In Berlin zweijährige Ausbildung bei Lovis Corinth, anschließend lebte und arbeitete sie zehn Jahre in Paris, wo sie Matisse, Vlaminck und Friesz kennenlernte. Ab 1912 Atelier in Berlin. Eine enge Freundschaft verband sie mit Marie Galimberti. E. Weise verkehrte, wie ihre Kollegin M. Vollmoeller, verh. Purrmann, im Künstlerkreis des ›Café du Dôme‹. Außer bei Dressler (S. 1077) in der Kunstliteratur nicht nachweisbar.« Reese 2003, S. 80, erwähnt sie zudem als »Besitzerin der Pumpenwerke Weise & Monski in Halle«. Elsa Weise nahm in ihrer Pariser Zeit an mindestens zwei Jahresausstellungen des Salon des Indépendants teil, nämlich in den Jahren 1908 (Société des artistes indépendants 1908, S. 404) und 1910 (Société des artistes indépendants 1910, S. 345). Ihre Anschrift ist in den beiden Ausstellungskatalogen mit »84, rue d'Assas, Paris« angegeben.

158 Brief Hans Purrmann aus Paris an Mathilde Vollmoeller in Stuttgart vom 31.12.1909, abgedruckt in Billeter und Leitmeyer 2019, S. 41. Mit drastischer Wortwahl äußert Purrmann darin seine Verärgerung, dass ihm Friesz' Reise nach Deutschland verschwiegen worden war: »Eben erzählte mir Matisse, dass Frieß schon die ganze Zeit in Deutschland war, dass er München, Berlin und Frankfurt besuchte und im Schwarzwald viel gemalt habe, ich war nicht wenig erstaunt, und erstaunt es Sie nicht auch? Warum hat mich Frau Friehs dann angelogen, Matisse weiss wenig Näheres, aber denken Sie sich, dass das alles in Vereinbarung von Frl. Weise und Bonnin war? Genug es freute mich doch, finde aber alle grosse Schweine.« Purrmanns Erbostheit über die vorenthaltenen Informationen rührt wohl daher, dass im Dezember 1909 auf seine Einladung hin auch Raoul Dufy nach München gereist war, wo er sich mit seinem bereits dort weilenden Freund Othon Friesz traf. Über Purrmanns Einladung und Dufys Reise wird berichtet bei Briend 1999, S. 229, Butcher 2007, S. 76, sowie Perez-Tibi 2008, S. 53.

159 Vielleicht dürfen wir in ihr auch die nicht identifizierte Freundin vermuten, die Rainer Maria Rilke in einem Brief vom 28.05.1908 an Edith von Bonin im Zusammenhang mit deren beabsichtigtem Einzug ins Hôtel Biron erwähnt: »Sie wollen sich ja vermuthlich noch nicht entschliessen; aber falls Sie das Eck-Appartement nähmen mit Ihrer Freundin zusammen, und ein Raum dabei überzählig wird, so würde meine Frau ihn Ihnen wahrscheinlich gerne abmiethen, um ihn als Schlafzimmer zu benutzen.«

160 In einem Brief vom 02.11.1910 nimmt Rainer Maria Rilke eine Einladung Edith von Bonins für den nächsten Abend an und bedankt sich dafür, bei ihr Othon Friesz kennenlernen zu können.

161 Butcher 2007, S. 254.

162 Gauthier 1949, ders. 1957.

163 Name des Fotografen gemäß dem Stempel auf der Rückseite des Fotos. Butcher 2007, S. 91, enthält ein ähnliches, auf 1926 datiertes Foto.

164 Name des Fotografen gemäß dem Stempel auf der Rückseite des Fotos. Dasselbe Foto ist mit Datierung und Ortsangabe abgedruckt ebd., S. 22. Friesz bezog dieses Atelier 1913, siehe ebd. S. 254.

165 Briefabschrift Christoph Clairmont an Edith von Bonin vom 03.07.1943.

166 Brief von Raoul Dufy (Place Arago 1, Perpignan) an die »Chère Amie« Edith von Bonin (Viale Roma 3, Malcesine) vom 16.02.1949. Edith von Bonin antwortete Raoul Dufy am 12.03.1949 (Briefabschrift). Deutsche Übersetzung des Zitats: »Ich weiß gut, was Sie für FRIESZ gewesen sind, dass Sie ihm viel geholfen haben, und deswegen denke ich auch, dass Sie durch diesen Tod sehr betroffen gewesen sein müssen, und ich spreche Ihnen meinerseits meine Anteilnahme aus. Es sind ziemlich alte Erinnerungen, und sie sind mit so viel Traurigkeit und Unglück vermischt, dass man sie sich immer mit einer gewissen Zurückhaltung ins Gedächtnis ruft.«

167 Brief Edith von Bonin an Constantin Graf Gneisenau vom 23.02.1949. Dort heißt es: »Friesz mit dem ich sehr befreundet war ist vor kurzem gestorben. Man hatte ihm ›collaboration‹ vorgeworfen, wodurch er viel Ärger hatte.« Anlass dieses Kollaborationsvorwurfes nach der französischen Niederlage gegen das nationalsozialistische Deutsche Reich im Juni 1940 und der anschließenden Besetzung des nördlichen Teils Frankreichs durch die deutschen Truppen war die Teilnahme an einer zweiwöchigen, der deutschen Kulturpropaganda dienenden und vom NS-Staatskünstler Arno Breker organisierten Deutschlandreise für französische Künstler im November 1941. Die Reise, die offiziell rein künstlerischen Absichten dienen sollte, gipfelte in einem Empfang bei Reichspropagandaminister Joseph Goebbels und einem Besuch der Neuen Reichskanzlei. Zu den zwölf Teilnehmern zählten außer Friesz u. a. André Derain und Kees van Dongen. Näheres bei Doll 2018, S. 7, sowie bei Butcher 2007, S. 96–99.

168 Über den Briefwechsel berichtet Edith von Bonin in der Abschrift ihres Briefes an Raoul Dufy vom 10.09.1949. Auch mit Friesz' Ehefrau Andrée gab es dieser Briefabschrift zufolge Korrespondenz: Andrée Friesz bat Edith von Bonin, Werke ihres Mannes für eine Ausstellung zur Verfügung zu stellen; infolge des kriegs- und nachkriegsbedingten Verlustes dieser Werke war dies allerdings nicht möglich.

169 Société du Salon d'Automne 1907.

170 Rilke 1986, S. 346.

171 Im Brief Rainer Maria Rilkes an Edith von Bonin vom 07.10.1907 wird die Cézanne-Ausstellung explizit erwähnt: »Und die Cézannes sind ein großes Gut.« Rilke 1930, Nr. 188, S. 357f.

172 Vgl. Haftmann 1965, S. 35–39.

173 Ebd., S. 39.

174 Société du Salon d'Automne 1905.

175 Widauer 2013a, S. 17.

176 Ebd., S. 20, sowie Vauxcelles 1905, zit. nach Dagen 1994, S. 28–30.

177 Widauer 2013a, S. 24.

178 Ebd., S. 25.

179 Labrusse 2013, S. 250.

180 Ebd., S. 251f.

181 Widauer 2013a, S. 25. Siehe zum Kubismus einführend Ganteführer-Trier und Grosenick 2015; Apollinaire, Eimert und Podoksik [2010].

182 Haftmann 1965, S. 316 und S. 537.

183 Ebd., S. 89 und S. 558.

184 Ebd., S. 88.

185 Butcher 2007, S. 71. Die Übersetzung des Zitats lautet: »Die Figurenkompositionen dieser Periode schöpfen ihre Kraft aus der Erhabenheit der Themen, der Ausdruckskraft der Linien, einer festen, von Cézanne inspirierten Struktur und der Poesie, die aus den Gesten der Personen entsteht.«

186 Haftmann 1965, S. 88.

187 Ebd., S. 88 und S. 538.

188 Perez-Tibi 2008, S. 9. Die deutsche Übersetzung des Zitats lautet: »Ein Gefühl der Freude, eine Lebenslust gehen daraus hervor; Dufys Natur schließt alle Traurigkeit aus [...]«

189 Widauer 2013b, S. 208.

190 Matisse 1960.

191 Essers 2005, S. 20–23; vgl. auch Brodskaïa [2012], S. 67–84.

192 Essers 2005, S. 23.

193 Zit. nach Dorival 1944, S. 94. Die Übersetzung des Zitats lautet: »Ich will eine Kunst des Gleichgewichts, der Reinheit, die weder beunruhigt noch verwirrt; ich möchte, dass der erschöpfte, strapazierte, todmüde Mensch vor meiner Malerei Ruhe und Erholung genießt.«

194 *La Grande Revue*, Dezember 1908, zit. nach Sembat 1920, S. 16. Die Übersetzung des Zitats lautet: »Was ich vor allem anderen anstrebe, ist der Ausdruck ... ich könnte zwischen der Empfindung, die ich vom Leben habe, und der Art, wie ich sie übersetze, keinen Unterschied machen. Die Zeichnung muss eine Ausdehnungskraft haben, die die Dinge belebt, die sie umgeben.«

195 Im Unterschied zu den Impressionisten wurde die Farbe nicht auf der Palette oder Leinwand vermischt, sondern im Auge des Betrachters, wodurch die Leuchtkraft optimal erhalten blieb. »Neo-Impressionismus entsteht nicht durch Punkte, sondern durch Teilung. Division sorgt dafür, dass sämtliche Facetten von Leuchtkraft, Farbe und Harmonie gewährleistet werden. Dies geschieht durch die optische Mischung einzigartiger, reiner Pigmente (alle Farben des Regenbogens in sämtlichen Abstufungen) und durch die Trennung verschiedener Elemente (Lokalfarben, Beleuchtungsfarben und ihre Reaktionen aufeinander), durch die Balance dieser Elemente und ihrer jeweiligen Anteile (nach den Gesetzen des Kontrastes, ihrem Zerfall und ihrer Leuchtkraft) und durch die Wahl einer Pinselführung, die der jeweiligen Leinwand angepasst ist.« Zitat aus Signac 2013, S. 8f.

196 Vgl. Paul Signacs Biografie und die Werkabbildungen ebd.

197 Geb. 12.04.1885 in Paris, gest. 25.10.1941 in Montpellier. Siehe zu Robert Delaunays Person und Werk Hoog 1976 sowie Hamburger Kunsthalle und Centre Georges Pompidou 1999.

198 Hierzu und zum Folgenden Haftmann 1965, S. 143–146 und S. 536.

199 Chevreul 1967.

200 Die Idee der ungegenständlichen Malerei ist mit Delaunays eigenen Worten dargestellt in Hamburger Kunsthalle und Centre Georges Pompidou 1999, S. 195f.

201 Ganteführer-Trier und Grosenick 2015, S. 23f.

202 Hamburger Kunsthalle und Centre Georges Pompidou 1999, S. 94.

203 In der Korrespondenz Edith von Bonins mit Rainer Maria Rilke bleibt Cézanne auch nach der Pariser Retrospektive 1907 Thema, so in Briefen bzw. Briefkarten Rilkes vom Herbst 1908, vom Juni 1909 (Rilke 1986, S. 365f., auszugsweise auch bei Frowen 1998, S. 28–30) und vom 20.05.1911 sowie in Briefen Edith von Bonins vom 19.11.1909 und vom 01.12.1909. Im Brief vom 19.11.1909 berichtet sie Rilke über eine Cézanne-Ausstellung im Berliner Kunstsalon Cassirer: »Und als letztes, denken Sie, bei Kassierer ist eine Cézanne-Ausstellung, - einige wunderschöne Bilder, und viele die besonders für den Maler sehr sehr viel zu denken geben. [...] Ich will noch genau hören, wie lang sie dauern wird, - vielleicht können Sie Ihren Aufenthalt hier so ein wenig verschieben, daß Sie die Bilder noch sehen.« Edith von Bonins Beschäftigung mit Cézannes Werk hielt lebenslang an: Die im Nachlass vorgefundenen Kataloge zu Cézanne-Ausstellungen in der Kunsthalle Basel 1936 und im Kunsthaus Zürich 1956 versah sie mit zahlreichen Anmerkungen und Kommentaren.

204 Rückseitig mit »Bonin« signiert.

205 Rechts unten signiert »E v Bonin Malcesine«.

206 Titel gemäß der Bezeichnung in einer eigenhändigen Auflistung von Werken.

207 Desgleichen.

208 Warchau, rd. 25 Kilometer vom Bonin'schen Familienschloss in Brettin entfernt, ist heute ein Ortsteil der Gemeinde Rosenau im Landkreis Potsdam-Mittelmark in Brandenburg; Artikel ›Warchau‹ 2020.

209 Titel gemäß der rückseitigen Beschriftung auf dem Rahmen, Ortsangabe gemäß der rückseitigen Beschriftung eines Fotos des Bildes im Nachlass (»Treibhaus und blühende Bäume Warchau«).

210 Datierung gemäß einem beschrifteten Pastell gleichen Motivs.

211 Auf den Ort Malcesine am Gardasee deutet ein rückseitig beschriftetes Pastell mit einem sehr ähnlichen Motiv hin. Dort ist im Hintergrund zusätzlich eine Bergsilhouette zu sehen.

212 Hinweis Strobl, E-Mail vom 02.06.2018. Angaben zu den Entstehungsorten und Datierungen liegen für die beiden Bilder nicht vor.

213 Delaunay 1957, S. 177.

214 Das Originaldokument wird im Centre Georges Pompidou, Bibliothèque Kandinsky, Fonds Delaunay, cote 10575, boîte DEL 194, als »Document tapuscrit (machine)« aufbewahrt. Der Brief ist abgedruckt in Delaunay 1957, S. 183f.; die dortige Wiedergabe wird hier zitiert. Hervorhebungen in kursiver Schreibweise wurden beibehalten. Wo Delaunays Verwendung insbesondere der Wörter »matière«, »métier« und »vision« im Deutschen mehrdeutig ist, sind in unserer Übersetzung die Originalwörter in eckigen Klammern beigefügt:

»Liebe Dame, ich habe mir viel Zeit gelassen, um mit Ihnen, wie Sie es wünschten, ein wenig eingehender über Ihre Bilder zu reden. Ich finde das letzte Bild am interessantesten (Stillleben). Meine Sicht [vision] auf Ihre Werke wurde dadurch, dass wir nicht sofort über sie sprachen, klarer. Ich finde, dass Sie gegenüber Ihren früheren Bildern, die eine einfachere und größere Vision besaßen, weniger Gehalt [matière] haben.

Der sehr schwerwiegende Fehler der letzten Bilder ist, dass Sie in eine sehr schlechte Sackgasse einmünden, die Arabesque.

Die lineare oder farbige Arabesque entspringt einer archaischen, beschreibenden Malweise [métier], die für *mich* nicht mehr zur modernen Malweise [métier] zählt, die repräsentativ ist.

Ich trenne die Kunst (im Sinne von Leben und Bewegung [Vie et Mouvement]) nicht von der *Repräsentation.*

Und es ist diese schwerwiegende Sache, über die ich oben in meinem Brief zu Ihnen gesprochen habe.

Ich mag ein Kunstwerk, modern oder alt, aufgrund einer *nachvollziehbaren Konstruktion*.

Meine Empfindung reagiert sofort auf ein Kunstwerk, das mir, *wie in der Natur* (mit der ich es instinktiv vergleiche), *das Gefühl der Tiefe* gibt.

Ich finde, dass Ihre letzten Bilder bei einer abstrakten Gestaltung [écriture abstraite] ankommen (die eher aus dem Geschmack hervorgeht), die sich von der Empfindung, vom Gefühl der Tiefe entfernt (unsere Augen sehen die Sonne).

Es gibt Farbenbewegung in ihrem *simultanen* Kontrast. Simultane Kontraste bilden eine simultane Ästhetik, (es handelt sich nicht um simultane *Vision*). Ich will in der Kunst keine Metaphysik betreiben, wie in den neuesten Schulen. Und ich möchte soweit wie möglich bei Fragen zu den *handwerklichen Grundlagen [métier] eines Malers oder Bildhauers* bleiben.

Ich mache keinen Unterschied zwischen der Malerei und der Bildhauerei. Alles ist *Farbe in Bewegung* (Tiefe): die die Konstruktion dessen ist, was ich *simultane Repräsentation* nenne.

Es gibt Bewegungseigenschaften von Farben in allen Stärken:

die *langsamen* Bewegungen, Komplemente,
die *schnellen* Bewegungen, Dissonanzen.

Es handelt sich nicht um die *beschreibende* Bewegung der Kubisten-Futuristen, die die Maler *Dynamik* nennen. Die Bewegungen, von denen ich spreche, die verspüre ich, ich *beschreibe* sie *nicht*. Sie sind durch ihren Kontrast simultan und nicht aufeinanderfolgend.

Alles, was aufeinanderfolgend ist, ist beschreibend (illustrierend, nicht repräsentativ).

Perspektive, Geometrie, Dessin, Helldunkel münden in eine monumentale Ästhetik.

Der simultane Ästhetizismus steht außerhalb und ist für mich der einzig mögliche, indem er von einer *simultanen Malweise [métier simultané]*, das heißt *konstruktiven Farben* ausgeht.

Konstruktive Farben, das ist der Schlüssel zur modernen Kunst in allen (ihren) Ausprägungen: Skulptur, Architektur, Möbel, Plakate, etc.... (Die) *konstruktiven Farben* geben einem Werk den unerlässlichen *Gehalt [matière]*, und *darauf kommt es an [c'est le métier]*.

Ich finde, dass Sie in Ihren früheren Bildern mehr Möglichkeit zur Konstruktion hatten, natürlich in der Weiterführung zur Reinheit, zu mehr Bewegung: Ich fand dort eine gewisse Aussage [matière], die man durch mehr Maltechnik [métier] ergänzen könnte. Es gab dort mehr Bewegung, von Ihnen selbst, und ich mache diesen Vergleich mit Ihren letzten Werken, die ich zu kalt finde, *ohne Tiefe* (Arabesque).«

215 Geb. 04.12.1866 in Moskau, gest. 13.12.1944 in Neuilly-sur-Seine. Siehe zu Wassily Kandinskys Person und Werk Friedel und Hoberg 2016.

216 Geb. 03.01.1887 in Meschede, im Ersten Weltkrieg gefallen 26.09.1914 in Perthes-les-Hurlus. Siehe zu August Mackes Person und Werk Heiderich 2008.

217 Geb. 08.02.1880 in München, im Ersten Weltkrieg gefallen 04.03.1916 in Braquis bei Verdun. Siehe zu Franz Marcs Person und Werk Pese 2015.

218 Die Briefe an Kandinsky, Macke und Marc sind wiedergegeben in Delaunay 1957, S. 176–190.

219 Der Absatz greift z. T. Überlegungen von Kropmanns auf; Kropmanns, E-Mail vom 25.08.2017.

220 Gautherie-Kampka 1996, S. 10.

221 Ewers-Schultz 2016, S. 87.

222 Hans Purrmann und Mathilde Vollmoeller zählten zu den Stammgästen des Café du Dôme; Gautherie-Kampka 1996, S. 10f. u. S. 15. Käte Schaller-Härlins Besuche werden bei Heussler 2017, S. 63, als sicher angenommen, diejenigen von Elsa Weise bei Kleinlauth, S. 140, erwähnt.

223 Nur vom Hôtel Biron aus war der Weg mit rd. 30 Gehminuten etwas länger.

224 Der Begriff wurde von Guillaume Apollinaire geprägt; Apollinaire 1914.

225 Gautherie-Kampka 1996, S. 22f.

226 Briefabschrift Edith von Bonin an den Württembergischen Kunstverein, Stuttgart, vom 16.05.1962.

227 Brief Edith von Bonin an Felicitas Tietz vom 21.02.1952.

228 Brief Anny Wasner an Felicitas Tietz vom 21.03.1973.

229 So die Formulierung im Brief Edith von Bonins an Gertraud Rostosky vom Dezember 1938.

230 *Bulletin de la Chambre de Commerce de Paris*, 10. April 1915, S. 299.

231 In der Abschrift des Briefes an den Württembergischen Kunstverein, Stuttgart, vom 16.05.1962 berichtet Edith von Bonin, dass ihr durch die Beschlagnahme ein Werk Aristide Maillols, eine kleine Eisenstatuette ohne Fuß, verloren gegangen sei.

232 Briefabschrift Edith von Bonin an Raoul Dufy vom 10.09.1949.

233 Handschriftliche Abschrift des Briefes Edith von Bonins an Raoul Dufy, vermutlich vom 12.03.1949, als Antwort zum Schreiben Dufys vom 16.02.1949.

234 Undatierter Brief Edith von Bonins aus Paris an Gertraud Rostosky, vermutlich zwischen 1908 und 1911.

235 Brief Edith von Bonins aus Malcesine an Constantin Graf Gneisenau vom 22.02.1944.

236 Briefabschrift Edith von Bonin an Raoul Dufy vom 10.09.1949. Émilienne Dufy begleitete Edith von Bonin 1920 bei verschiedenen offiziellen Anlässen; ebd.

237 Die Stadt war nach dem Ersten Weltkrieg von den Siegermächten aus dem Deutschen Reich herausgelöst worden. Zur Tätigkeit der Delegation siehe Senat der Freien Stadt Danzig 1931.

238 Brief Edith von Bonin an Constantin Graf Gneisenau vom 23.02.1949. Ähnlich auch im Brief Edith von Bonin an Constantin Graf Gneisenau vom 16.12.1943.

239 In Briefen an Constantin Graf Gneisenau vom 12. und 21.03.1944 fragt Edith von Bonin diesen nach einem – ihrem früheren Brief vom 23.01.1944 beigelegten – Schreiben, das Constantin Graf Gneisenau an Raoul Dufy weiterleiten sollte.

240 In einem vermutlich auf das Frühjahr 1944 zu datierenden Brief Edith von Bonins an Constantin Graf Gneisenau erwähnt sie, dass sie einen Bekannten gebeten habe, ihr in Paris ein Buch über Othon Friesz zu besorgen.

»Ich arbeite soviel ich kann in meiner Malerei«[1]

Die Jahre zwischen den Weltkriegen

Für das Leben und die künstlerische Entwicklung Edith von Bonins in der mehr als fünfundzwanzigjährigen Zeitspanne zwischen dem Beginn des Ersten und des Zweiten Weltkrieges geben sowohl einige schriftliche Unterlagen und Fotos als auch Skizzenhefte, Sammelmappen ihrer Werke und die Werke selbst Anhaltspunkte. Unklar bleibt allerdings die Datierung ihrer Wohnorte.[2]

Wohn- und Aufenthaltsorte

Nach dem Tod der Eltern 1912 und 1913 verkauften die vier Schwestern im Jahr 1914 deren Wohnhaus am Berliner Lützowplatz 8.[3] Dies dürfte umso leichter gefallen sein, als alle Schwestern ›aus dem Haus‹ waren und ein eigenständiges Leben führten. Das ererbte elterliche Vermögen bewirkte, dass sich jede der vier Schwestern in gesicherten finanziellen Verhältnissen befand.[4]

Dagegen behielten sie das Schloss in Brettin samt einem Gut von etwa 2.000 Morgen (rund 500 Hektar), jeweils etwa zur Hälfte Land- und Forstwirtschaft.[5] Fotos, die 1913 nach dem Tod der Eltern vermutlich als Erinnerung an das gemeinsame Heim von der Kölner Fotografin Elsbeth Gropp[6] aufgenommen wurden, geben einen Eindruck des Schlosses, seiner Einrichtung und seiner Umgebung (Abb. 4-01 bis 4-04).[7]

Nach Auszahlung ihrer drei älteren Schwestern wurde Elsa von Bonin Alleineigentümerin des Schlosses und des Landwirtschaftsbetriebes.[8] Sie ließ das Gut zunächst durch einen Pächter bewirtschaften, übernahm ab 1933 aber selbst die Leitung.[9] Ende des Zweiten Weltkrieges blieb Elsa von Bonin auf ihrem Besitz, musste ihn jedoch aufgrund der ›Bodenreform‹ in der damaligen Sowjetischen Besatzungszone 1946 zwangsweise unter Aufgabe von Hab und Gut verlassen.[10] Sie fand zunächst für einige Jahre bei einer Cousine in Erfurt

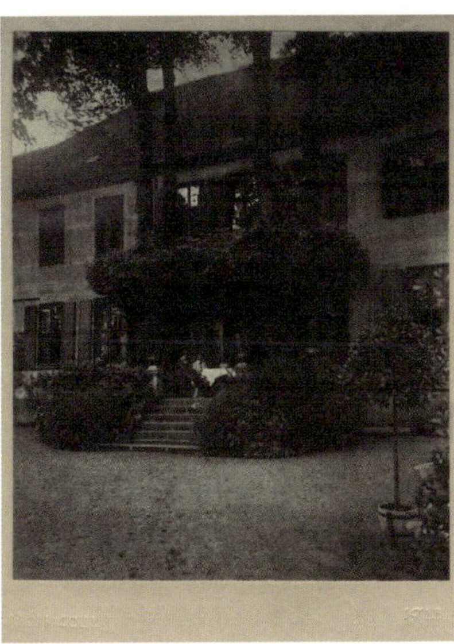

4-01 Zum Plaueschen Kanal gelegene Gartenseite von Schloss Brettin, 1913 (Foto: Elsbeth Gropp)

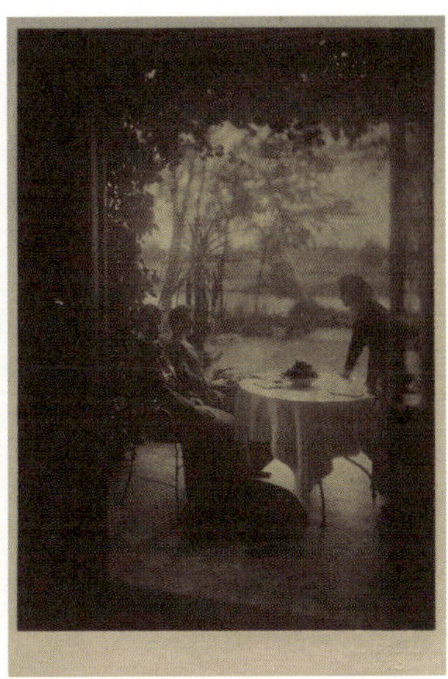

4-02 Blick über die Gartenterrasse von Schloss Brettin auf den Plaueschen Kanal, 1913. Am Tisch versammelt sind Edith von Bonin und ihre Schwestern. (Foto: Elsbeth Gropp)

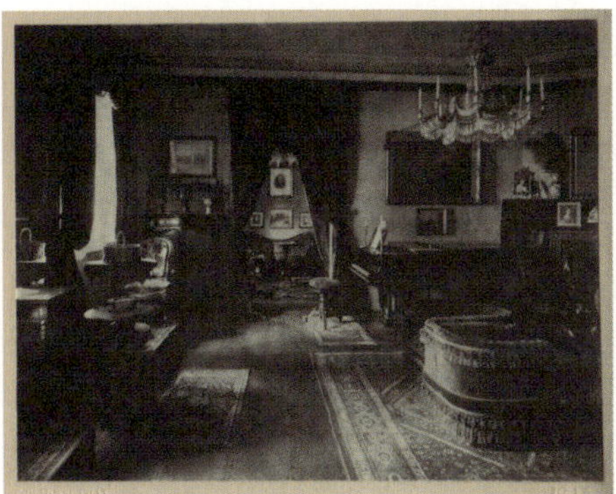

4-03 Wohnzimmer in Schloss Brettin, 1913 (Foto: Elsbeth Gropp)

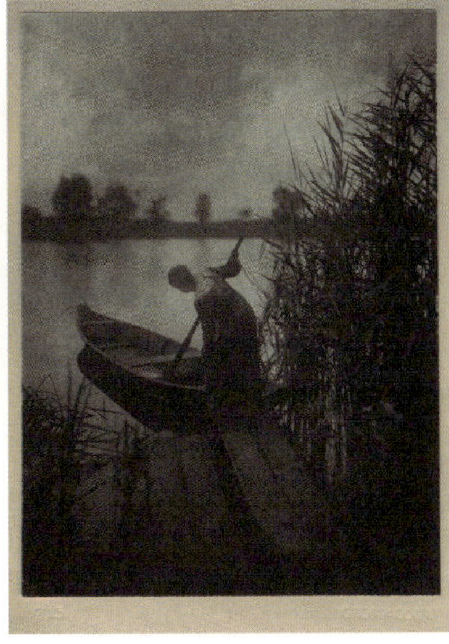

4-04 Am Plaueschen Kanal, 1913 (Foto: Elsbeth Gropp)

Unterkunft[11] und ließ sich schließlich in Westberlin nieder. Der in Berliner Bankschließfächern deponierte Familienschmuck sowie das Familiensilber waren bei Kriegsende 1945 russischen Truppen in die Hände gefallen.[12] Ebenfalls verloren gingen in Naumburg eingelagerte Möbel, Bilder und Kisten aus dem Bonin'schen Familienerbe.[13]

Schloss Brettin blieb für Edith von Bonin stets ihre Heimat[14] und dürfte in den Jahren vor dem Zweiten Weltkrieg von ihr des Öfteren für längere oder kürzere Aufenthalte besucht worden sein.[15] Vielleicht hatte sie dort auch einen Teil ihrer Arbeiten deponiert. Ob und für welchen Zeitraum sie einwohnerrechtlich in Brettin gemeldet war, lässt sich nicht mehr ermitteln, da die behördlichen Unterlagen vernichtet sind.[16]

Außerhalb von Brettin sind vor 1945 für Edith von Bonin mit München, Berlin, Potsdam, Zoppot und Dachau weitere deutsche Adressen oder Aufenthaltsorte überliefert:

Den städtischen Meldeunterlagen zufolge hielt sich Edith von Bonin im Zeitraum September 1919 bis Mai 1921 mehrfach in München auf, wo sie in der Pension Geschwister Liesecke am Maximiliansplatz 7 Quartier nahm.[17] Ihr Beruf ist als »Malerin« eingetragen. In einem Skizzenheft von 1932 wird ein Jahrzehnt später eine Münchner Atelieranschrift in der Ainmillerstraße 35 erwähnt.[18] Der Mitgliedsausweis der Reichskulturkammer von 1934 nennt überdies - vermutlich lediglich für Zwecke postalischer Erreichbarkeit und nicht als Wohnung - die Anschrift Maximilianplatz 18.[19]

Für das Frühjahr 1920 ist in ihrem Münchner Meldebogen ein Umzug nach Berlin-Charlottenburg, Schlüterstraße 11 vermerkt.[20] Der Nachlass weist als weitere Anschrift Berlin-Schmargendorf, Sulzaer Straße 2 aus.[21] In der nur noch lückenhaft vorhandenen Berliner Einwohnermeldekartei lässt sich Edith von Bonins Name jedoch nicht ermitteln.[22] Auch in den Berliner Adressbüchern jener Zeit ist sie nicht verzeichnet.

Der Ausstellungskatalog der Internationalen Kunstausstellung August/September 1925 im Kunsthaus Zürich führt sie als Leihgeberin unter »Fräulein von Bonin, Potsdam« auf.[23] Dokumentiert ist darüber hinaus eine Anschrift der Künstlerin in der ab November 1920 aus dem Deutschen Reich herausgelösten Freien Stadt Danzig,

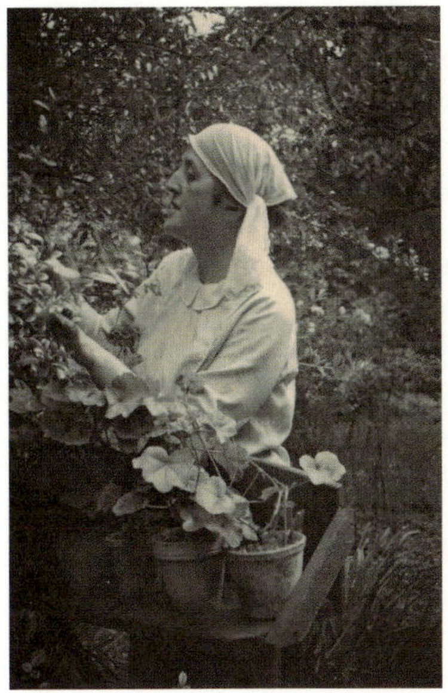
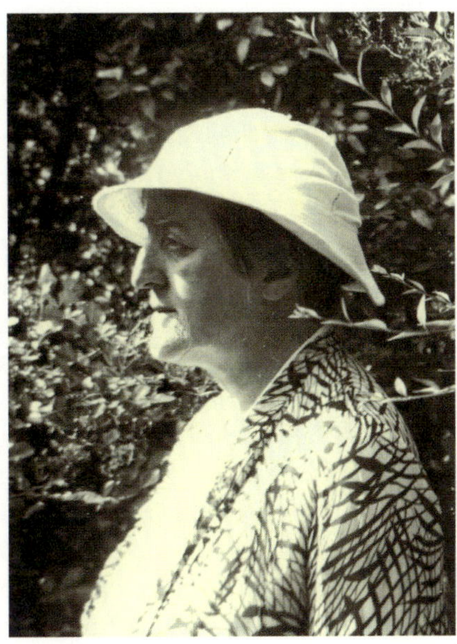

4-05 und **4-06** Edith von Bonin um 1920 und in den 1930er Jahren

nämlich in Zoppot, Schulstraße 37.[24] In der Fundstelle hierfür, Dresslers Kunsthandbuch von 1930, werden, anders als bei anderen verzeichneten Künstlern, außer der Anschrift und der Kurzangabe, dass es sich um eine Malerin handelt, keine weiteren Hinweise gegeben.[25]

Wann und wie lange sich Edith von Bonin in München, Berlin, Potsdam und Zoppot aufgehalten hat, lässt sich nicht rekonstruieren. Genauere Kenntnis besitzen wir jedoch über ihre Zeit in Dachau, die in einem eigenen Kapitel betrachtet wird.

Künstlerisches Schaffen vom Ersten bis zum Zweiten Weltkrieg

Für den Zeitraum vom Ausbruch des Ersten Weltkrieges bis zum Beginn der 1920er Jahre fehlen weitgehend Informationen über Edith von Bonins künstlerische Aktivitäten. Auch wenn durch die Erbregelungen und Verpflichtungen nach dem Tod der Eltern 1912/13, die Jahre des Ersten Weltkrieges von 1914 bis 1918, den anschließenden Zusammenbruch der bisherigen gesellschaftlichen Ordnung sowie die unruhigen Nachkriegs- und Inflationsjahre zweifellos andere Vordringlichkeiten und Sorgen ihr Leben beherrschten, ist nicht anzunehmen, dass die wenigen nachgelassenen Werke Edith von Bonins künstlerisches Schaffen in dieser Zeit vollständig abbilden. Wir müssen dessen Spuren als weitgehend verloren ansehen.

Als einschneidendes Ereignis, das die Schrecken des Krieges in die engste Familie trug, haben Edith von Bonin und ihre Schwestern im August 1914, kurz nach dem Beginn des Ersten Weltkrieges, zweifellos das völlig unerwartete Vordringen russischer Truppen ins deutsche Reichsgebiet nach Ostpreußen empfunden, lebten doch die Schwester Olga und ihr Mann Horst von Baehr auf einem von diesem bewirtschafteten Rittergut im ostpreußischen Wittigwalde.[26] Die Bevölkerung reagierte auf den Einfall mit Panik und ungeregelter Flucht. Ende August/Anfang September 1914 gelang es deutschen Truppen, die Invasoren zurückzuschlagen.[27] Edith von Bonin verarbeitete ihre augenscheinlich tiefe Betroffenheit über die

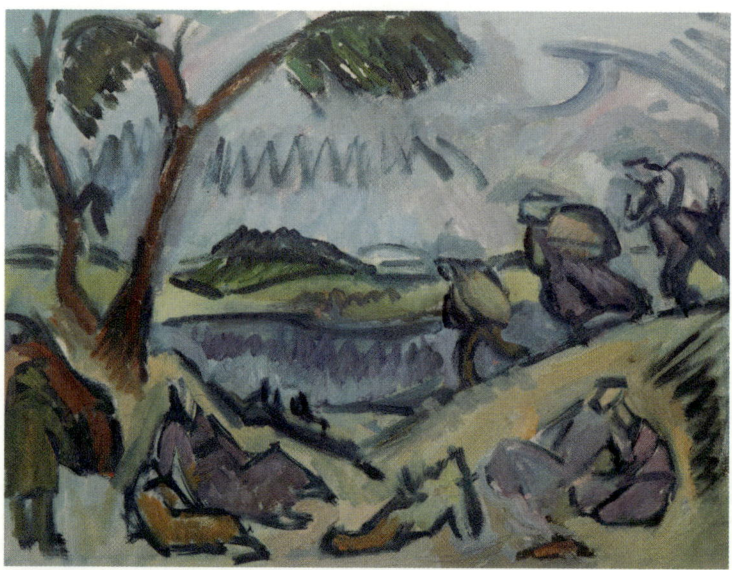

4-07 Edith von Bonin, *Ostpreußen Flucht*, vermutlich 1914, Öl auf Papier, 32 × 40 cm; Privatbesitz[28]

Geschehnisse in mehreren Skizzen und Zeichnungen sowie einem Ölgemälde (Abb. 4-07).

Zwei Jahrzehnte später griff Edith von Bonin 1934 das Fluchtmotiv in Zeichnungen der Heiligen Familie erneut auf.

Zu ihren deutschen Künstlerfreunden hielt sie während der Jahre des Ersten Weltkrieges soweit möglich Kontakt. Sichtbarer Beleg hierfür ist zum einen ein Brief vom 11. April 1916 an die Freundin Mathilde Purrmann, geb. Vollmoeller, der anscheinend kurz nach einer persönlichen Begegnung geschrieben wurde und in dem Edith von Bonin nicht nur ihre tiefe Betroffenheit und Anteilnahme am leidvollen Sterben von Mathilde Purrmanns Schwiegermutter ausdrückt, sondern sich auch »für die Rettung aus der Not«, wohl die Lösung eines bei der Begegnung aufgetretenen Kleidungsproblems, bedankt.[29] Zum anderen sind Treffen und Korrespondenz mit Rainer Maria Rilke belegt: ein Treffen in München im Sommer 1917[30], eine Briefkarte Rilkes an Edith von Bonin vom 28. Februar 1918[31] und ein weiterer Brief von ihm vom 1. Juli 1918[32]. Kontakte zu weiteren Künstlern, etwa zu ihrer Bekannten aus Pariser Zeiten, Elsa Weise, die in Berlin unweit der Domizile Edith von Bonins lebte,[33] sind wahrscheinlich, auch wenn Belege hierfür fehlen.

Ungleich heiterer als das Fluchtmotiv sind drei nachgelassene kleine Zeichnungen aus dem letzten Kriegs- und dem ersten Nachkriegsjahr mit Impressionen von Reisen an den Bodensee, auf die Insel Rügen sowie nach Weimar (Abb. 4-08, 4-09 und 4-10).

Idyllisch mutet in Anbetracht der schwierigen Zeitumstände des Jahres 1918 die erste dieser Zeichnungen an, die - wie oben Abb. 3-26 - in idealisierender Form das Thema »Erntearbeiten« aufgreift.

Im Gegensatz zur Geschäftigkeit auf diesem ersten Bild steht die Ruhe des zweiten und des dritten Bildes, die - beide gänzlich ohne Menschen - Ansichten der Dünenlandschaft auf der Insel Rügen sowie von Goethes Gartenhaus in Weimar zeigen. Vielleicht ist es nicht abwegig, in ihnen im unruhigen ersten Nachkriegsjahr mit all seinen gesellschaftlichen und politischen Ungewissheiten und Umwälzungen die Sehnsucht nach friedlicher Umgebung und nach bildungsbürgerlichen Ankerpunkten gespiegelt zu sehen.

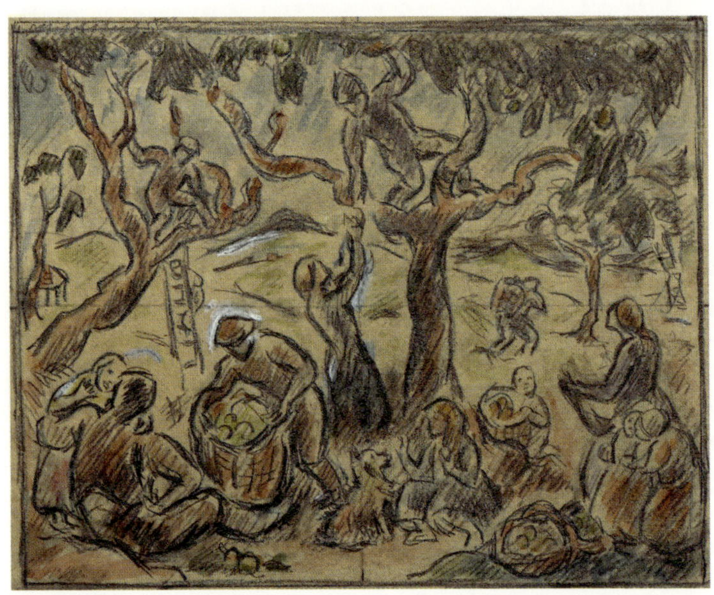

4-08 Edith von Bonin, *Obsternte am Bodensee*, 1918, Bleistift mit farbigen Ausmalungen auf Papier, 20 × 25 cm[34]

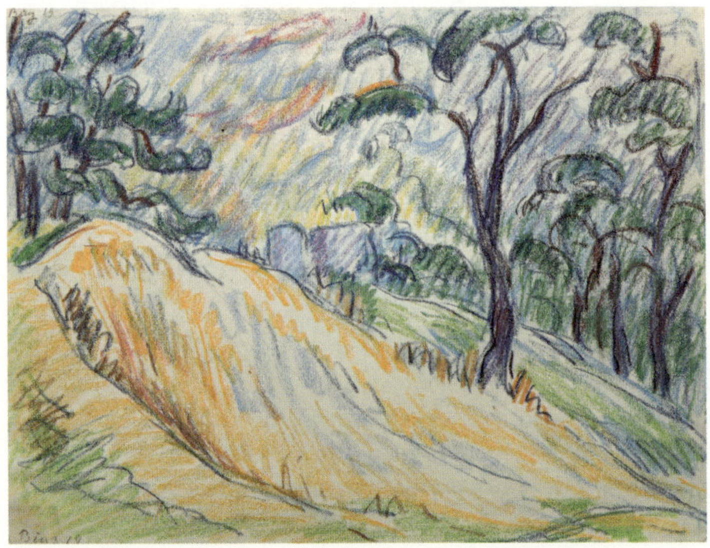

4-09 Edith von Bonin, *Binz, Ostsee mit Carl Odo*, 1919, Pastellkreide auf Papier, 20 × 27 cm[35]

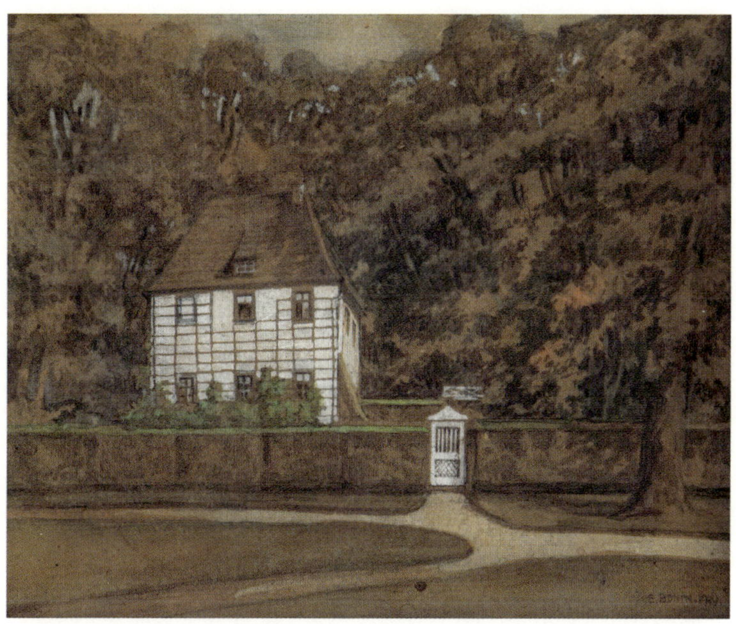

4-10 Edith von Bonin, »*Goethes Gartenhaus*«, 1919, Bleistift und Kohle, farbig laviert, 21,5 × 26,5 cm; Privatbesitz[36]

Für die Folgejahre bieten beschriftete Skizzen, Skizzenhefte und Sammelmappen wieder einen besseren Zugang zu ihrem künstlerischen Schaffen. Sie nennen unter anderem die folgenden Stationen, sowohl in ihrem heimatlichen Brettiner Umfeld (Althenplatow und Ferchland), in ihren Wohnorten in Zoppot und München sowie deren Umland, bei Verwandten und Freunden (Warchau, Dornburg), aber auch von Reisen in nähere und fernere Gegenden:

1920	Zoppot
1922	Bad Aibling und Berchtesgaden
1924/25	Warchau
1925	Altenplathow und Ferchland
1925	Bad Pyrmont
1926	Zoppot
1929	Berlin
1929	Bad Pyrmont

1929	Zoppot und Oliva
1930/31	Dornburg
1932	München, Ainmillerstraße
1932	Bernried/Starnberger See
1932	Venedig
1932	»Hellasfahrt«
1932	Warchau
1932	Zoppot und Langfuhr[37]
1934	Langfuhr
1934	Dachau
1934	Rottweil am Neckar
1935	Bozen
März 1935	Brixen
Mai 1935	Venedig
1937/38	Rastatt, Wiesbaden
1938	Schwarzwald

Zahlreiche Werke Edith von Bonins aus dieser Zeit sind erhalten. Einige wenige werden hier vorgestellt, um einen Eindruck der Spannweite ihres Schaffens in der Zwischenkriegszeit zu geben. Im Übrigen wird auf die Werkauswahl am Ende dieses Kapitels verwiesen.

In Altenplathow,[38] nur wenige Kilometer vom Bonin'schen Familienschloss Brettin entfernt, entstand 1920 eine Ansicht des Plaueschen Kanals (Abb. 4-11). Altenplathow war der Wohnort der Unternehmer- und Gutsbesitzerfamilie Pieschel, zu der über Edith von Bonins Großmutter, die Ehefrau Gustav von Bonins, verwandtschaftliche Beziehungen bestanden.

Völlig andersartig, beinahe wie die Vorlage zu einer Buchillustration, ist dagegen die Darstellung einer Aufführung von Ruggero Leoncavallos Oper *Der Bajazzo* im Freilichttheater Waldoper in Zoppot (Abb. 4-12).

Unbekannt ist der Entstehungsort eines kleinen Bildes von 1926 (Abb. 4-13). In lockerer tänzerischer Bewegung und offenbar gelöster Stimmung, die sich durch den Bildtitel *Silvester* erklärt, streben drei Personen – eine Frau im Ballkleid und zwei sie begleitende Männer – wohl nach gemeinsamer Feier einem Kahn zu, der unterhalb eines Gebäudes an einem Seeufer liegt, vielleicht an einem oberitalienischen See.

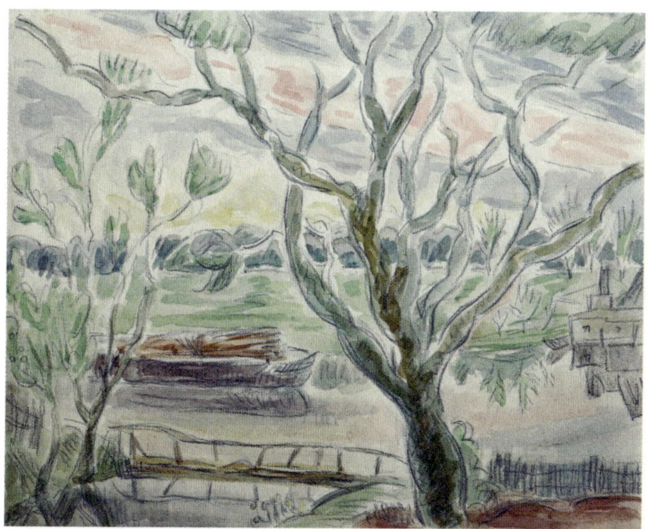

4-11 Edith von Bonin, *Altenplathow*, April 1920, Aquarell/Mischtechnik auf Papier, 25,5 × 32,5 cm[39]

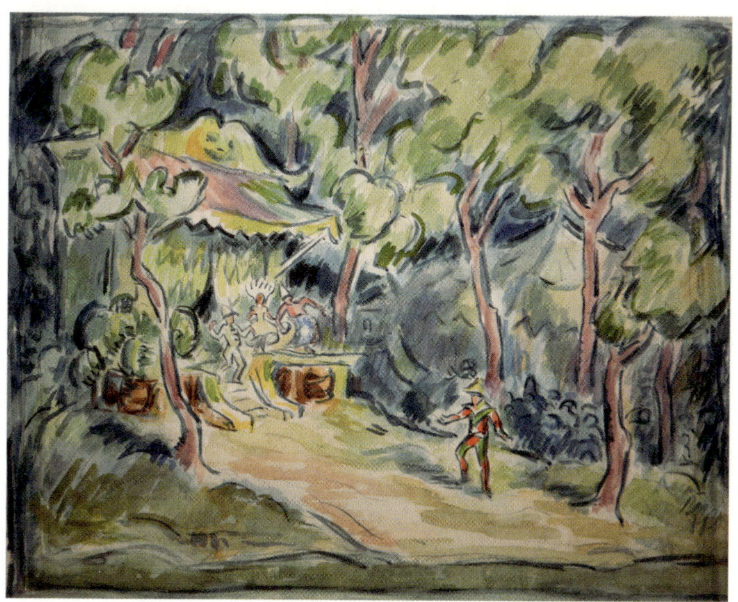

4-12 Edith von Bonin, *Waldoper: Der Bajazzo*, o. J., Aquarell auf Papier, 29 × 37 cm[40]

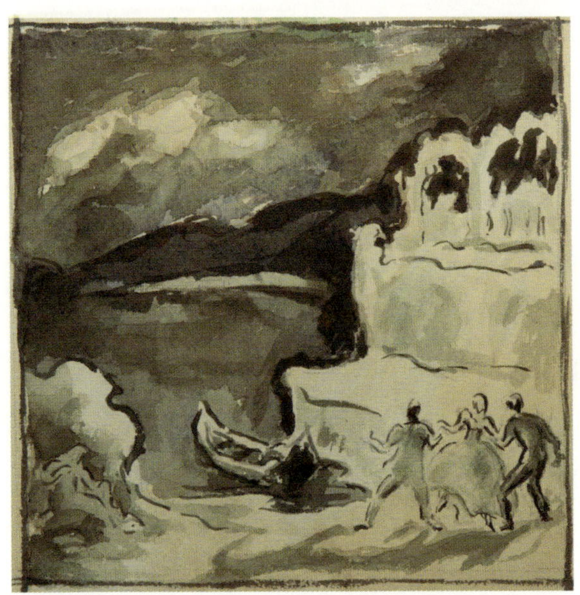

4-13 Edith von Bonin, *Silvester*, 1926, Aquarell auf Papier, 20 × 20 cm; Privatbesitz[41]

Im Zusammenhang mit ihren Aufenthalten in Bad Pyrmont 1925 und 1929 könnte Edith von Bonins Bild *Wander-Circus in Hannover* entstanden sein, da die Stadt in der Nähe liegt (Abb. 4-14).

In einer Reihe von Bildern, teils als Pastelle, teils als Aquarelle, teils als Ölgemälde ausgeführt, haben die Reisen Edith von Bonins nach Venedig in den Jahren 1932 und 1935 ihren Niederschlag gefunden. Wohl von einem Standort auf der Riva degli Schiavoni aus fing sie dabei die Sonnenuntergangsstimmung über dem Canale della Giudecca ein (Abb. 4-15).

Keine Anhaltspunkte, die eine Zuordnung zu einer bestimmten Reise oder zu einem bestimmten Anlass und damit eine Datierung ermöglichen würden, bietet die Ansicht einer undatierten Gebirgslandschaft (Abb. 4-16).

1933 nimmt Edith von Bonin mit einem Bild, das den Hafen samt Ort von Torbole am Gardasee zeigt, an einer Ausstellung von Münchner Künstlerinnen teil (Abb. 4-17).

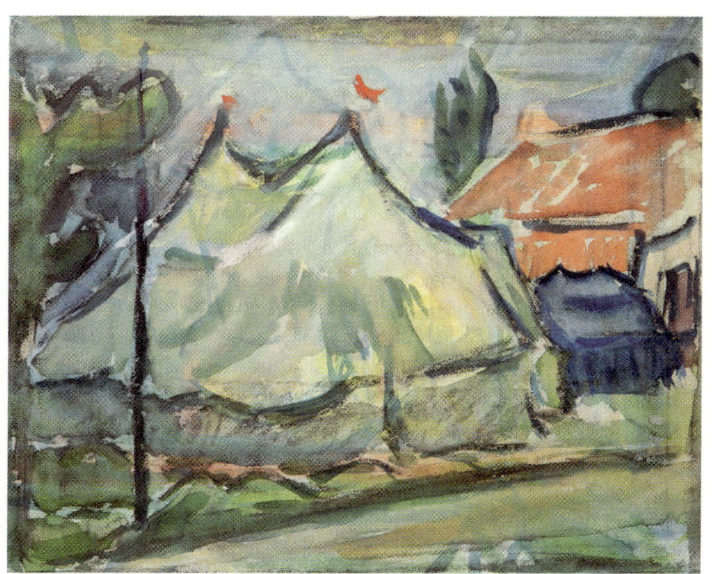

4-14 Edith von Bonin, *Wander-Circus in Hannover*, o. J., Aquarell auf Papier, 28,5 × 37 cm[42]

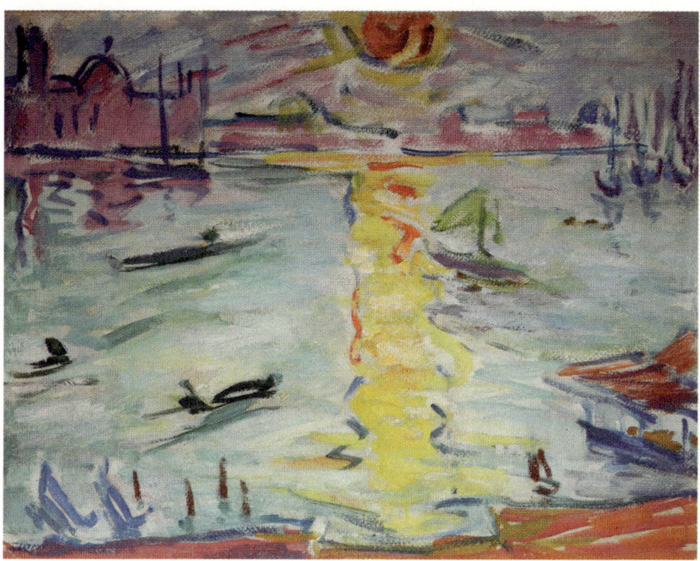

4-15 Edith von Bonin, »*Venedig, Sonnenuntergang über dem Canale della Giudecca*«, o. J., Öl auf Malpappe, 28,5 × 38 cm

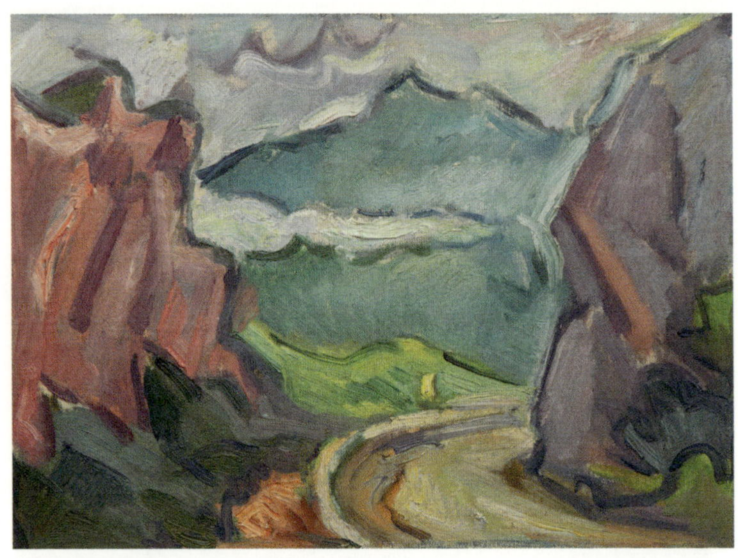

4-16 Edith von Bonin, »*Gebirgslandschaft*«, o. J.,
Öl auf Leinwand, 22 × 31 cm

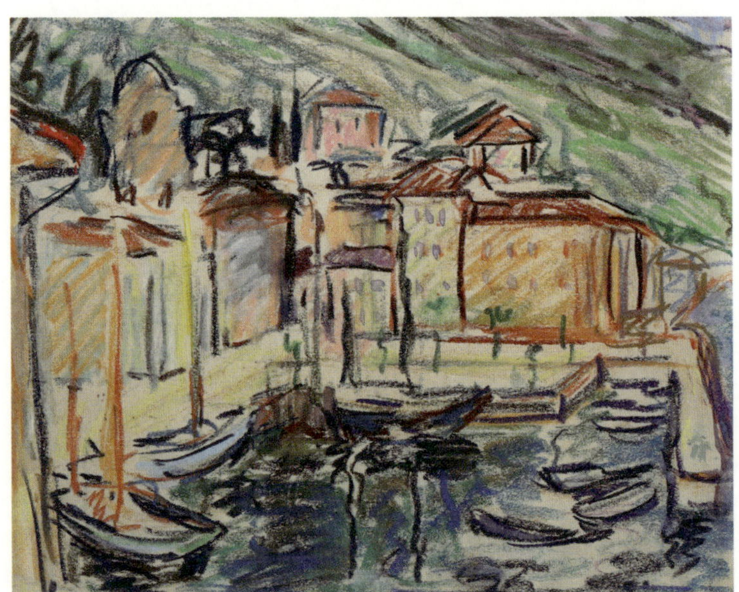

4-17 Edith von Bonin, *Torbole*, 1933, Pastellkreide auf Papier, 24,5 × 32 cm[43]

Lebensstationen

Am 1. Januar 1934 wird Edith von Bonin Mitglied der Reichskulturkammer, Reichskammer der bildenden Künste, Fachverband: Bund Deutscher Maler und Graphiker e. V.[44] Die Reichskulturkammer diente der Gleichschaltung und Kontrolle der Kultur im damaligen nationalsozialistischen Deutschland. Für jeden Kunst- und Kulturschaffenden wurde die Pflicht zur Mitgliedschaft in der für ihn zuständigen Einzelkammer eingeführt.[45]

1936 besucht sie gemäß dem im Nachlass vorhandenen, von ihr erworbenen und mit zahlreichen handschriftlichen Anmerkungen versehenen Ausstellungskatalog die Ausstellung *Paul Cézanne* in der Kunsthalle Basel.

»In treuer Kameradschaft« stand Edith von Bonin zu Gertraud Rostosky, ihrer Studienfreundin aus den Zeiten der Münchner Damen-Akademie.[46] Dies drückte sich nicht nur in Briefwechseln und gelegentlichen Treffen aus, wie 1936 bei einem Besuch Gertraud Rostoskys bei Edith von Bonin in München[47] oder 1938 bei einem Gegenbesuch in Würzburg anlässlich des Todes von Gertraud Rostoskys Mutter.[48] Gemeinsam feierten sie 1938 ein »Malerinnen-Weihnachten« in der Bad Tölzer Villa Mignon der Malerin Martha Baronin von Khaynach.[49] Eine bei dieser Gelegenheit erörterte Wohngemeinschaft Edith von Bonins mit Gertraud Rostosky in deren Würzburger Domizil »Neue Welt« scheiterte am fehlenden Wohnraum und der Kompromisslosigkeit der Eigentümer der Liegenschaft.[50]

Edith von Bonins Aufenthalte und Kontakte in Dachau werden in einem eigenen Kapitel beleuchtet, ebenso ihre Zeit in Oberitalien.

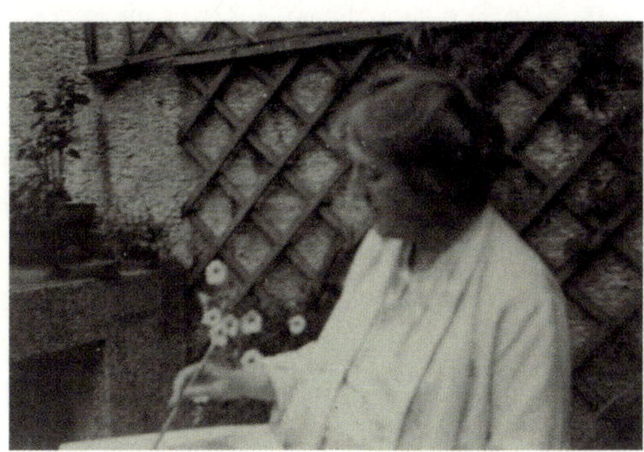

4-18
Edith von Bonin, 1933

Edith von Bonin und der Nationalsozialismus

Bereits der von den staatsdienstlichen und politischen Tätigkeiten des Vaters - und zuvor des Großvaters - geprägte familiäre Hintergrund, aber auch ihr eigener Werdegang mit der Tätigkeit für die Danziger Verhandlungsdelegation in Paris nach dem Ersten Weltkrieg lassen vermuten, dass Edith von Bonin die politischen Entwicklungen ihrer Zeit aufmerksam verfolgte.

Die Machtübernahme der Nationalsozialisten 1933 und das in der Folge von diesen vorgegebene und erzwungene Kunstideal einer »Deutschen Kunst« samt der Verfemung, Diffamierung und Vernichtung aller davon abweichenden Formen der modernen Kunst und ihrer Protagonisten sowie von Künstlerinnen und Künstlern mit jüdischem Hintergrund[51] standen in diametralem Gegensatz zu Edith von Bonins Pariser Erfahrungen und zu ihrem französisch geprägten Kunstverständnis. Zwar blieb sie, soweit erkennbar, persönlich unbehelligt; viele ihrer Kolleginnen und Kollegen wurden bekanntlich jedoch Opfer der nationalsozialistischen Ideologie.

Aus Edith von Bonins Umfeld gehörten Paula Modersohn-Becker und Hans Purrmann zu den geächteten Künstlern, die 1937 in der nationalsozialistischen Schmäh-Ausstellung *Entartete Kunst* präsentiert wurden,[52] eine Ausstellung, gegen die französische Wegbegleiter Edith von Bonins wie Raoul Dufy und Henri Matisse öffentlich Stellung nahmen.[53] Die eng mit der ausgebürgerten deutschjüdischen Dichterin Else Lasker-Schüler[54] befreundete Paula Wimmer zog sich, ebenfalls als entartet eingestuft und von Bildervernichtung betroffen, in die innere Emigration zurück und malte in der Folge unverfängliche Bildthemen in naivem Stil.[55]

Ihr biografischer Hintergrund und die Geschehnisse im Kreis der Künstlerfreunde legen es nahe, dass Edith von Bonin, auch wenn sie sich augenscheinlich offener Opposition enthielt und mit den Zeitumständen arrangierte, der nationalsozialistischen Partei, deren Gedankengut und deren Regime - ebenso wie ihre Schwester Elsa, für die dies überliefert ist[56] - keine Sympathien entgegengebracht hat. Dies wird durch ihre zahlreichen nachgelassenen Briefe bestätigt, in denen an keiner Stelle nationalsozialistische Gruß- und Schlussformeln auftauchen. Während ihrer Dachauer Zeit riet Edith von Bonin ihrer Vermieterin ausdrücklich davon ab, ihr Haus an die SS zu verkaufen (was dann allerdings trotzdem geschah); ihr Bericht hierüber lässt eine deutliche Abneigung gegenüber der Parteimitgliedschaft eines involvierten Befürworters des Verkaufs erkennen.[57]

Der Zweite Weltkrieg

Bei Ausbruch des Zweiten Weltkrieges 1939 befand sich Edith von Bonin im Ostseebad Warnemünde, um sich von einer Angina zu erholen. Auch anschließend, im Winter 1939/40, war sie aufgrund einer Bronchitis-Erkrankung in ihren Arbeitsmöglichkeiten eingeschränkt. Erst später, zurück in ihrer Wahlheimat Oberitalien, widmete sie sich wieder intensiv der Malerei. Im November 1941 schreibt sie an Elsa Bruckmann: »Aber das ist nun glücklicherweise vorbei u. ich arbeite nun hier soviel ich kann in meiner Malerei, - denn es gibt natürlich auch hier so vieles, das einen von dieser Arbeit abhält [...]« [58]

Wie viele andere Menschen büßte Edith von Bonin durch Kriegszerstörungen und durch Plünderungen in den Nachkriegswirren große Teile ihrer persönlichen Habe ein. Für die in ihrer Dachauer Wohnung abhanden gekommenen eigenen und fremden Kunstwerke, Kleidungsstücke, Haushaltsgegenstände, Bücher und sonstigen Sachen hat sie dies in einem Entschädigungsgesuch ausführlich dokumentiert.[59] Insbesondere aber ging, wie im Kapitel über die Pariser Jahre erwähnt, ihre Sammlung von Werken zeitgenössischer französischer Künstler verloren.

Als noch schlimmeren und fundamentaleren Einschnitt in ihre Lebensgrundlagen dürfte Edith von Bonin den Verlust der Brettiner Heimat samt der Enteignung des Schlosses und Landgutes empfunden haben, die mehr als hundert Jahre im Besitz der Familie gewesen waren.

Werkauswahl der Jahre zwischen den Weltkriegen

Die teils nach den Motiv-Orten, teils nach Sujets gegliederte Werkauswahl soll ergänzend zu den im Text abgebildeten Werken weitere Einblicke in Edith von Bonins Arbeit in der Zeit zwischen dem Ersten und dem Zweiten Weltkrieg geben. Bei Werken ohne Angaben zum Entstehungsort und zum Entstehungsjahr erfolgt die Zuordnung in diese Zeitspanne nach Plausibilität. Es kann deshalb nicht ausgeschlossen werden, dass einzelne Bilder bereits aus einer früheren Zeit stammen. Vorstellbar ist, dass das eine oder andere der als Ölgemälde ausgeführten undatierten Stillleben bereits während Edith von Bonins Pariser Zeit entstand. Auch ist die Abgrenzung zu Werken aus der anschließend in eigenen Kapiteln behandelten Zeit in Dachau und in Oberitalien nicht immer zweifelsfrei möglich.

Oberuckersee

Der Ort Fergitz am Oberuckersee war der damalige Wohnort der Familie Constantin Graf Gneisenaus, dessen Tochter Felicitas ein Patenkind Edith von Bonins war.

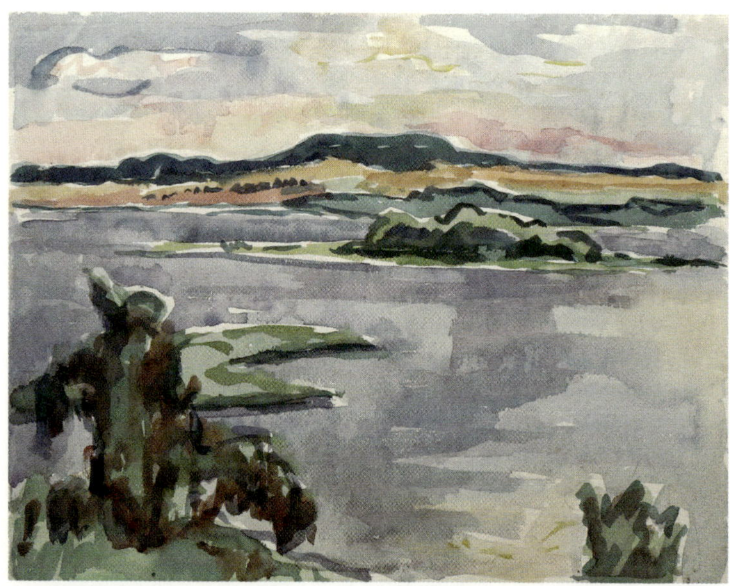

4-19 Edith von Bonin, »*Oberuckersee, von Fergitz gesehen*«, August 1924, Aquarell auf Papier, 23,5 × 31 cm [60]

Zoppot, Oliva und Umgebung

Zoppot, wo Edith von Bonin nach dem Ersten Weltkrieg zeitweilig lebte, war ebenso wie Oliva[61] eine eigenständige Stadt im Gebiet der Freien Stadt Danzig, die als Folge des Versailler Vertrages Ende 1920 aus dem Deutschen Reich herausgelöst worden war.[62]

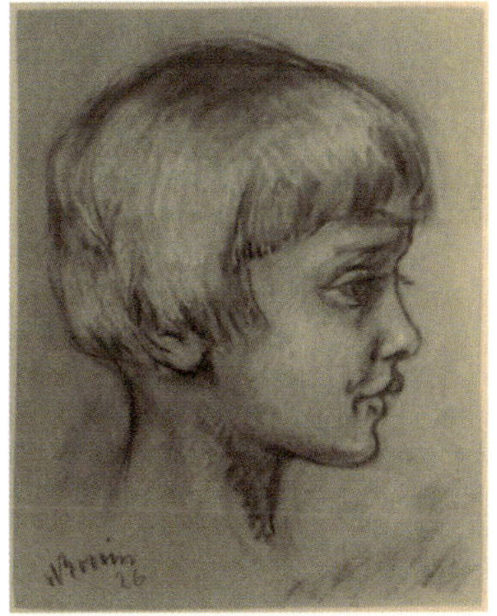

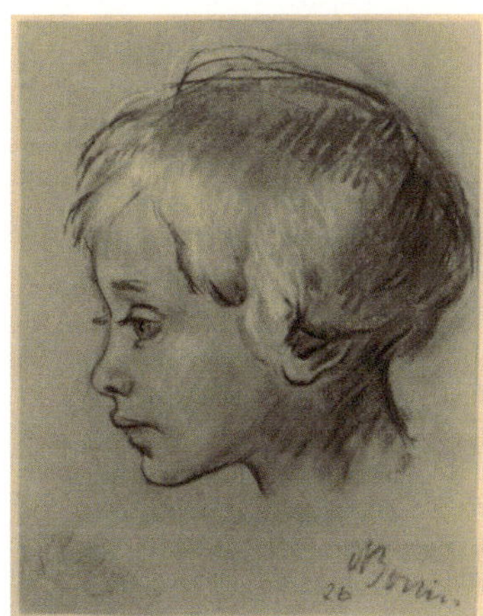

4-20 und **4-21** Edith von Bonin, *Zwillinge Amelunxen, 3 Jahre*, Zoppot, 1926[63]

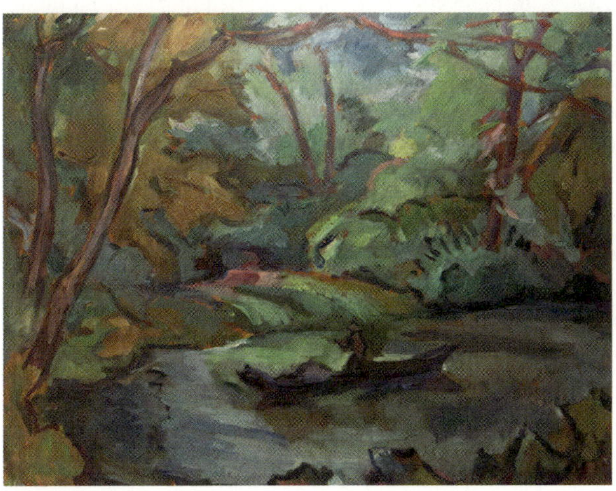

4-22 Edith von Bonin, *Park Oliva*, vermutlich 1928, Öl auf Malpappe, 38 × 50,5 cm [64]

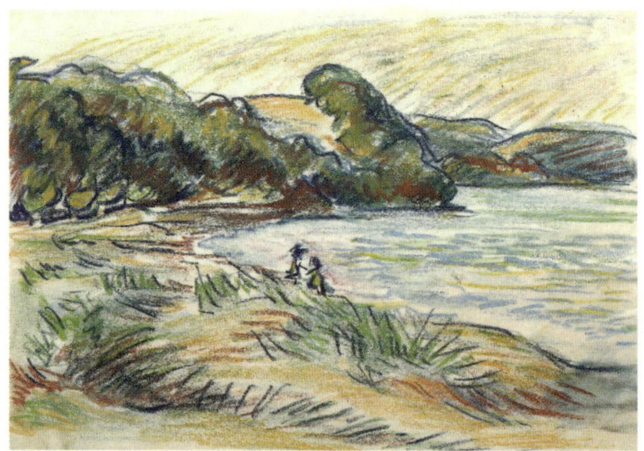

4-23 Edith von Bonin, »*Ostseestrand*«, zwischen 1929 und 1932, Pastellkreide auf Papier, 16,5 × 23,5 cm [65]

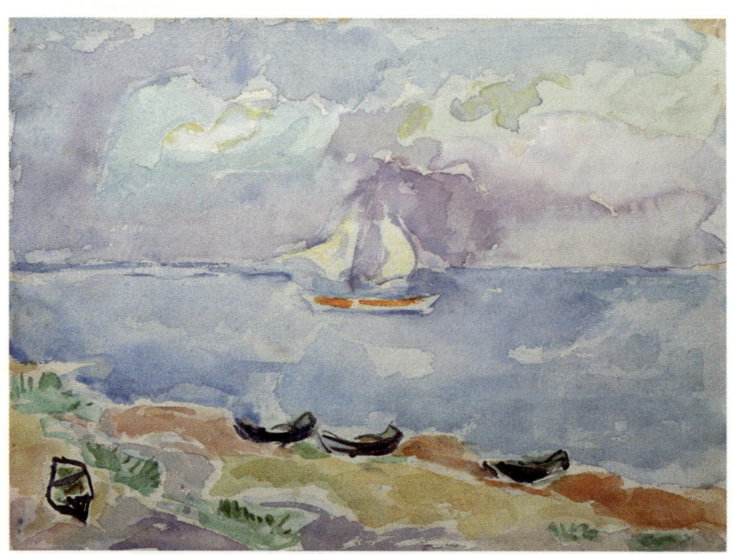

4-24 Edith von Bonin, *Ostsee*, o. J., Aquarell auf Papier, 27,5 × 38 cm[66]

Dornburg

Dornburg, heute Teil der Stadt Dornburg-Camburg im thüringischen Saale-Holzland-Kreis,[67] war einer der Wohnorte der Schriftstellerin Sophie Hoechstetter, die, ursprünglich über Edith von Bonins Schwestern Maria und Elsa, seit circa 1905 Kontakt zur Familie Bonin hatte. Sophie Hoechstetter hielt sich meist im Frühjahr und im Herbst in Dornburg auf.[68] Wie oft und bei welchen Gelegenheiten es zu Besuchen Edith von Bonins kam, ist nicht bekannt.[69]

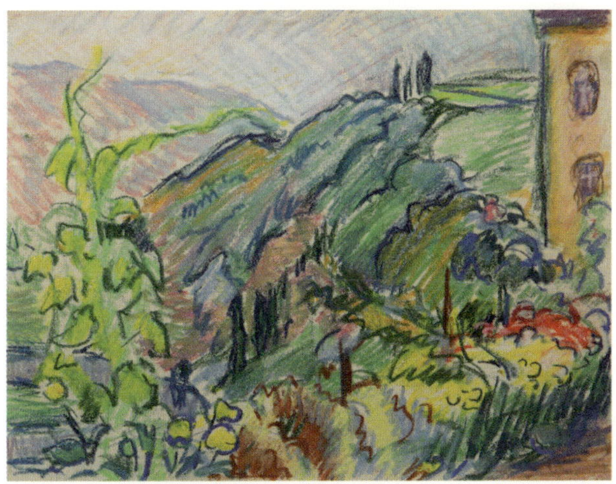

4-25 Edith von Bonin, »*Landschaft bei Dornburg*«, 1930/31, Pastellkreide auf Papier, 20 × 27 cm[70]

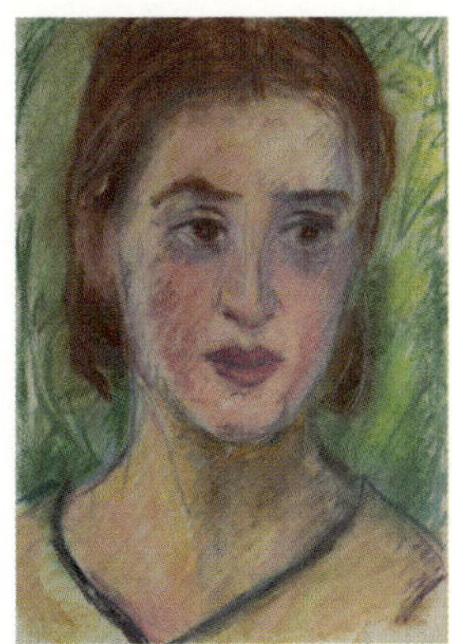

4-26 Edith von Bonin, *Kinder Joh. Dornburg*, 1930/31, Pastellkreide auf Papier, 27 × 21 cm[71]

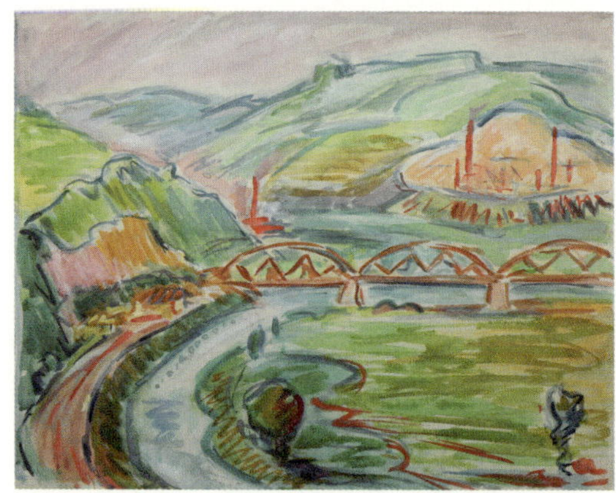

4-27
Edith von Bonin,
Saaletal, 1931,
Aquarell auf Papier,
33,5 × 43,5 cm[72]

Wulfflatzke

Wulfflatzke gehörte bis zum Ende des Zweiten Weltkrieges zum Landkreis Neustettin in Hinterpommern und ist unter dem Namen Wilcze Laski heute polnisch.[73] Der Ort war Sitz eines Zweiges der Familie von Bonin.[74]

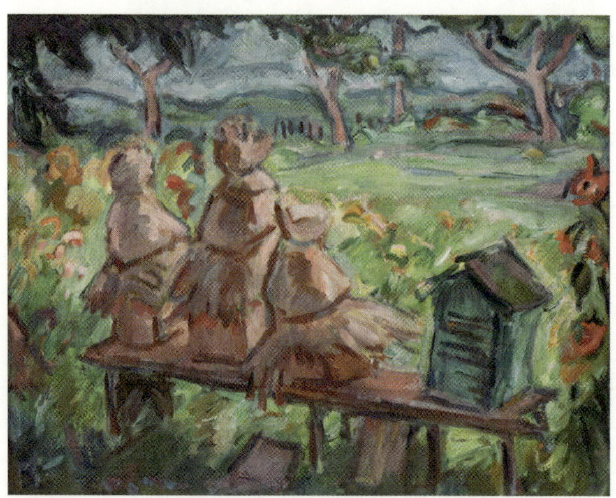

4-28 Edith von Bonin, »*Bienenkörbe in Wulfflatzke*«, vermutlich 1937, Öl auf Leinwand, 44 × 56 cm [75]

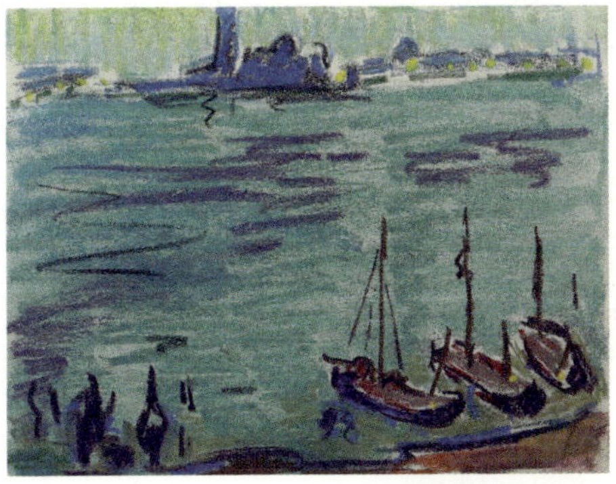

4-29
Edith von Bonin, »*Venedig, Bacino San Marco mit Blick auf die Basilika San Giorgio Maggiore*«, 1932, Pastellkreide auf Papier, 16,5 × 22 cm[76]

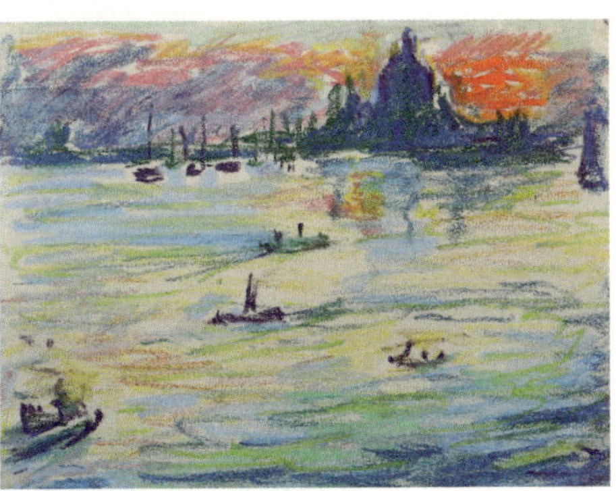

4-30
Edith von Bonin, »*Venedig, Bacino San Marco im Abendlicht mit Blick auf die Basilika Santa Maria della Salute*«, 1932, Pastellkreide auf Papier, 16,5 × 22 cm[77]

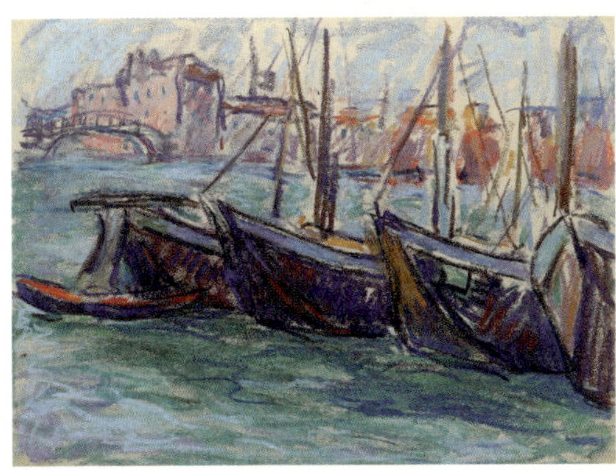

4-31
Edith von Bonin, »*Venedig, Boote im Hafen*«, 1932, Pastellkreide auf Papier, 19,5 × 27 cm[78]

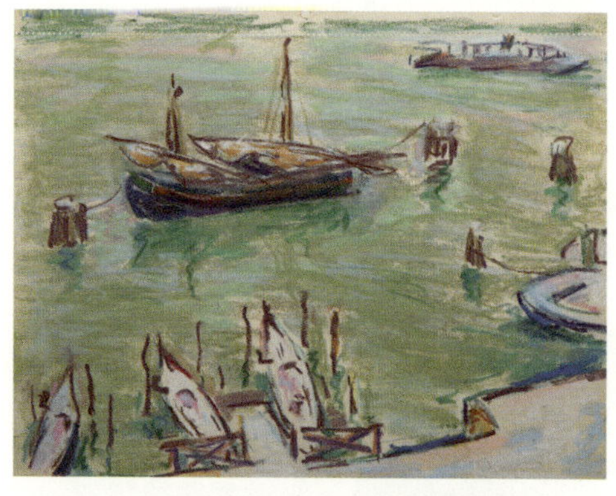

4-32
Edith von Bonin, »*Venedig, Bootsanleger*«, 1932, Pastellkreide auf Papier, 21 × 27 cm [79]

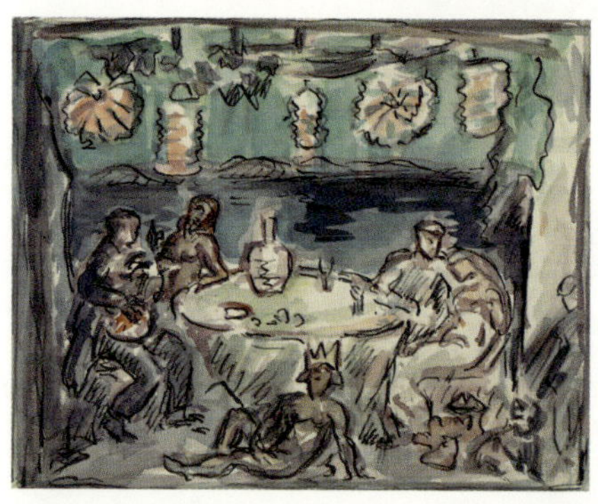

4-33
Edith von Bonin, *Venedig*, vermutlich 1932, Aquarell auf Papier, 15,5 × 19,5 cm [80]

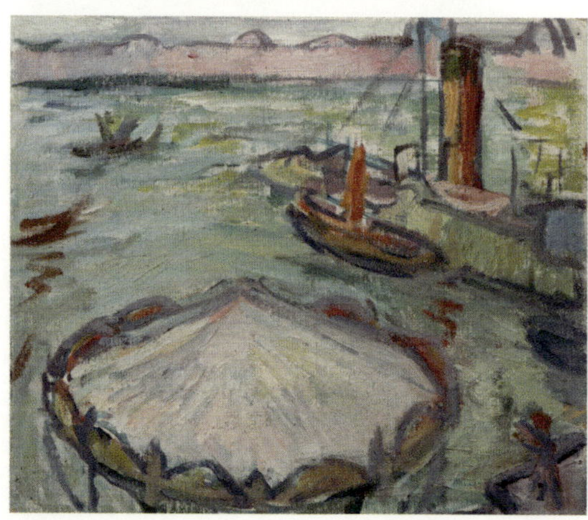

4-34
Edith von Bonin, »*Venedig, Riva Degli Schiavoni, Karussell*«, vermutlich 1933, Öl auf Malpappe, 24,5 × 30 cm [81]

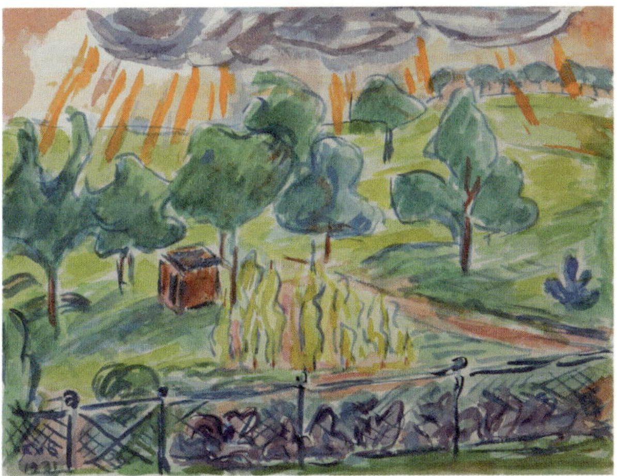

4-35 Edith von Bonin, »*Pertisau am Achensee*«, 1931, Aquarell auf Papier, 24 × 33 cm [82]

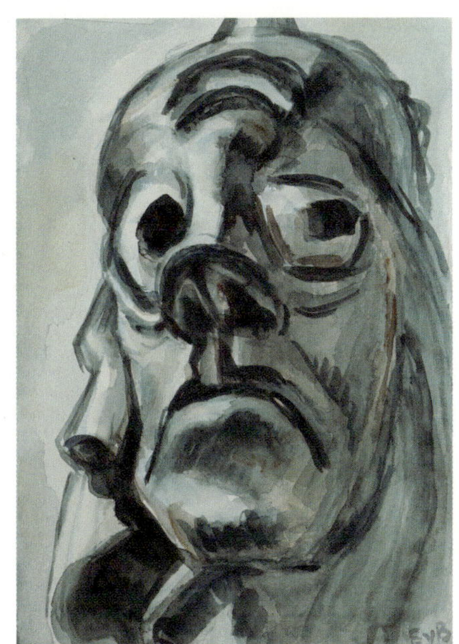

4-36
Edith von Bonin,
Maske Lötschental oder Flumsergegend Tschäggätta,
o. J., Aquarell auf Papier,
33,5 × 24 cm[83]

Porträts

Bei den im Nachlass Edith von Bonins vorgefundenen Porträts, von denen hier drei Beispiele vorgestellt sind, handelt es sich ganz überwiegend um Kohle- oder Bleistiftzeichnungen, letztere teilweise in Skizzenheften. Die Künstlerin wird die eine oder andere ihrer Zeichnungen später wohl als Aquarell oder Ölgemälde ausgearbeitet und den Porträtierten dann übergeben haben. So liegen aus ihrer im Folgekapitel dargestellten Zeit in Dachau Fotos zweier wohl als Ölgemälde ausgeführter Porträts vor (Abb. 5-08 und 5-09), zu denen im Nachlass enthaltene Kohlezeichnungen als Vorstudien gedient haben dürften (Abb. 5-16 und 5-17).

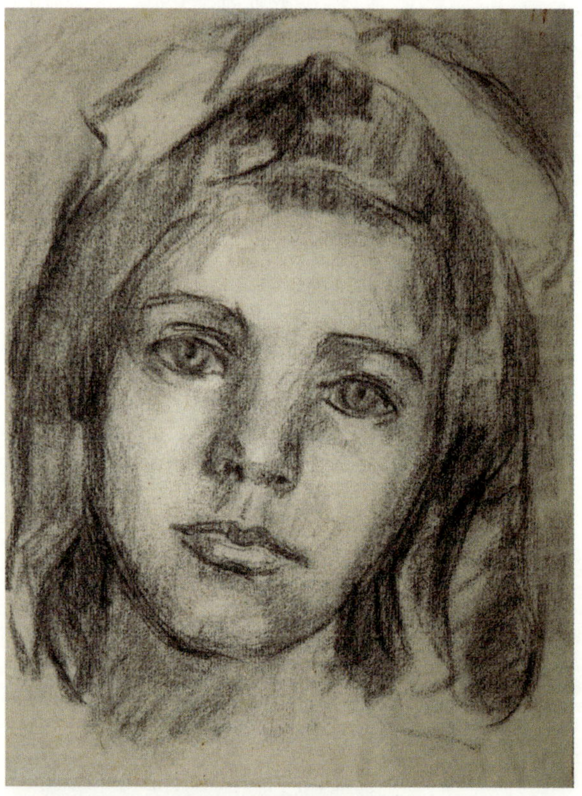

4-38 Edith von Bonin, »*Mädchenporträt*«, o. J., Kohle auf Papier, 31 × 24 cm

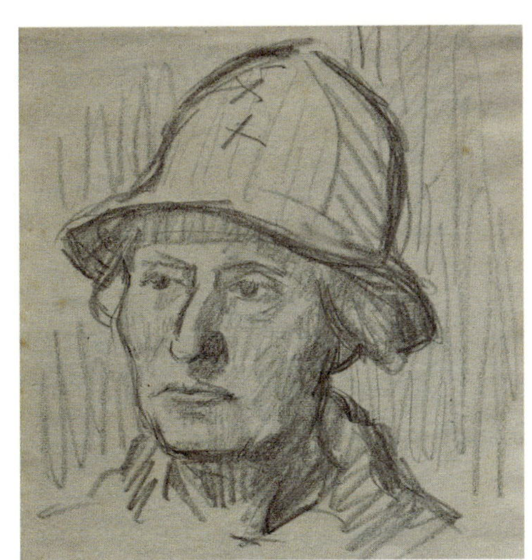

4-37 Edith von Bonin, »*Selbstporträt*«, o. J., Bleistift auf Papier, 19 × 17 cm

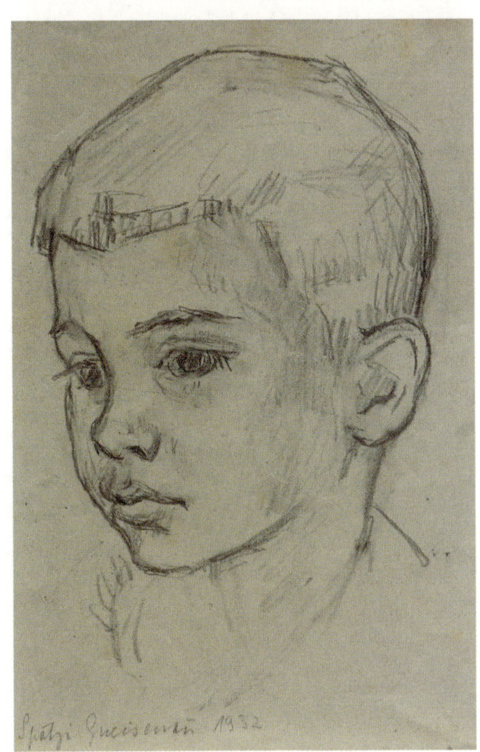

4-39 Edith von Bonin, *Spatzi Gneisenau*, 1932, Blei auf Papier, 22 × 16,5 cm [84]

Genrebilder

Verbindendes Merkmal der vier hier ausgewählten Genrebilder Edith von Bonins ist die friedliche, beschauliche Wirkung. Während sich allerdings die beiden letzten Bilder als Momentaufnahmen aus dem alltäglichen Leben präsentieren, sei es die Darstellung des in seine Buchlektüre versunkenen Jungen, sei es die innige Mutter-Kind-Beziehung der stillenden Frau, ist die Anmutung der beiden ersten diejenige einer idealisierten, alltagsfernen Welt, wenn nicht eines Traumes: Der Betrachter wird im ersten Bild zum Beobachter einer in entspannter Nacktheit unter Palmen lagernden Gruppe von Frauen, im zweiten in die Sommernachtsstimmung eines in einem Park lustwandelnden Paares einbezogen.

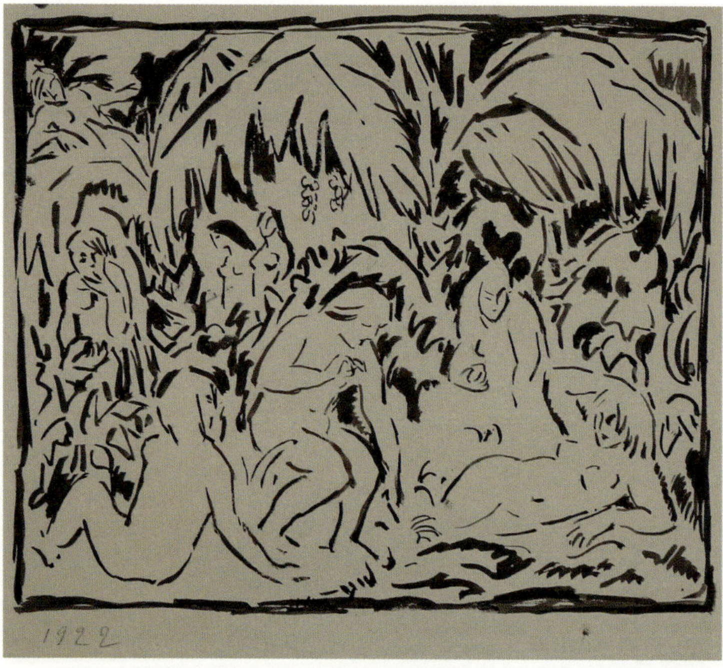

4-40 Edith von Bonin, »*Frauen unter Palmen*«, 1922, Aquarell auf Papier, 17 × 21 cm[85]

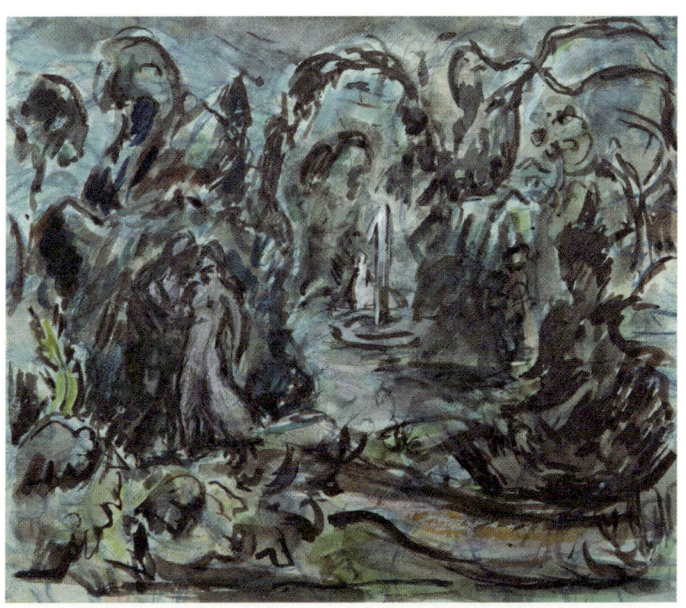

4-41 Edith von Bonin, *Sommernacht*, o. J., Aquarell auf Papier, 18,5 × 21,5 cm [86]

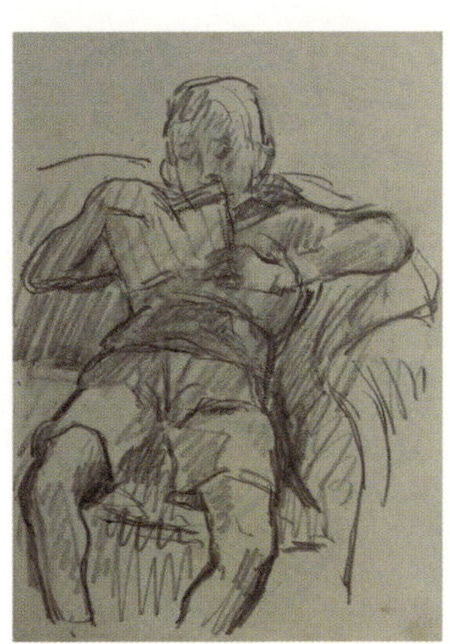

4-42 Edith von Bonin, »*Lesender Junge auf Sofa*«, 1932, Blei auf Papier, 22 × 16,5 cm[87]

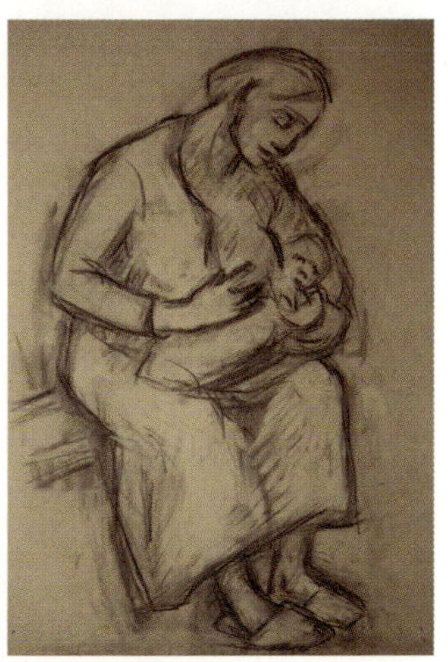

4-43 Edith von Bonin, »*Stillende Frau*«, o. J., Kohle auf Papier, 34 × 24 cm

Weihnachtsmotive

In ihren Weihnachtsmotiven nimmt Edith von Bonin mit heimatlich anmutender Kulisse auf das 2. Kapitel des Matthäus-Evangeliums Bezug, in dem über die Anbetung Jesu durch Sterndeuter aus dem Osten – die in kirchlicher Tradition oft als Heilige Drei Könige bezeichnet werden – und über die Flucht der Heiligen Familie vor König Herodes aus Bethlehem nach Ägypten berichtet wird. Der Überlieferung zufolge will Herodes das Kind umbringen lassen. Das Fluchtmotiv wurde von der Künstlerin nicht nur im weihnachtlichen Kontext aufgegriffen und mehrfach variiert, sondern wie bei Abb. 4-07 beschrieben auch bei der bildlichen Umsetzung familiärer Ereignisse.

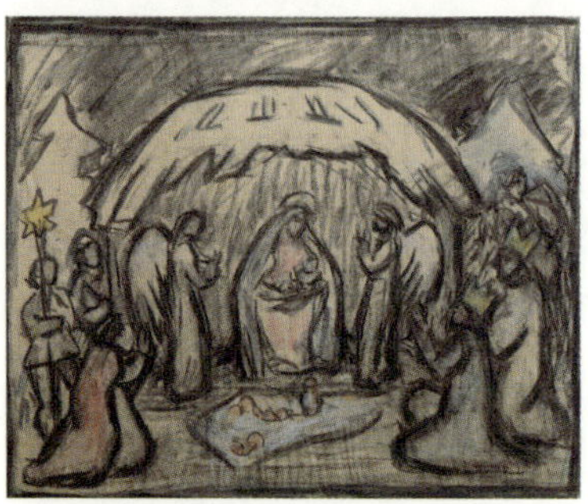

4-44 Edith von Bonin, »*Anbetung Jesu durch die Heiligen Drei Könige*«, o. J., Kohle mit farbigen Ausmalungen auf Papier, 30 × 38 cm

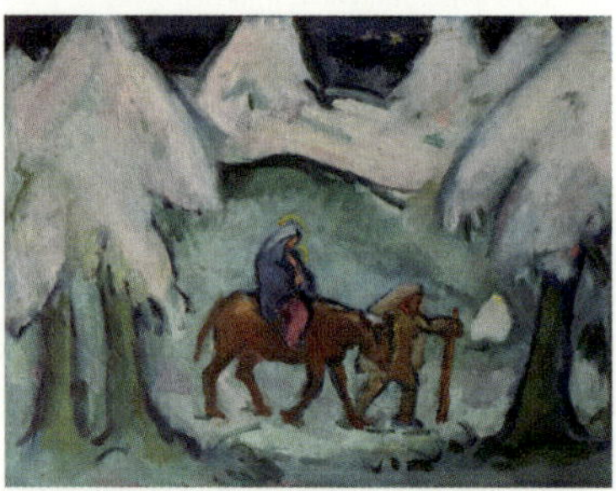

4-45 Edith von Bonin, »*Heilige Familie auf der Flucht in Winterlandschaft*«, o. J., Öl auf Malpappe, 29 × 44,5 cm; Privatbesitz

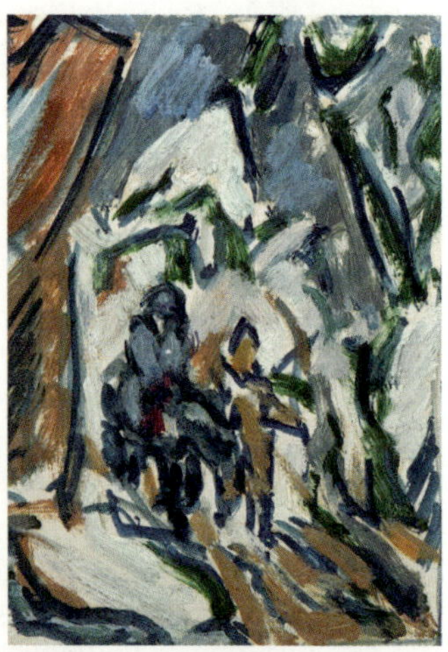

4-46 Edith von Bonin, »*Flucht Weihnachten*«, vermutlich 1934, Öl auf Pappe, 14 × 10 cm; Privatbesitz[88]

Stillleben

Wie das nachgelassene Œuvre zeigt, waren Stillleben eines der von Edith von Bonin mit besonderer Vorliebe gepflegten Genres. In ihren Bildern, vornehmlich mit Blumen- und mit Früchte-Motiven, geht es der Künstlerin um eine in der Komposition, im Farb- und Formgefüge ästhetisch umgesetzte Sachdarstellung, die frei von tiefergehender Symbolik auf detailtreuer Beobachtung beruht. Analogien besonders zu Cézanne'schen Vorbildern sind teilweise unverkennbar.

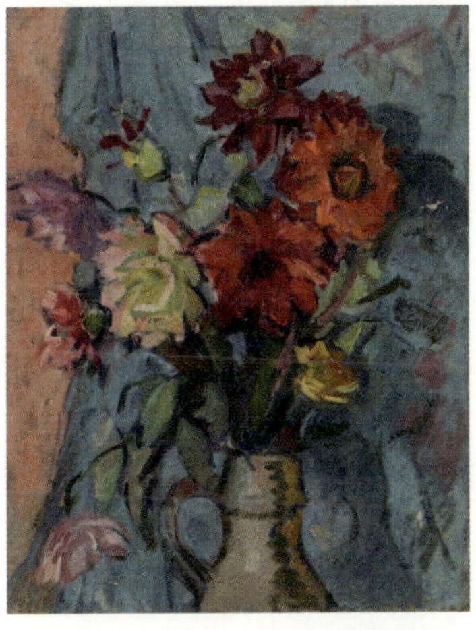

4-47 Edith von Bonin, »*Krug mit Dahlien*«, o. J., Öl auf Leinwand, 60,5 × 48 cm

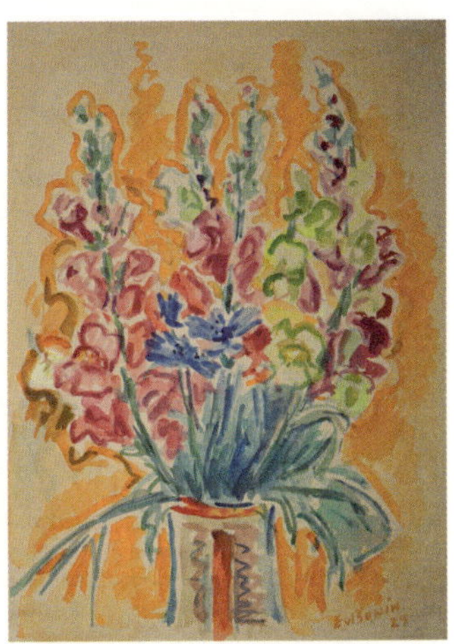

4-48 Edith von Bonin, »*Blumenstillleben*«, 1929, Aquarell auf Papier, 40 × 29 cm[89]

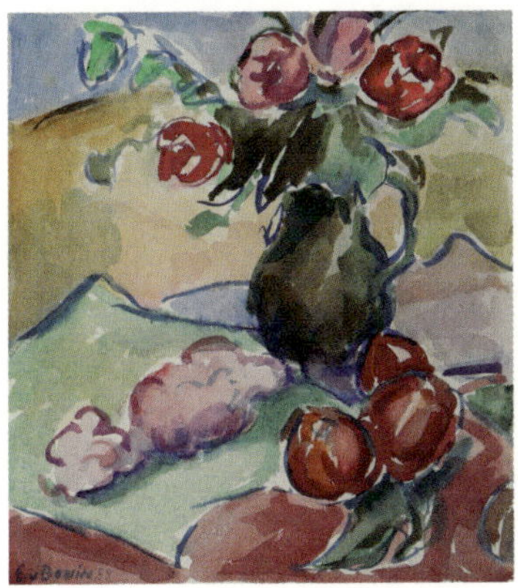

4-49 Edith von Bonin, »*Blumenstillleben*«, 1932, Aquarell auf Papier, 31 × 28 cm[90]

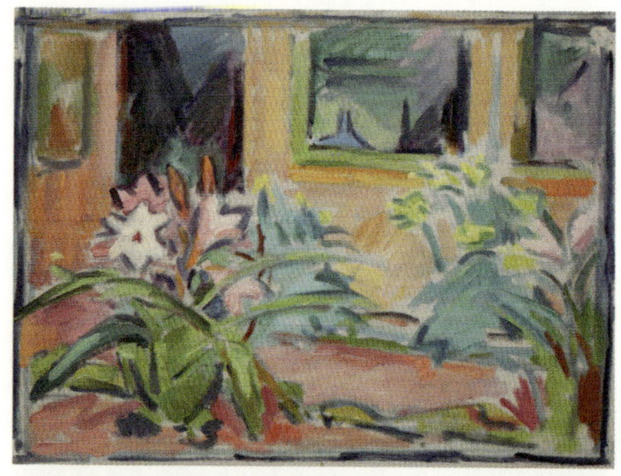

4-50
Edith von Bonin, »*Blumen vor Bilderwand*«, o. J. Öl auf Leinwand, 32,5 × 45,5 cm

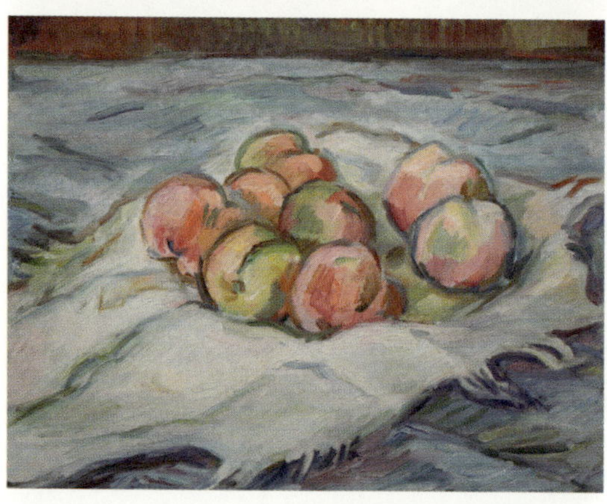

4-51 Edith von Bonin, »*Stillleben mit Pfirsichen*«, o. J. Öl auf Leinwand, 37 × 47,5 cm

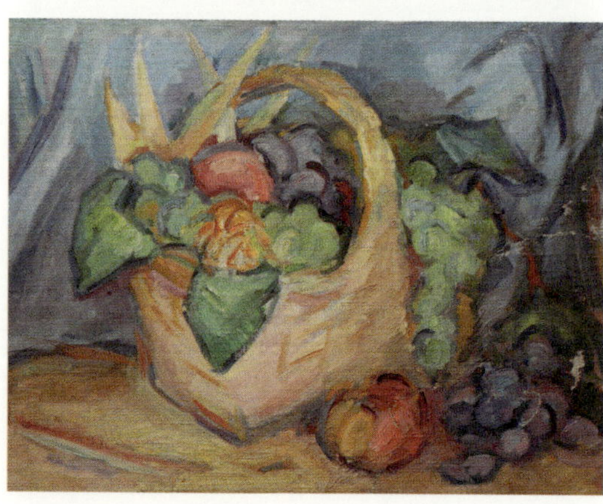

4-52
Edith von Bonin, »*Früchtekorb*«, o. J. Öl auf Leinwand, 38,5 × 50 cm

1 Brief Edith von Bonin an Elsa Bruckmann vom 07.11.1941.

2 In einer Edith von Bonin betreffenden Anmerkung in Rilke 1986, S. 344, heißt es wenig konkret: »Zwischen 1917 und 1921 war Brettin ihr Standort, später München, Berlin, der Gardasee.«

3 Opitz und Landeshauptstadt Erfurt 2016, S. 156.

4 Sowohl die am 18.08.1912 verstorbene Mutter Maria von Bonin (Testament Maria von Bonin vom 11.05.1912) als auch der am 14.03.1913 verstorbene Vater Gisbert von Bonin (er verstarb ohne Testament; Brief Elsa von Bonin an Edith von Bonin vom 19./20.07.1961) hinterließen den vier Töchtern ein beträchtliches Vermögen. In einem Brief Elsa von Bonins an Edith von Bonin vom 22.09.1961 heißt es: »Es war soviel Geld, was die Einzelne erbte, dass sie es für sich alleine ja garnicht verbrauchen *konnte*.«

5 Größenangabe gemäß Bonin-von Ostau 1985, S. 283.

6 Elsbeth Gropp (geb. 09.04.1885 in Aachen, gest. 07.01.1974 in Pforzheim) war Edith von Bonin aus gemeinsamer Zeit vor dem Ersten Weltkrieg in Paris bekannt; Brief Edith von Bonin an Felicitas Tietz vom 21.02.1952. Nach einem Studium der Porträtmalerei in Karlsruhe hielt sich Elsbeth Gropp ab 1907, also zur selben Zeit wie Edith von Bonin, zu Studienzwecken in Paris auf. Ihre Ausbildung zur sehr bald bekannten Fotografin begann sie 1910 in Düsseldorf. Näheres bei Neite 1995, S. 39–44, sowie bei Franken 2008, S. 284f.

7 Die Originalfotos und weitere Ansichten des Schlosses sind im Kreismuseum Jerichower Land des Landkreises Jerichower Land, 39307 Genthin, archiviert.

8 Bonin-von Ostau 1985, S. 283.

9 Brief Elsa von Bonin an ihre Schwester Edith vom 16.10.1961.

10 Die Durchführung der Zwangsenteignung, die mit einer Ausweisung aus der Heimatgemeinde und der Verpflichtung verbunden war, der zukünftige Wohnsitz müsse mindestens 50 km von der ehemaligen Gemeinde entfernt sein, verlief dramatisch. Albrecht 1984, S. 44, beschreibt die Situation aus der Sicht der damaligen Staatsmacht: »Der Abtransport [aller im Kreis verbliebenen und zur Ausweisung vorgesehenen Großgrundbesitzer und ihrer Angehörigen, die zwei Tage zuvor festgenommen und nach Schloss Brettin gebracht worden waren – die Verf.] erfolgte auf Lastwagen mit Anhängern. Alles verlief reibungslos. Nur die Freifrau Elsa von Bonin machte Schwierigkeiten. [...] Da Elsa von Bonin sich allen seinen Anweisungen widersetzte, bei der Räumung des Herrenhauses Widerstand leistete und nicht nur die Erklärung abgab, ihren Herrensitz nicht zu verlassen, sondern sich demonstrativ bis aufs Hemd auszog und ins Bett legte, veranlaßte er [Landrat Paul Albrecht – die Verf.], daß Elsa von Bonin mit samt ihrem Bett von 6 Männern auf einen Wagen verladen und abtransportiert wurde. Damit waren die Proteste dieser edlen Frau gegenstandslos geworden.« Siehe ergänzend hierzu auch den Brief von Elsa von Bonin an Edith von Bonin vom 16.10.1961 sowie Bonin-von Ostau 1985, S. 284, und Hermanns 2018. In einem Brief vom 13.10.1961 schreibt Elsa von Bonin an ihre Schwester Edith: »Abgesehen von den Möbeln und Bildern etc., die die Russen ›mitgehen‹ liessen, und solchen, die Flüchtlinge aus dem Br. Haus sich aneigneten, sind die Möbel in Genthin in Verwahrung.« Aufgrund der Teilung Deutschlands wurden die verwahrten Gegenstände für Elsa von Bonin unerreichbar; über den Verbleib ist nichts bekannt. Das Schloss diente nach der Enteignung als Schule und wurde 1969 abgerissen; siehe hierzu Vorsatz 1998.

11 Postkarte Edith von Bonin an Maximiliane Gräfin Gneisenau vom 10.01.1947 sowie Brief Edith von Bonin an Maximiliane Gräfin Gneisenau vom 11.06.1951.

12 Karte Elsa von Bonin an Edith von Bonin vom 04.08.1956, desgl. Briefe Elsa von Bonin an Edith von Bonin vom 08.07.1961 und vom 19./20.07.1961.

13 Brief Elsa von Bonin an Edith von Bonin vom 19./20.07.1961.

14 Im Melderegister der Stadt München wurde Edith von Bonin 1919 mit dem Heimatort Brettin eingetragen; Landeshauptstadt München 2016b.

15 So z. B. im Dezember 1919 gemäß der Abmeldung nach einem Aufenthalt in München; siehe ebd.

16 In den Adressbüchern der Jahre 1915 und 1926 wird Edith von Bonin nicht genannt; Beran, E-Mail vom 11.08.2016.

17 Landeshauptstadt München 2016b.

18 Die Adresse ist in einem Skizzenheft Edith von Bonins aus dem Jahr 1932 angegeben. Im Münchner Meldebogen Edith von Bonins findet sich diese Anschrift nicht.

19 Das Wort »Wohnung« ist durchgestrichen und handschriftlich durch das Wort »Anschrift« ersetzt; Mitgliedsausweis Edith von Bonin Nr. M 7883 der Reichskulturkammer 1934. Im Münchner Meldebogen Edith von Bonins findet sich diese Anschrift nicht.

20 Landeshauptstadt München 2016b.

21 Die Adresse ist *ohne* Hausnummer in einem von der Empfängerin auf den 05.11.1962 datierten Brief Edith von Bonins an Maximiliane Gräfin Gneisenau genannt, *mit* Hausnummer in einem Skizzenheft von 1929/30.

22 Landesarchiv Berlin 2016.

23 Kunsthaus Zürich 1925, S. V. In den für 1922, 1925 und 1928 eingesehenen Potsdamer Adressbüchern

ist Edith von Bonin nicht verzeichnet. Einwohnermeldedaten sind aus dieser Zeit für Potsdam nicht verfügbar; Telefonauskunft Stadtarchiv Potsdam vom 29.10.2018.

24 Dressler 1930, S. 107. In den für 1917/18, 1922 und 1936/37 eingesehenen Adressbüchern des Ostseebades Zoppot ist Edith von Bonin nicht verzeichnet.

25 Die Handbuch-Einträge beruhten auf Selbstauskünften der Künstler; Hinweis Mannes, E-Mail vom 13.09.2016.

26 Genealogisches Handbuch der Adeligen Häuser 1957, S. 56.

27 Vgl. zum Kriegsgeschehen in Ostpreußen Gause 1931 und Erdmann 1980a, dort bes. S. 117f.

28 Titel und Datierung gemäß der Passepartoutbeschriftung einer der Kohleskizzen des gleichen Motivs.

29 Brief Edith von Bonin an Mathilde Purrmann, geb. Vollmoeller, vom 11.04.1916 (Datum des Poststempels).

30 Rilke 1950, S. 537.

31 Briefkarte Rainer Maria Rilke an Edith von Bonin vom 28.02.1918: »Nach dankbarster Probe, unbedingt die *schönste* Pflaumenmarmelade, die ich je gekostet habe und also gegenwärtig eine außerordentliche Wohlthat.« Rilkes Betonung einer gegenwärtig außerordentlichen Wohltat dürfte vor dem Hintergrund der schlechten Versorgungslage im vierten Jahr des Ersten Weltkrieges zu verstehen sein.

32 Brief Rainer Maria Rilke an Edith von Bonin vom 01.07.1918; Sauer 1986, S. 442.

33 Elsa Weises Adresse war Auguste-Viktoria-Straße 106 in Berlin-Schmargendorf; Dressler 1930, S. 1077.

34 Titel und Datierung gemäß der Blattbeschriftung.

35 Titel gemäß der Beschriftung auf dem unterlegten Papier, Ort und Datierung gemäß der Beschriftung in der linken unteren Bildecke. Bei dem Reisebegleiter handelt es sich um den Verwandten Carl Odo von Pieschel. Dieser besaß unweit des Bonin'schen Familienschlosses Brettin landwirtschaftliche Güter in Altenplathow und Klein-Demsin; Köhler 1922, S. 32 und S. 36.

36 Signatur und Jahr im Bild rechts unten. Zur Provenienz des im Juli 2020 im Kunsthandel angebotenen, der Entstehungszeit entsprechend gerahmten Bildes liegt die Information vor, es stamme aus dem Nachlass eines Sammlers, der es zusammen mit einem mit unbekannter Widmung versehenen Blumenbild Edith von Bonins besessen habe.

37 Langfuhr war ein Stadtteil von Danzig im Gebiet der zum 15.11.1920 aus dem Deutschen Reich herausgelösten Freien Stadt Danzig; Artikel ›Danzig‹ 2020.

38 Altenplathow ist heute ein Stadtteil der im Landkreis Jerichower Land in Sachsen-Anhalt gelegenen Stadt Genthin; Artikel ›Altenplathow‹ 2020.

39 Titel und Datierung gemäß der rückseitigen Beschriftung auf der unterlegten Pappe.

40 Titel gemäß der Blattbeschriftung.

41 Titel und Datierung gemäß der Passepartoutbeschriftung.

42 Bildtitel gemäß Rückseitenbeschriftung.

43 Rückseitige Beschriftung: »Torbole, ausgestellt Münchner Künstlerinnen 1933«. Der Ort der Ausstellung ist unbekannt.

44 Mitgliedsausweis Edith von Bonin Nr. M 7883 der Reichskulturkammer, Reichskammer der bildenden Künste, Fachverband: Bund Deutscher Maler und Graphiker e. V., Landesstelle Bayern, vom 01.01.1934. Interessanterweise findet als Ausweisbild ihr 1910 im Hôtel Biron entstandenes Porträtfoto Verwendung.

45 Näheres hierzu bei Dahm 1986, bes. S. 69f.

46 Das Edith von Bonin zugeeignete Exemplar von Gertraud Rostoskys Gedenkschrift an ihre verstorbene Mutter (Requiem, Würzburg 1938) enthält auf dem Vorblatt die handschriftliche Widmung »Neue Welt, Würzburg Mai 1938 Edith von Bonin in treuer Kameradschaft Gertraud Rostosky«. Edith von Bonin fand hierfür in einem am 02.06.1938 aus Dachau geschriebenen Brief an Gertraud Rostosky sehr persönliche Dankesworte. Gertraud Rostoskys Schrift sollte eine Erinnerung für die nächsten Freunde sein; Kleinlauth 1998, S. 103.

47 Ebd., S. 101.

48 Ebd., S 103. Dort heißt es: »Edith von Bonin versuchte sie zu einem Malaufenthalt in Italien zu überreden und tröstete: ›Ach, kleine Rosti, verlieren Sie den Mut nicht‹.«

49 Ebd., S. 104; vgl. dazu den undatierten Vorbereitungsbrief Edith von Bonins an Gertraud Rostosky vom Dezember 1938.

50 Ebd.

51 Siehe als Einführung in das nationalsozialistische Kunstverständnis Adam 1992.

52 Für Paula Modersohn-Becker siehe Lüttichau 1988a, S. 109, sowie Lüttichau 1988b, S. 181, für Hans Purrmann Lüttichau 1988a, S. 109, sowie Lüttichau 1988b, S. 160.

53 Gemeinsam mit anderen Künstlern unterschrieben beide den Protest des nach Frankreich emigrierten deutschen Kunstkritikers und Kunstsammlers Paul Westheim; Matzner 2015. Ob Edith von Bonin hiervon wusste, ist nicht bekannt.

54 Geb. 11.02.1869 in Elberfeld, gest. 22.01.1945

in Jerusalem. 1938 wurde Else Lasker-Schüler die deutsche Staatsbürgerschaft aberkannt. Siehe zu Else Lasker-Schülers Person und Werk Bauschinger 2004.

55 Boser 1994, S. 12, Thiemann-Stoedtner und Hanke 1989, S. 56.

56 Der Adoptivsohn Fabian von Bonin-von Ostau schreibt über seine Adoptivmutter Elsa von Bonin: »Politisch war Elsa v. Bonin von preußisch-konservativer Grundhaltung, lehnte das NS-Regime als ›proletig‹ ab und machte niemandem gegenüber einen Hehl daraus.« Bonin-von Ostau 1985, S. 285.

57 Über die Episode und ihre Umstände wird in einem Brief Edith von Bonins an Constantin Graf Gneisenau vom 23.03.1947 berichtet.

58 Brief Edith von Bonin an Elsa Bruckmann vom 07.11.1941. Auch in diesem Kondolenzbrief an die Münchner Salonnière, bekennende Nationalsozialistin und Hitler-Gönnerin Elsa Bruckmann (geb. 23.02.1865 in Gmunden, gest. 07.06.1946 in Garmisch-Partenkirchen) zum Tod ihres Ehemanns Hugo Bruckmann tauchen keine nationalsozialistischen Floskeln oder Aussagen auf. Der Bruckmann'sche Salon, seine Gastgeber und die Gäste aus der Kunst-, Literatur-, Musik- und Gelehrtenwelt sowie aus der Politik werden ausführlich dargestellt bei Martynkewicz 2009.

59 Bonin 1953.

60 Ort und Datierung gemäß der Beschriftung auf der unterlegten Pappe.

61 Artikel ›Oliwa (Gdańsk)‹ 2020. Das bis dahin eigenständige Oliva wurde 1926 ein Stadtteil Danzigs.

62 Artikel ›Freie Stadt Danzig‹ 2020.

63 Gemäß rückseitiger Fotobeschriftung.

64 Titel gemäß der rückseitigen Beschriftung; signiert »Bonin«, Datierung in Anlehnung an andere Bilder aus dem Park Oliva.

65 Datierung gemäß der Sammelmappen-Beschriftung.

66 Titel gemäß der Beschriftung auf dem unterlegten Papier.

67 Näheres zum Ort im Artikel ›Dornburg (Dornburg-Camburg)‹ 2020.

68 Prusakow 2007, S. 1.

69 Als einzige Information liegt eine Briefkarte Sophie Hoechstetters an Edith von Bonins Schwägerin Elisabeth von der Heydt, Witwe des Halbbruders Karl von der Heydt, vom 08.09.1933 vor, in der über Sommerbesuche Edith von Bonins bei Sophie Hoechstetter in ihrem fränkischen Heimatort Pappenheim berichtet wird.

70 Ortsangabe und Datierung gemäß der Sammelmappen-Beschriftung.

71 Titel gemäß der Beschriftung auf dem unterlegten Papier, Datierung gemäß der Sammelmappen-Beschriftung.

72 Titel und Datierung gemäß der Beschriftung auf dem Blattrand, sehr ähnliches Motiv in Pastell mit Ortsangabe Dornburg/Saale.

73 Näheres zum Ort im Artikel ›Wilcze Laski‹ 2020.

74 Genealogisches Handbuch der Adeligen Häuser 1957, S. 65–69.

75 Ort und Datierung gemäß einem beschrifteten Pastell mit gleichem Motiv.

76 Ort gemäß der Sammelmappen-Beschriftung, Datierung gemäß der Beschriftung auf dem unterlegten Papier.

77 Desgleichen.

78 Desgleichen.

79 Desgleichen.

80 Titel gemäß der rückseitigen Beschriftung, Datierung entsprechend einem beschrifteten Pastell mit identischem Motiv.

81 Rückseitig mit »v. Bonin« signiert. Nahezu identisches Motiv ausgeführt in Pastell datiert auf 1933. Titel gemäß einem Werkfoto im Nachlass Edith von Bonins mit ähnlichem Motiv.

82 Ort gemäß der Beschriftung auf der unterlegten Pappe, Datierung links unten im Bild.

83 Titel gemäß der rückseitigen Beschriftung.

84 Name des Porträtierten und Datierung gemäß der Blattbeschriftung. Es handelt sich um den Sohn Constantin Graf Gneisenaus, Hans-Georg Graf Gneisenau (geb. 24.05.1925 in Berlin, gest. 25.11.2016 in Plön).

85 Datierung gemäß der Bildbeschriftung. Das gleiche Motiv liegt als Kohleskizze vor.

86 Titel gemäß der Beschriftung auf der unterlegten Pappe.

87 Datierung gemäß der Beschriftung des Skizzenheftes.

88 Titel analog einer 1934 in Mischtechnik auf Papier entstandenen Skizze desselben Motivs.

89 Datierung gemäß der Angabe rechts unten im Bild.

90 Bleistiftdatierung links unten im Bild.

»Das alles macht mir Dachau besonders lieb«[1]

Die Künstlervereinigung Dachau

Es liegen keine Informationen vor, ob Edith von Bonin nach ihrer Münchner Studienzeit bis zum Beginn der 1930er Jahre Kontakte nach Dachau hatte. Angesichts ihrer zeitweiligen Wohnsitze nach dem Ersten Weltkrieg im nahegelegenen München wären diese plausibel. Sicher ist, dass sich der Kontakt zu Dachau und zur dortigen Künstlervereinigung ab den 1930er Jahren intensivierte, wohl gefördert durch die in Dachau ansässig gebliebenen beziehungsweise gewordenen Mitstudentinnen an der Münchner Damen-Akademie, Maria Langer-Schöller und Paula Wimmer. Zu beiden dürfte Edith von Bonin bei deren Studienaufenthalten in Paris (Maria Langer-Schöller um 1909/10, Paula Wimmer 1911) in Verbindung gestanden haben. Sommerbesuche Edith von Bonins in Dachau - ein Skizzenheft von 1934 ist der früheste Beleg - mündeten schließlich ab 1938 in ihre Mitgliedschaft in der Künstlervereinigung Dachau (KVD).[2]

In den Kalenderbüchern von Maria Langer-Schöller findet sich 1937 Edith von Bonins Name; weitere Vermerke - »Bonin war da« - datieren vom 10. Januar 1939, vom 30. August 1939 und vom 24. September 1942.[3] Bis in die 1950er Jahre bestanden Briefkontakte zwischen den Künstlerinnen: Bei Maria Langer-Schöller sind ein Brief Edith von Bonins vom 11. Dezember 1950, ein eigener Brief vom 30. Juli 1952 und ein (Antwort?-)Brief Edith von Bonins vom 13. August 1952 notiert.[4] 1936 fertigte Edith von Bonin eine Bleistift-Porträtskizze ihrer Freundin an (Abb. 5-01).

Auch zu Paula Wimmer hielt Edith von Bonin lebenslang Kontakt, wie etliche selbst gestaltete Weihnachts- und Neujahrsgrußkarten an Edith von Bonin aus den 1950er Jahren sowie jeweils mit ihrem Gruß versehene Ausstellungskataloge aus den 1960er Jahren zeigen. Die Anfertigung einer Porträtskizze Paula Wimmers (Abb. 5-02) und der Erwerb eines in der Dachauer Schlossausstellung 1965 gezeigten Werkes Paula Wimmers durch Edith von Bonin sind dafür weitere Belege.[5]

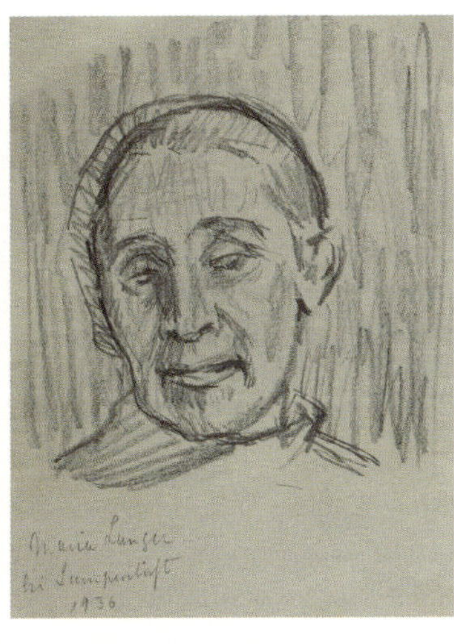

5-01 Edith von Bonin, *Maria Langer bei Lampenlicht,* 1936, Bleistift auf Papier, 20 × 15 cm[6]

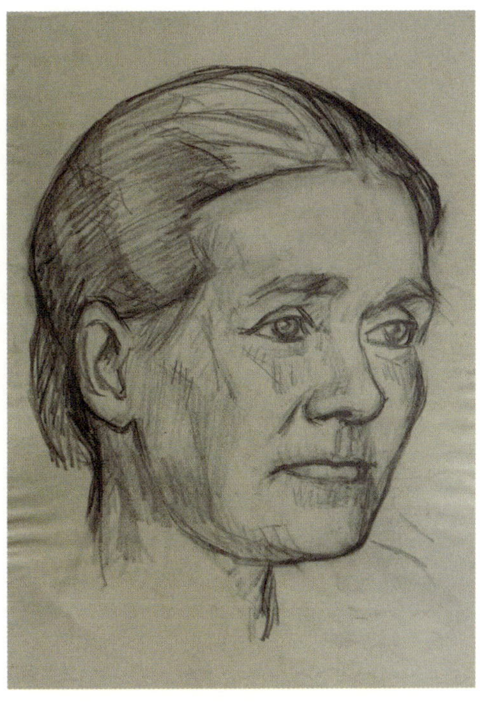

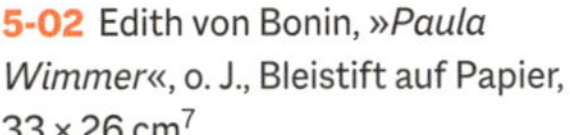

5-02 Edith von Bonin, »*Paula Wimmer*«, o. J., Bleistift auf Papier, 33 × 26 cm[7]

1938 und 1939 nahm Edith von Bonin erstmals an den jährlichen Schlossausstellungen *Dachauer Land und Leute* der Künstlervereinigung Dachau teil.[8] Auch wenn im dortigen Stadtarchiv keine Einwohnermeldedaten zu Edith von Bonin verzeichnet sind,[9] hat sie dort vor dem Zweiten Weltkrieg immer wieder eine Zeit lang gewohnt und gearbeitet. Bei Berta Felber, der Witwe des Künstlers Friedrich Carl Felber[10], mietete sie im Haus Schleißheimer Straße 16a, das die Eheleute Felber um einen Atelieranbau erweitert hatten,[11] eine Räumlichkeit im zweiten Stockwerk an. Nach der Eingemeindung von Nachbarorten in die Stadt Dachau zum 1. April 1939 erhielt das Haus im Zuge der Bereinigung doppelt vergebener Anschriften die neue Bezeichnung Friedenstraße 1.[12]

Die von Edith von Bonins Haushälterin und Vertrauter Anny Wasner als »Atelier-Wohnung«[13] bezeichnete Räumlichkeit wird nur bescheidenen Komfort aufgewiesen haben, sah sich Edith von Bonin im Dezember 1938 bei einer Einladung an Gertraud Rostosky doch zu der Bemerkung genötigt, die Würzburger Freundin könne nur »mit Nachsicht und Güte von Ihrer Seite hier übernachten«.[14] In demselben Haus wohnte Rektor Karlmax Küppers, später Kreisheimatpfleger des Landkreises Dachau und Träger des Goldenen Ehrenrings der Großen Kreisstadt Dachau.[15]

Rektor Küppers war es, der nach Kriegsende 1945 viele, allerdings nicht alle in der Atelier-Wohnung gelagerten Werke Edith von Bonins, hauptsächlich die Aquarelle, vor Plünderung und Zerstörung durch amerikanische Truppen und durch freigekommene ehemalige Häftlinge des nahegelegenen Konzentrationslagers rettete und danach lange Zeit für die Künstlerin verwahrte; dafür blieb ihm Edith von Bonin zeitlebens dankbar und freundschaftlich verbunden.[16] Ihre Sammlung von Kunstbüchern und -katalogen war zuvor, als in Dachau noch einigermaßen Ruhe herrschte, zu Verwandten Anny Wasners nach Rottweil geschickt worden.[17] Andere Wertgegenstände in der Atelier-Wohnung, darunter eigene Ölmalereien, Werke von Raoul Dufy, Othon Friesz, Aristide Maillol und Henri Matisse, Haushaltsgegenstände sowie der Schreibtischinhalt Edith von Bonins gingen dagegen damals verloren.[18] Die umfangreichen Listen mit abhanden gekommener Kleidung, Schuhen, Wäsche, Haushaltsgegenständen, Büchern und Kunstwerken in Edith von Bonins Entschädigungsgesuch machen deutlich, dass die Dachauer Atelier-Wohnung nicht nur zu kurzzeitiger Nutzung bestimmt war.

Trotz der langen Zugehörigkeit zur Künstlervereinigung sind in Dachau nur wenige Spuren Edith von Bonins zu finden. In dem von Lorenz Josef Reitmeier für die Stadt Dachau in den Jahren 1976 bis 1986 herausgegebenen vierbändigen Werk *Dachau - Ansichten und Zeugnisse aus zwölf Jahrhunderten*[19] ist die Künstlerin nicht vertreten; sie wird in den Publikationen lediglich im beigefügten »Verzeichnis von Künstlern, die in Dachau lebten oder wirkten oder Dachau-Ansichten schufen«, genannt. Wie viele ihrer Werke sich in Dachauer Privatbesitz befinden, ist unbekannt; im örtlichen Kunsthandel tauchten ihre Werke nicht auf.[20] Einige als Kohle- und Bleistiftzeichnungen auf Papier ausgeführte Frauenkopfstudien Edith von Bonins, darunter ein Porträt Paula Wimmers, die vermutlich aus

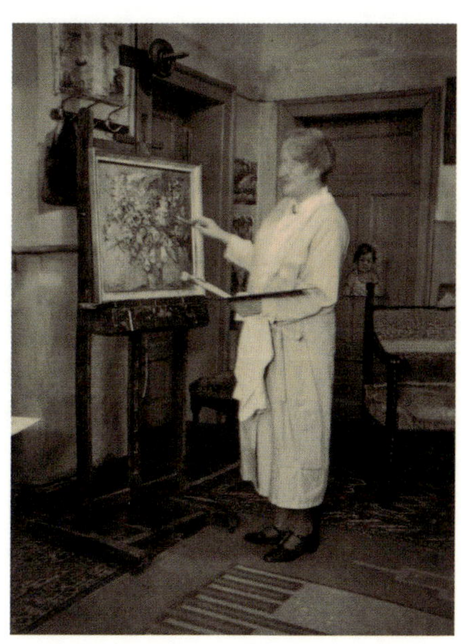

5-03
Edith von Bonin, 1938
(Atelierort unbekannt)

Dachauer Dachbodenfunden stammen, wurden in der zweiten Jahreshälfte 2020 im Internethandel angeboten.

Mehr Aufschluss gibt die in der nationalsozialistischen Zeit ab 1935 angelegte Chronik *Dachau und seine Künstler* im Dachauer Stadtarchiv, in der ein von ihr verfasster handschriftlicher Text sowie elf Schwarz-Weiß-Fotos ihrer Werke (Abb. 5-05 bis 5-15) eingeklebt sind.[21] Dachau und das Dachauer Moos erinnerten Edith von Bonin, wie sie schreibt, an ihre norddeutsche Heimat. Vor diesem Hintergrund ist die Vermutung naheliegend, dass Dachau mit den dortigen Freunden und Bekannten für sie als Ankerpunkt noch an Bedeutung gewann, nachdem die deutsche Teilung und die politischen Entwicklungen in der sowjetischen Zone und späteren DDR eine Rückkehr in die Heimat unmöglich gemacht hatten und nur noch postalische Austauschmöglichkeiten mit den dort verbliebenen Weggefährten bestanden. Jedenfalls hielt Edith von Bonin der Künstlervereinigung Dachau durch die persönlichen Kontakte und durch die Teilhabe am künstlerischen Leben bis an ihr Lebensende die Treue, auch wenn sie mit ihren Sujets und vor dem Hintergrund ihrer übrigen Domizile, insbesondere des oberitalienischen, vielleicht keine ›typische‹ Dachauer Künstlerin war. Keinesfalls war sie in Dachau aber eine Außenseiterin.

»Wenn man als Maler schreiben soll, so fühlt man sich nicht so ganz in seiner Bahn. Wie nun erst, wenn man von seiner eigenen Arbeit etwas sagen soll u. von ihren Beziehungen zu Dachau's Moos und Wiesen.

Ich kam nur als Sommergast hierher. Und als ich zuerst die flimmernde Luft über dem grünen Land sah, – seine spiegelnden Wasserläufe, als ich die Weite und Stille fernab der Stadt wieder erlebte, erinnerte es mich in irgend etwas an meine norddeutsche Heimat.

Da sind die Birkenpfade, wie sie zu Hause am Waldrand sich hinziehen, – die kleinen tief in vollen Blumengärten versunkenen Häuschen, über deren Dach noch die Sonnenblumen nicken.

Und die Menge weißblonder Kinder.

Das alles macht mir Dachau besonders lieb.

Edith von Bonin«

5-04
Eigenhändiger Text Edith von Bonins für die Chronik *Dachau und seine Künstler*

Dies spiegelt sich in den von ihr für die Chronik ausgewählten elf Werkfotos wider.

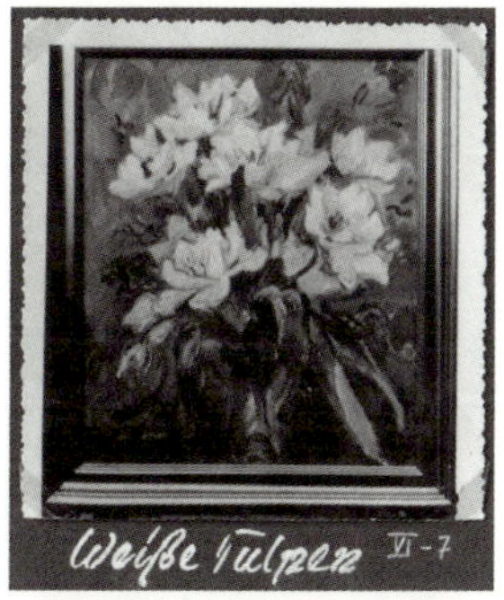

5-05

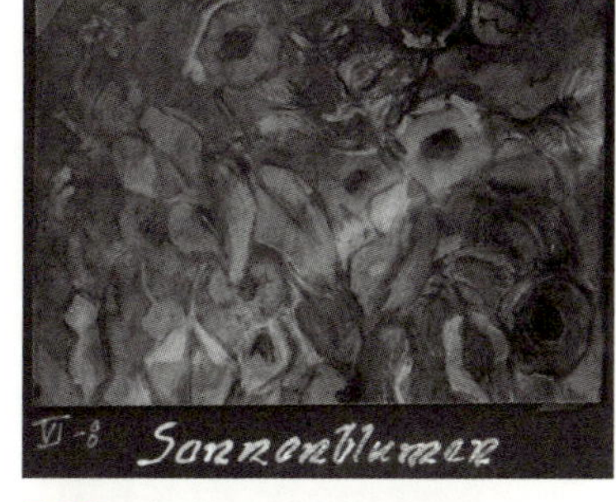

5-06

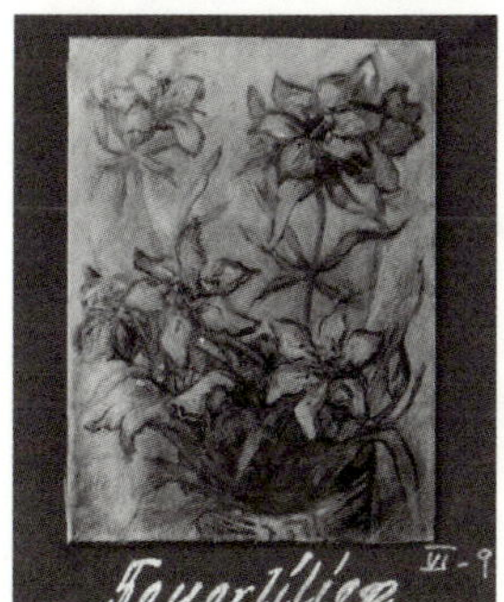

5-07[22]

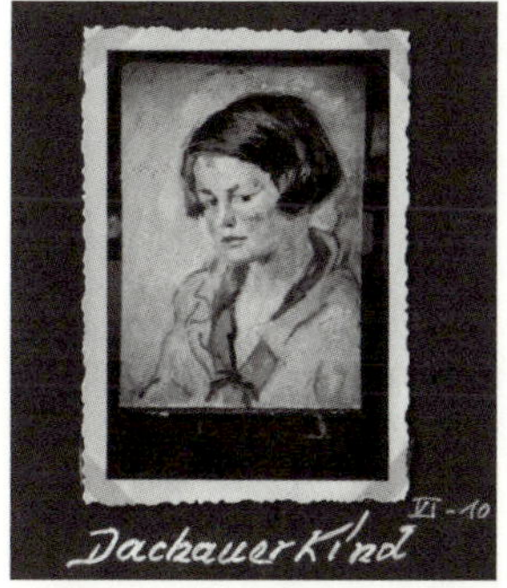

5-08

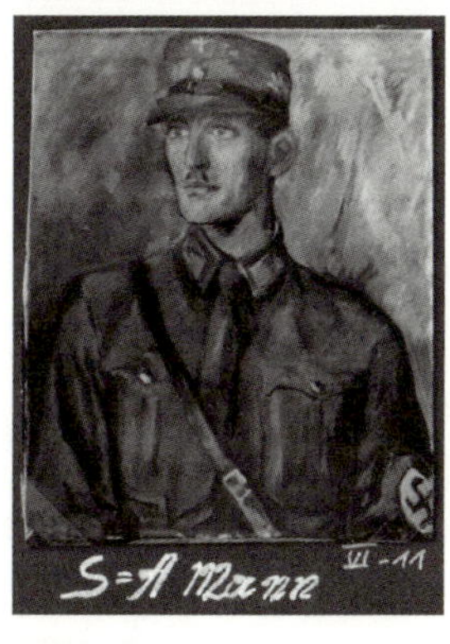

5-09

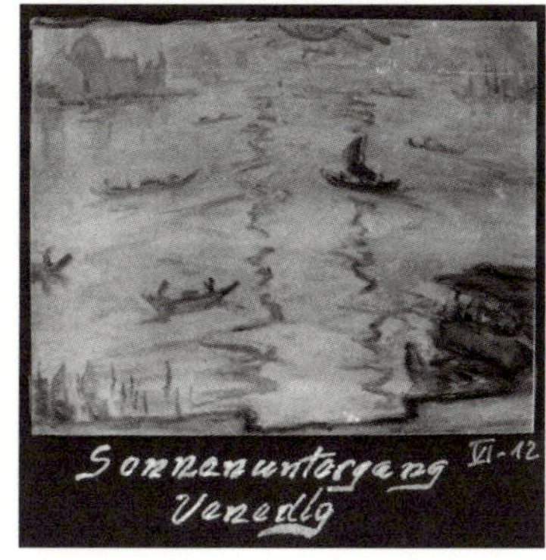

5-10

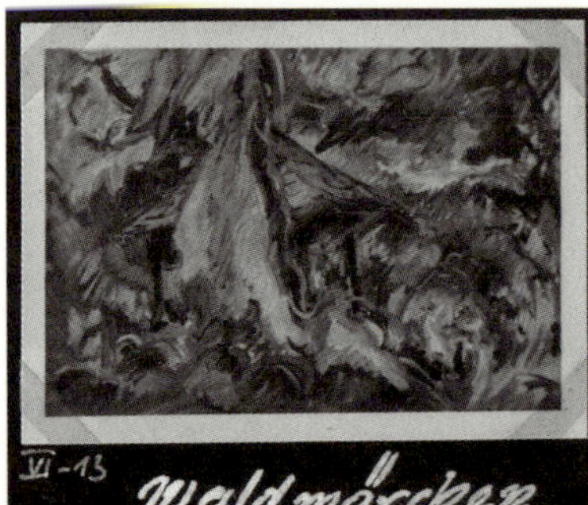

5-11

VI-14
Herbst in den Dolomiten

5-12[23]

VI-15

Edith von Bonin
Italienermädchen v.Gardasee

5-13[24]

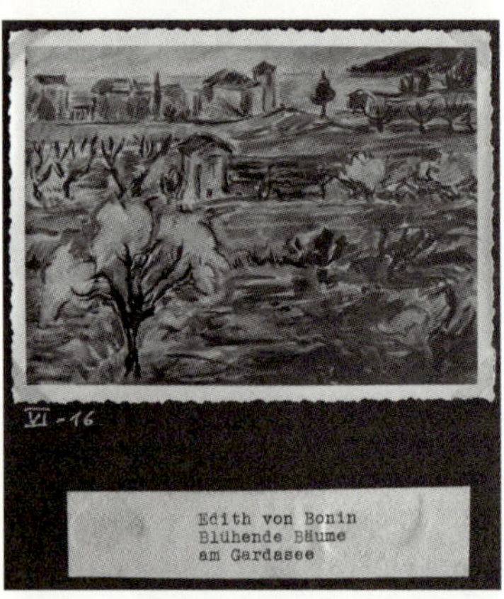

5-14

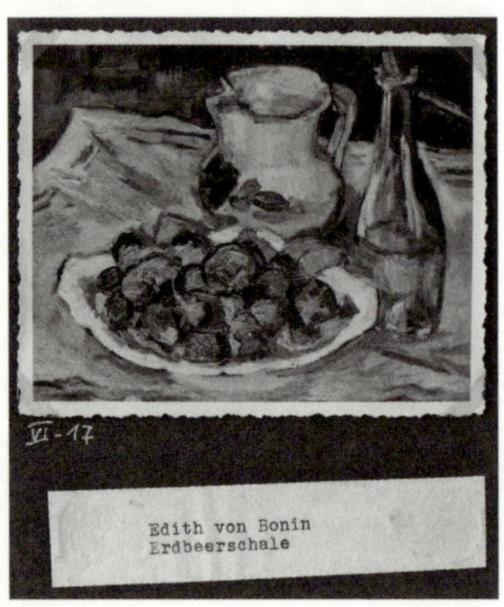

5-15

Zu den in der Chronik als Bruststücke enthaltenen Porträts eines Dachauer Kindes sowie eines SA-Mannes finden sich in Edith von Bonins Nachlass als Vorstudien entstandene Kohlezeichnungen in der Form von Büstenporträts, die auf nationalsozialistische Embleme weitgehend verzichten: Das Mädchen wird in der Kohlezeichnung in neutraler Kleidung und nicht wie beim Chronik-Porträt in der Standardbekleidung des Bundes Deutscher Mädel (BDM) beziehungsweise des Jungmädelbundes dargestellt. Beim SA-Mann sind zwar die typische Schaftmütze, die Uniformjacke und der Schulterriemen vorhanden, auf der Mütze fehlen jedoch der Adler und das seitlich aufgenähte Edelweiß als Hinweis auf die regionale Zugehörigkeit; auch sind die Einheit-Nummer und der Dienstrang auf den Kragenspiegeln nicht ausgearbeitet. Insgesamt wirkt der SA-Mann der Kohlezeichnung nachdenklicher und weniger ›heroisch‹ als derjenige des Chronik-Bildes. Verfehlt wäre es, das Porträt des SA-Mannes als Ausdruck der Affinität Edith von Bonins zur nationalsozialistischen Ideologie zu interpretieren; ebenso wie beim Porträt eines Dachauer Kindes dürfte es sich um eine zeittypische Auftragsarbeit gehandelt haben.

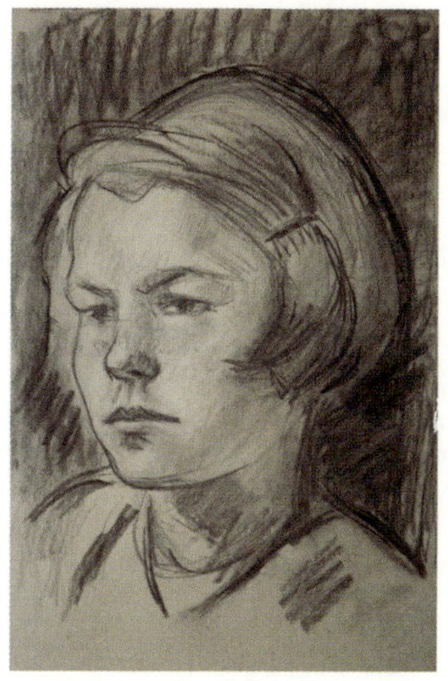

5-16 Edith von Bonin, *Dachauer Kind*, o. J., Kohle auf Papier, 37 × 25,5 cm[25]

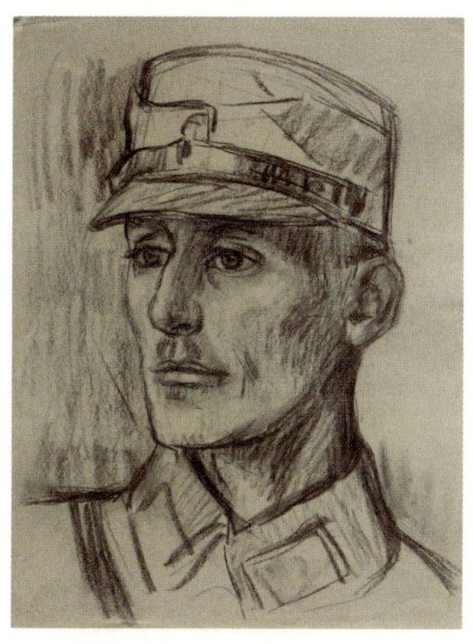

5-17 Edith von Bonin, *SA-Mann*, o. J, Kohle auf Papier, 43 × 33 cm[26]

Ein Aquarell von 1938 sowie undatierte Pastelle zeigen Stadt- und Landschaftsansichten aus Dachau und Umgebung.

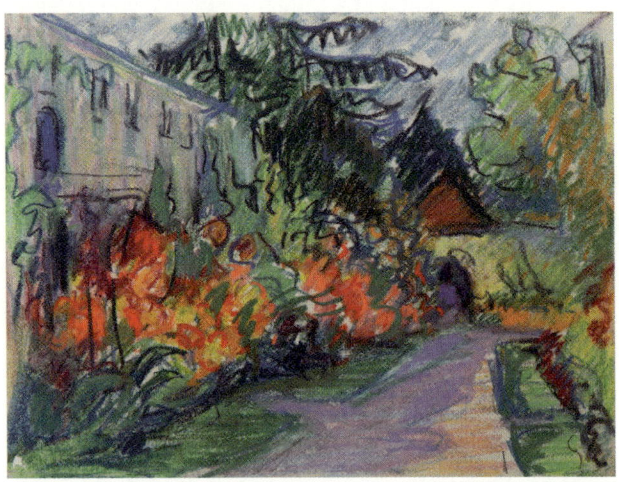

5-18 Edith von Bonin, *»Dachauer Schlossgarten«*, o. J., Pastellkreide auf Papier, 20 × 27 cm [27]

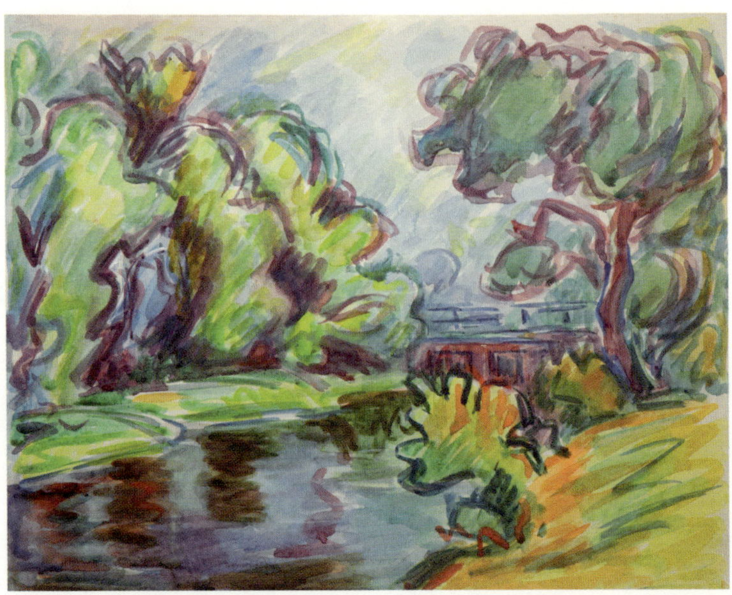

5-19 Edith von Bonin, *Amper,* 1938, Aquarell auf Papier, 34,5 × 45 cm[28]

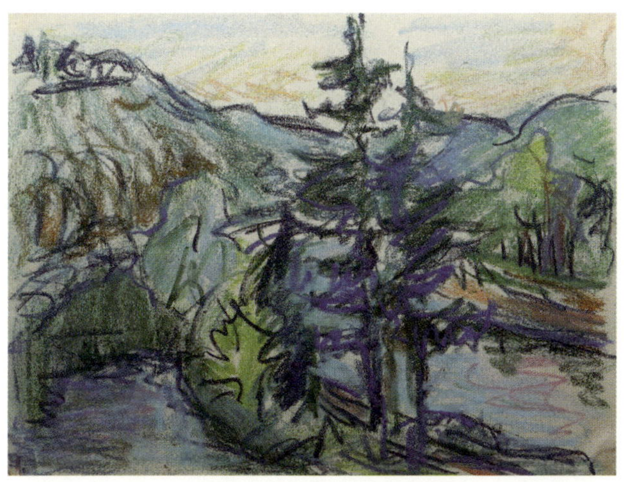

5-20 Edith von Bonin, *Isartal,* o. J., Pastellkreide auf Papier, 20 × 27 cm[29]

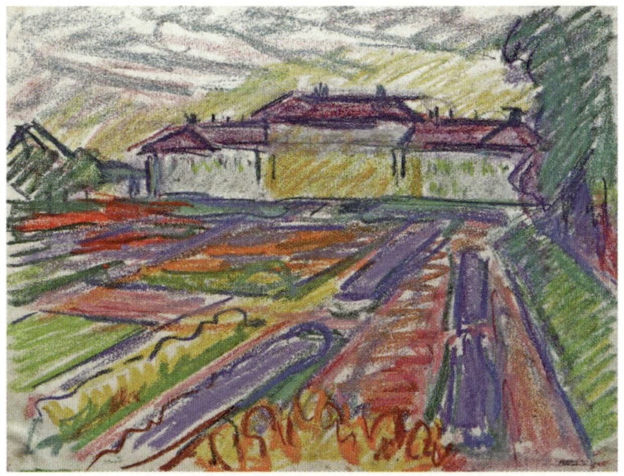

5-21 Edith von Bonin, *Schloss Schleißheim,* o. J., Pastellkreide auf Papier, 20 × 27 cm[30]

Vermutlich bereits in der ersten Hälfte der 1930er Jahre entstand in Dachau das Ölgemälde *Sonnenblumen (rosa Mauer)*.

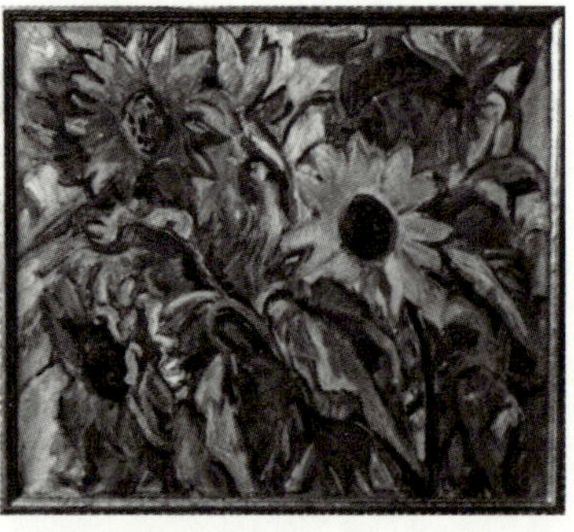

5-22
Edith von Bonin, *Sonnenblumen (rosa Mauer)*, möglicherweise 1933[31]

Weitere Einblicke in ihr Dachauer Schaffen geben schließlich zwei kleine Skizzen, die beide undatiert sind.

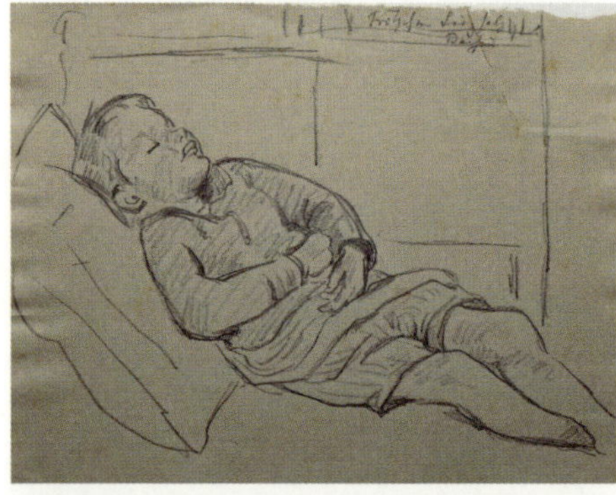

5-23
Edith von Bonin, *Fritzchen Liegsalz Dachau*, o. J., Bleistift auf Papier, 22 × 29 cm[32]

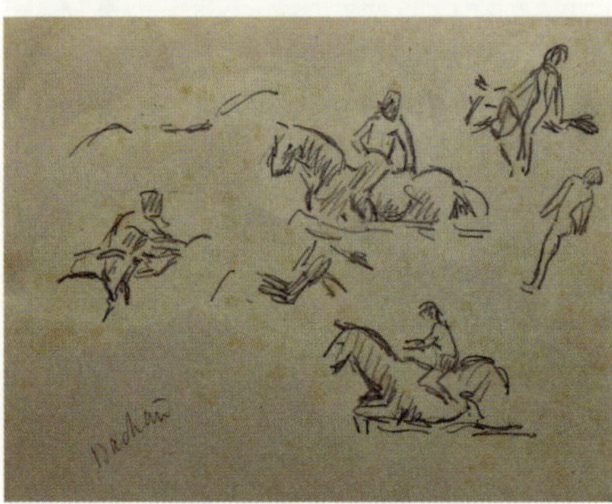

5-24
Edith von Bonin, »*Reiterstudien aus Dachau*«, o. J., Bleistift auf Papier, 13,5 × 18 cm

In den Jahren von 1960 bis 1965 sowie 1969 nahm Edith von Bonin im hohen Alter von über 85 Jahren wiederum an den jährlichen KVD-Kunstausstellungen im Dachauer Schloss teil.[33] Die Auswahl der Exponate besorgte für sie Rektor Küppers.[34] Die für die Jahre 1960, 1962, 1963 und 1965 vorliegenden Ausstellungskataloge verzeichnen als Ausstellungswerke jeweils mehrere Aquarelle mit Stillleben sowie mit Motiven ihrer oberitalienischen Wahlheimat.[35] Es ist fraglich, ob Edith von Bonin die Ausstellungen persönlich besuchte; handschriftliche Grußnotizen in den in Edith von Bonins Nachlass vorgefundenen Ausstellungskatalogen der Jahre 1960 und 1962 zeigen, dass Paula Wimmer ihr die Kataloge zusandte.

1968 nahm der von ihren Werken beeindruckte junge Dachauer Kunsthistoriker, Galerist und Organisator von Kunstausstellungen Haimo Liebich Kontakt zu Edith von Bonin auf, um die Genehmigung zum Einblick in die nach wie vor bei Rektor Küppers deponierten Mappen ihrer Arbeiten zu erhalten, ein vorläufiges Werkverzeichnis zu erstellen und dann nach gemeinsamer Durchsicht und Edith von Bonins persönlicher Werkauswahl eine Ausstellung zu organisieren. Auch bot er seine Dienste bei der Vermittlung von Werken an Interessenten an. Die Bemühungen Haimo Liebichs führten Anfang September 1968 zwar zu einem persönlichen Treffen mit Edith von Bonin, vermutlich in Rottweil, zu dem Haimo Liebich auch Paula Wimmer mitbrachte; sie waren jedoch erfolglos.[36] Ganz so, wie es Anny Wasner schreibt: »[...] das Geschäftliche lag ihr nicht. Frl. von Bonin hätte alle Opfer gebracht, doch keines ihrer Bilder fortgegeben!«[37]

Edith von Bonin zählt »zu einer konservativen Moderne, [...] mit der sie sich in Dachau gut aufgehoben fühlen konnte«.[38] Deshalb ist es erfreulich, dass ihr künstlerischer Nachlass dort seine Bleibe gefunden hat.

1 Zitat aus Edith von Bonins eigenhändigem Text für die Chronik *Dachau und seine Künstler,* Stadtarchiv Dachau ab 1935.

2 Die Geschichte der KVD ist nachzulesen bei Kreutzkam 2014. Edith von Bonins KVD-Mitgliedschaft ab 1938 ist dokumentiert bei Kreutzkam 2019b sowie im »Verzeichnis von Künstlern, die in Dachau lebten oder wirkten oder Dachau-Ansichten schufen« bei Reitmeier 1976.

3 Hinweis Mannes, E-Mail vom 13.09.2016.

4 Ebd.

5 Gemäß Edith von Bonins handschriftlichem Eintrag im Ausstellungskatalog kaufte sie zum Preis von 500 DM bei einer Anzahlung von 50 DM Paula Wimmers Ölbild *Auf der Weide,* das der Notiz zufolge eine kleine Ziegenherde zeigte. Von dem Erwerb berichtet auch Anny Wasner, Brief Anny Wasner an Felicitas Tietz vom 05.05.1981. Der Verbleib des Bildes ist nicht bekannt.

6 Name der Porträtierten und Datierung gemäß der Blattbeschriftung.

7 Namenszuordnung anhand einer betitelten, offenbar bei gleichem Anlass entstandenen weiteren Bleistiftskizze.

8 Kreutzkam 2019a.

9 Bräunling, E-Mail vom 21.07.2016.

10 Geb. 24.09.1880 in Wädenswil am Zürichsee, gest. 14.09.1932 in Dachau. Siehe zu Friedrich Carl Felbers Person und Werk Thiemann-Stoedtner und Hanke 1989, S. 113–118.

11 Ebd., S. 113.

12 Bräunling, Telefonauskunft vom 22.08.2019. Dementsprechend taucht in den Briefen Edith von Bonins an Gertraud Rostosky vom 02.06.1938 und vom Dezember 1938 ihre Anschrift als »z. Z. Dachau bei München bei Frau Prof. Felber, Schleissheimerstr. 16a« auf, später in Bonin 1953 als »Friedenstraße 1«.

13 Brief Anny Wasner an Felicitas Tietz vom 12.01.1973. Der Brief enthält außerdem die Information, dass Rektor Küppers im selben Hause gewohnt hat.

14 Brief Edith von Bonin an Gertraud Rostosky vom Dezember 1938 samt eigenhändiger Skizze des Fußweges vom Dachauer Bahnhof zum Haus Schleißheimer Straße 16a / Friedenstraße 1.

15 Gemäß den Informationen bei Landratsamt Dachau 2018 und Stadt Dachau 2018 war Karlmax Küppers (geb. 1898, gest. 1970) von April 1952 bis August 1970 Kreisheimatpfleger des Landkreises Dachau mit den Aufgabenbereichen Brauchtum und Denkmalschutz. Er erhielt 1969 den Goldenen Ehrenring der Großen Kreisstadt Dachau.

16 Brief Anny Wasner an Felicitas Tietz vom 12.01.1973. In einem undatierten Brief (ca. 1947–49) an Constantin Graf Gneisenau erwähnt Edith von Bonin den »sehr netten Lehrer in Dachau, der früher im selben Haus in Dachau, in dem mein Atelier war, wohnte«, und der sie dabei unterstützt habe, die Entschädigungsforderung für die Verluste in Gang zu setzen.

17 Brief Anny Wasner an Felicitas Tietz vom 05.05.1981.

18 Brief Anny Wasner an Felicitas Tietz vom 22.03.1977, ebenso Bonin 1953.

19 Reitmeier Bd. 1 1976, Bd. 2 1979, Bd. 3 1982, Bd. 4 1986.

20 Der Dachauer Galerist E. Glück, der Edith von Bonin 1962 in ihrer Wahlheimat Torbole in Oberitalien besuchte, erwarb bei dieser Gelegenheit zwei Werke, die sich nach wie vor im Besitz seiner Familie befinden, ein Ölgemälde mit Blumenmotiv und ein Fischstillleben-Aquarell. Im Dachauer Kunsthandel wurden nach seiner Kenntnis Werke Edith von Bonins nicht angeboten; Glück, mündliche Auskunft vom 01.09.2016.

21 Stadtarchiv Dachau ab 1935.

22 Das Ölbild *Feuerlilien* entstand der rückseitigen Beschriftung eines Nachlassfotos zufolge 1934.

23 Für das Ölbild *Herbst in den Dolomiten* weist die rückseitige Beschriftung eines Nachlassfotos 1935 als Entstehungsjahr aus (»an Sophie Leisecke Aug 35«). Zudem wird dort das graue Erscheinungsbild erläutert.

24 Für das Ölbild *Italienermädchen v. Gardasee* gibt die rückseitige Beschriftung eines Nachlassfotos den Namen mit Dionysia Civettini und den Entstehungsort mit Torbole an.

25 Undatiert; Titel gemäß Bild VI-10 der Chronik im Stadtarchiv Dachau.

26 Undatiert; Titel gemäß Bild VI-11 der Chronik im Stadtarchiv Dachau.

27 Ort gemäß der Beschriftung auf der unterlegten Pappe.

28 Titel und Datierung gemäß der Beschriftung auf der Rückseite.

29 Titel gemäß der Beschriftung auf dem unterlegten Papier.

30 Titel gemäß der Beschriftung auf der unterlegten Pappe.

31 Eigenhändige rückseitige Fotobeschriftung mit Hinweis »Ölbild Dachau«.

32 Name des Porträtierten und Ort gemäß der Blattbeschriftung.

33 Kreutzkam 2019a.

34 Brief Anny Wasner an Felicitas Tietz vom 12.01.1973.

35 Edith von Bonin stellte die folgenden Werke aus:

In der Ausstellung vom 10. August bis 11. September 1960 die vier Aquarelle *»Blumen 1957«, »Fruchtkorb«, »Tisch«* und *»Italienische Landschaft«;* Künstlervereinigung Dachau 1960. In der Ausstellung vom 4. August bis 9. September 1962 die zwei Aquarelle *»Stilleben«* und *»Weg«;* Künstlervereinigung Dachau 1962. In der Ausstellung vom 27. Juli bis 8. September 1963 zwei jeweils mit *»Landschaft«* betitelte Aquarelle; Künstlervereinigung Dachau 1963. In der Ausstellung vom 1. August bis 29. August 1965 die drei Pastelle *»Stilleben«, »Am Gardasee«* und *»Samstagmorgen«;* Künstlervereinigung Dachau 1965. Im nachgelassenen Katalog zur Ausstellung 1965 finden sich dazu die folgenden handschriftlichen Korrekturen und Präzisierungen Edith von Bonins: *Gartenweg in casa Giuliana* zum Stillleben, *Felsen gegenüber Torbole* zum Gardasee-Bild und *Mädchen lesend in offener Thür* zum Samstagmorgen-Bild; außerdem handele es sich um Aquarelle statt um Pastelle.

36 Brief Haimo Liebich an Edith von Bonin vom 08.11.1968.

37 Brief Anny Wasner an Felicitas Tietz vom 12.02.1973.

38 Strobl, E-Mail vom 02.06.2018.

»Sehnsucht nach Sonne und Farbe«

Die Jahre in Oberitalien

Künstlerische Erfüllung in schwierigen Zeitumständen

Ab dem Beginn der 1930er Jahre lebte und arbeitete die inzwischen in ihrem sechsten Lebensjahrzehnt stehende Edith von Bonin während großer Teile jeden Jahres am oberitalienischen Gardasee, wo sie sich ihre »Sehnsucht nach Sonne und Farbe«[1] erfüllte: »Es gibt Stimmungen über den Bergen und über dem See mit grünen und rosavioletten Wolken-Himmeln, an die man nicht glaubte, wenn man sie nicht selbst gesehen hat.«[2] Sie folgte dem Beispiel anderer deutscher Maler und Schriftsteller, die von der Gegend fasziniert waren und besonders in Torbole ihren Aufenthalt nahmen, das mit dem Nordufer des Gardasees bis zum Ende des Ersten Weltkrieges zum Österreichisch-Ungarischen Kaiserreich gehört hatte.

Die Vielzahl der aus dieser Zeit erhaltenen Werke, hauptsächlich Pastelle und Aquarelle, aber auch einige Ölgemälde, machen ebenso wie mehr als fünfzig im Laufe der Jahre dort gefüllte Skizzenhefte die große Zuneigung Edith von Bonins zur Landschaft am Gardasee und zu ihren Menschen deutlich. Ihre Motive fand die Künstlerin in den Orten rund um den See, namentlich in Malcesine, Bardolino, Garda, Sirmione, Nago und Torbole.

Spätestens ab 1940[3] war am Gardasee ihr Hauptwohnsitz, zunächst in Malcesine in der Provinz Verona (dort ab 1942 in der Casa Rossa, Viale Roma 3), dann, von 1954 bis 1969, fünfzehn Kilometer weiter nördlich in Torbole del Garda. Torbole, das zur Provinz Trient gehört, ist auch die Wohnsitzangabe in ihrem Reisepass, der am 12. April 1961 vom Generalkonsulat der Bundesrepublik Deutschland in Mailand ausgestellt und am 21. März 1966 verlängert wurde.

In Malcesine verbringt Edith von Bonin die Jahre des Zweiten Weltkrieges. Ihr Domizil beschreibt sie in einem späteren Brief an Raoul Dufy als ein kleines Häuschen in einem Garten, nicht direkt am Gardasee, aber mit Blick auf die Berge des gegenüberliegenden Ufers.[4]

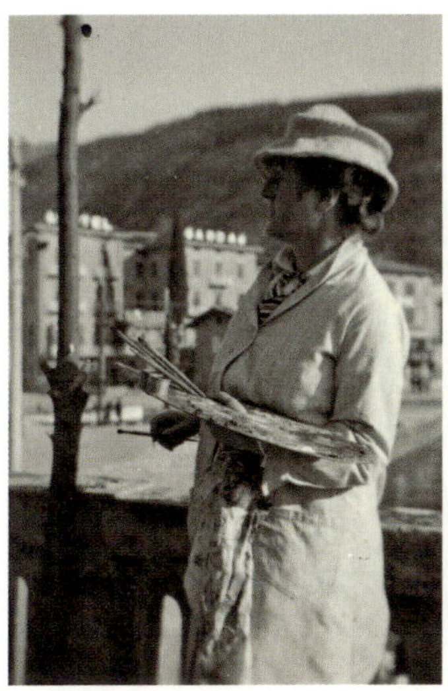

6-01 Edith von Bonin, 1931, vermutlich in Garda/Gardasee

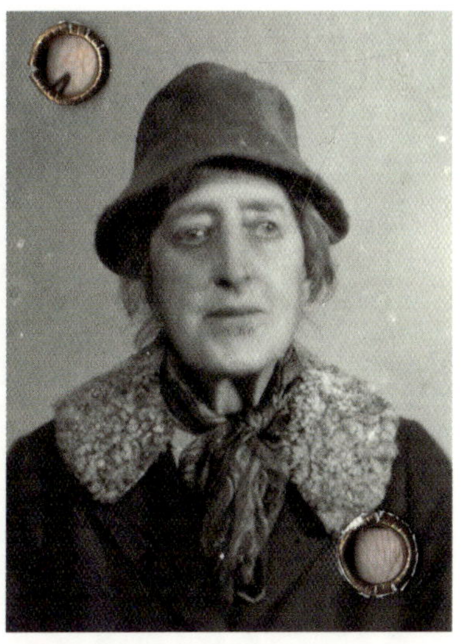

6-02 Edith von Bonin, 1961, Foto im Reisepass

Im Rahmen der Möglichkeiten hält sie Kontakt zu ihren Künstlerfreundinnen und -freunden, etwa zur Münchner Studienkollegin Louise Weitnauer.[5] Ihre Briefe aus dieser Zeit an den Neffen Constantin Graf Gneisenau sind naturgemäß von der Sorge um dessen Schicksal im Kriegseinsatz und um das Befinden der Familie im von Bomben bedrohten oder bereits zerstörten Deutschland geprägt. Über sich selbst schreibt sie im März 1944: »Kein bißchen Butter und Fett. Nur wenig Öl! Diese Woche kein Fleisch!«[6]

Als Edith von Bonin in den letzten Kriegswochen beim Rückzug der deutschen Truppen in Norditalien[7] vor den von Süden anrückenden alliierten Streitkräften evakuiert werden soll, gibt sie einem italienischen guten Bekannten einen Handkoffer mit Malereien und Wertsachen zur Aufbewahrung. Bei der Nutzung von dessen Villa zuerst durch deutsche, dann durch amerikanische Einheiten geht ihr Eigentum verloren.[8] Zur Durchführung der Evakuierung kommt es nicht mehr.

Am 27. April 1945 erreichen amerikanische Bodentruppen das Südufer des Gardasees. Unter Umgehung der durch gesprengte

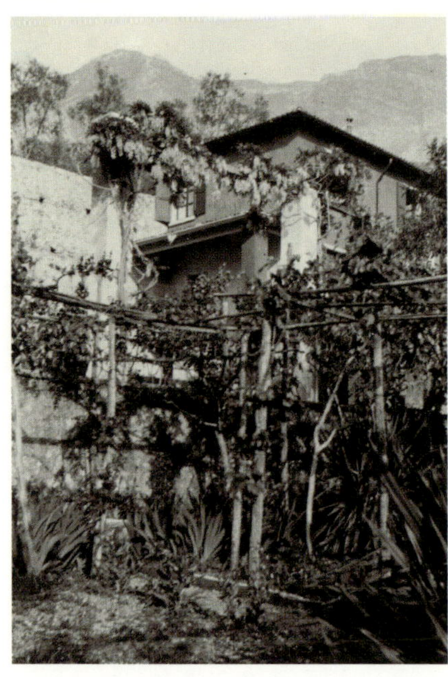

6-03
»Casa Rossa« in Malcesine (gemäß eigenhändiger Fotobeschriftung Edith von Bonins Wohnsitz ab 1942)

Tunnel und andere Sperren unpassierbaren Uferstraßen mithilfe von Amphibienfahrzeugen nehmen sie drei Tage später nach letzten Kämpfen mit verbliebenen deutschen Verbänden den Doppelort Nago-Torbole am Nordufer des Sees ein. Am 2. Mai 1945 endet für Italien mit der Teilkapitulation der dortigen deutschen Einheiten und ihrer Verbündeten der Zweite Weltkrieg.[9]

Im Rückblick schreibt Edith von Bonin über die Geschehnisse der letzten Kriegswochen: »Wir haben hier alles besser überstehen können, als man dachte. Bomben fielen wohl, das Schlimmste waren die Tiefflieger, die plötzlich am Tag erschienen u. die man nicht allarmierend anmelden konnte. Vor denen war es schwer zu entfliehen.«[10] Und zum Einzug der amerikanischen Truppen in Malcesine: »Als d. Amerikaner einzogen, sind wir aber hier geblieben, und es ist uns nichts geschehen. 4 wohnten nachher bei uns.«[11]

Acht Monate später nimmt sie, soweit ersichtlich, aus Malcesine mit einem Brief an Constantin Graf Gneisenau wieder ihre familiäre Korrespondenz auf.[12] Allerdings bleibt eine Antwort ihres Neffen, von dem sie seit April 1945 keine Nachricht mehr hat, zunächst aus, sodass sie sich Mitte 1946 besorgt an dessen Ehefrau und dessen Schwiegervater im oberpfälzischen Fronberg wendet.[13] Als zwischengeschaltete Institution leistet das Päpstliche Hilfswerk in der ersten Nachkriegszeit Hilfestellung bei der Weiterleitung der Briefe.

Im Briefwechsel jener Jahre berichtet Edith von Bonin etwa im Januar 1947 über ihre eigene Situation in Malcesine an Maximiliane Gräfin Gneisenau, die geschiedene Ehefrau des Neffen Constantin: »Hier ist es z. Z. sehr kalt, u. man friert. Man muss s. Holz sparen, man weiss ja nicht wie es noch kommt. [...] Bei dieser Kälte auch hier gehen wir 8 Uhr ins Bett. [...] Den Erlös v. m. letzten Portrait habe ich in Wäsche angelegt, denn alles ist uns ja verschwunden.«[14] Und wenig später im März 1947 an ihn selbst: »[...] ich habe selbst nicht viel u. inzwischen ist ja alles noch viel teurer u. teurer geworden. In Meran ist uns (Anni u. mir u. anderen Menschen) so viel gestohlen worden, daß wir kaum noch etwas z. Anziehen hatten, geschweige denn Gegenstände z. Verkaufen. [...] Ich gebe Sprachstunden, unterrichte [...] ein kl. dtsches Mädel v. 10 J., aber wie es nun in solchen Inflationszeiten ist, das Geistige wird nicht so bezahlt wie das materielle. Natürlich male ich, und hatte einen Auftrag f. ein Portrait, welches [...] mangels Ölfarben, die in Meran samt Palette gestohlen wurden, nur in Kohlezeichnung besteht. - Der sehr nette junge Italiener, der meine Sachen auf der Ausstellung im Scaligere-Bau gesehen hatte, schreibt mir daß das Bild ‚mi tiene al cuore', er wird es baldigst abholen & ich werde 3000 L. bekommen.«[15] Es gibt keinerlei Hinweise, dass Edith von Bonin in den Nachkriegsjahren unter antideutschen Ressentiments ihrer italienischen Umgebung zu leiden gehabt hätte.

Sie behielt ihr einfaches, von Sparsamkeit geprägtes Leben auch in den folgenden Jahren bei. Die Währungsreform hatte ihr Barvermögen, das nach dem Krieg zunächst gesperrt war, erheblich reduziert.[16] Ihre Unterrichtstätigkeit zur Sicherung des Lebensunterhalts scheint sie noch ausgeweitet zu haben. 1952 schreibt sie an Hulda von Arnim,[17] die Schwiegermutter Constantin Graf Gneisenaus aus erster Ehe:[18] »Ich gebe hier Sprachstunden, meist an hoch begabte Kinder, - in englisch und deutsch, was ihnen gleichermassen schwer fällt - mir auch, weil ich lieber malen würde. Französisch gebe ich nicht, denn ich würde mir die Aussprache selber verderben.«

1954 wird das von ihr gemietete Haus in Malcesine verkauft, sodass sie sich eine neue Bleibe suchen muss.[19] Sie findet diese in Torbole del Garda, zunächst bei einem Herrn Di Dipauli,[20] später in der Casa Giuliani.[21] Die Konkurrenz durch den beginnenden Italien-Tourismus machte es ihr nicht leicht, eine neue »nette Wohnung« zur Miete zu finden.[22]

Edith von Bonin hat in ihren italienischen Jahren stilistisch nicht mehr experimentiert, sondern ihre bewährte Malweise fortgeführt. Dies mochte teils dem Lebensalter, teils den schwierigen Lebensbedingungen in der Kriegs- und Nachkriegszeit, teils schlechten Möglichkeiten zum persönlichen Austausch mit Künstlerkollegen, teils aber auch schlicht fehlendem Veränderungsbedürfnis geschuldet sein. Eine Vielzahl von Bildern, in denen - häufig unbetitelt und undatiert - das Flair der Wahlheimat stimmungsvoll und äußerst farbenfroh eingefangen wird, macht die am Gardasee erfüllte Sehnsucht nach Sonne und Farbe auch für Außenstehende sichtbar. Das macht den besonderen Reiz dieser Bilder aus, was in vier Beispielen prägnant zum Ausdruck kommt.

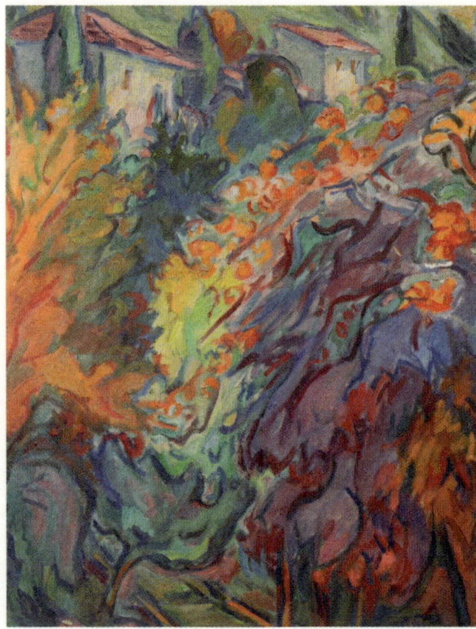

6-04
Edith von Bonin, *»Spätsommerlicher Garten vor Häusern«*, vermutlich 1935, Öl auf Malpappe, 51 × 41 cm[23]

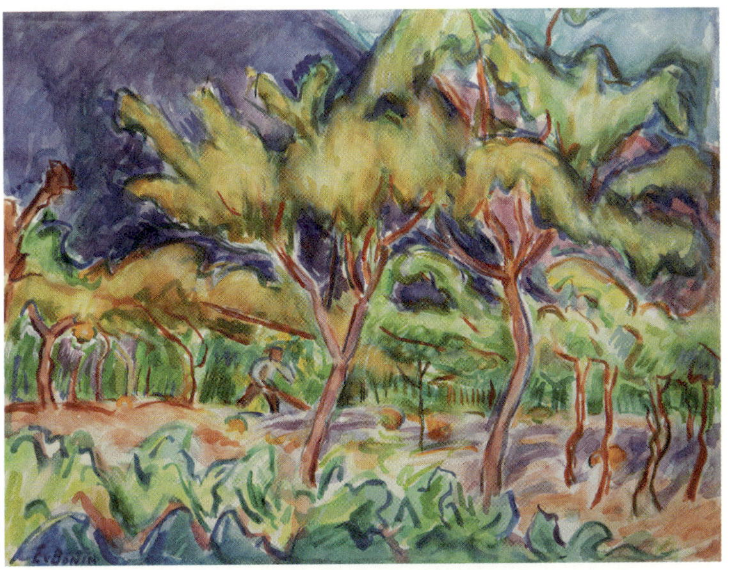

6-05 Edith von Bonin, »*Feldarbeit*«, o. J., Aquarell auf Papier, 38 × 52,5 cm; Privatbesitz

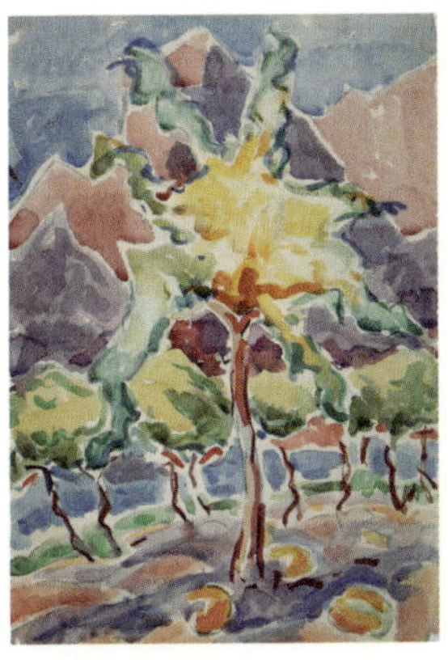

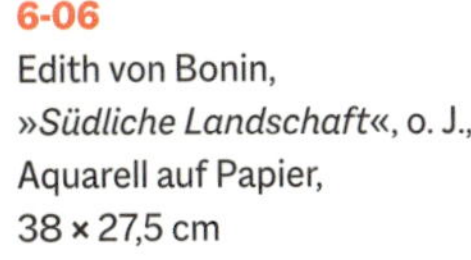

6-06
Edith von Bonin,
»*Südliche Landschaft*«, o. J.,
Aquarell auf Papier,
38 × 27,5 cm

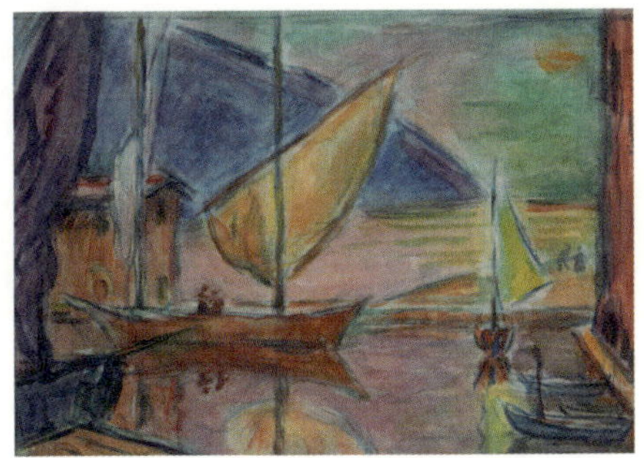

6-07
Edith von Bonin,
»*Hafen in Torbole bei Abendsonne*«, o. J.,
Aquarell auf Papier,
33 × 47 cm; Privatbesitz

Die in Italien entstandenen Porträts und Genrebilder lassen den Betrachter - und nicht nur den erwähnten italienischen Ausstellungsbesucher in Malcesine 1947, dem ihr Werk zu Herzen ging - die einfühlsam eingefangenen Stimmungen der jeweiligen Sujets spüren, sei es im verträumt-nachdenklichen Porträt eines jungen italienischen Mädchens, sei es in der Zeichnung einer mit konzentriertem Ernst spielenden Musikantengruppe, sei es in dem fröhlichen, aber zugleich melancholischen Bild von Menschen an einem Bergsee.

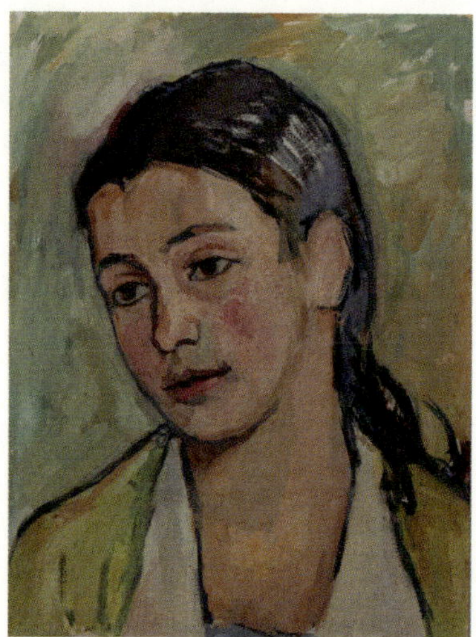

6-08
Edith von Bonin,
Italienermädchen vom Gardasee (Dionysia Civettini), Torbole o. J.,
Öl auf Malpappe,
39,5 × 31 cm[24]

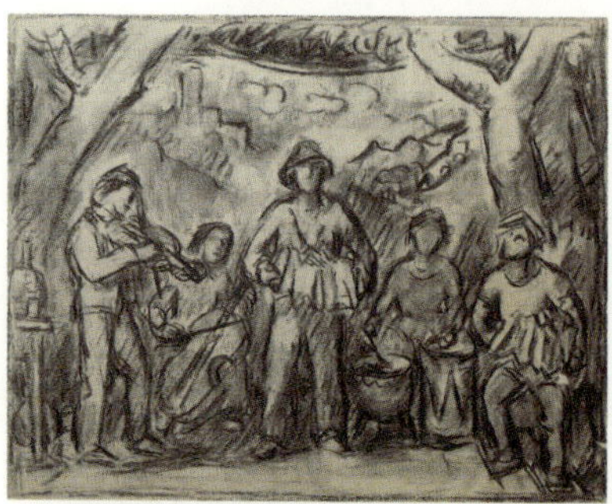

6-09 Edith von Bonin, »*Musikantengruppe*«, o. J., Kohle auf Papier, 34 × 43,5 cm

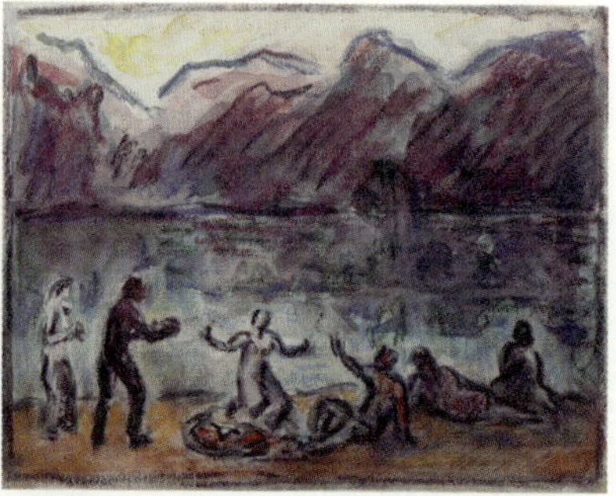

6-10 Edith von Bonin, »*Personengruppe an einem Bergsee*«, o. J., Pastellkreide auf Papier, 22 × 29 cm

Werkauswahl der Jahre in Oberitalien

Aus den oberitalienischen Jahren Edith von Bonins liegt eine Fülle von Bildern vor, in die die folgende Auswahl einen weiteren Einblick gibt. Wenn bei einzelnen der abgebildeten Porträts und Stillleben wegen fehlender Angaben unklar ist, ob sie in Oberitalien oder andernorts entstanden sind, erfolgt die Zuordnung nach Plausibilität.

Landschaftsansichten

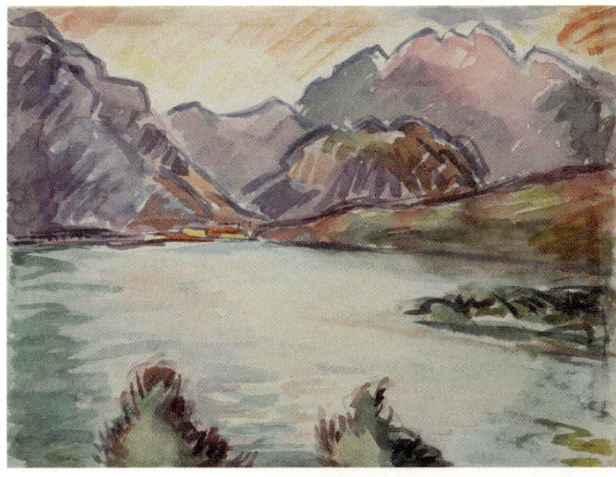

6-11
Edith von Bonin,
Riva in Ferne, 1931,
Aquarell auf Papier,
27,5 × 38 cm[25]

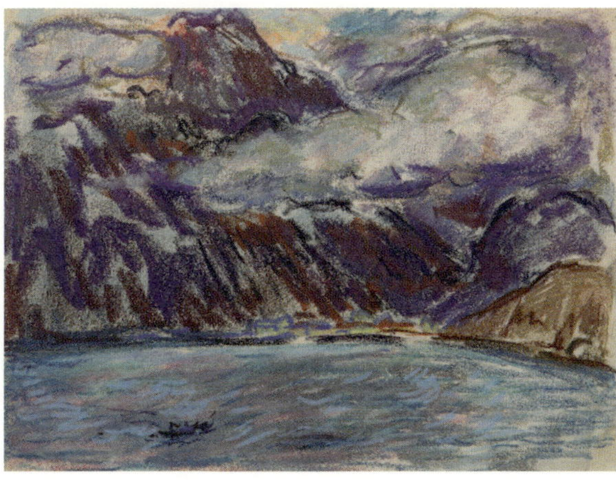

6-12
Edith von Bonin,
»*Blick über den See auf wolkenumkränzte Berge*«, Torbole, 1931,
Pastellkreide auf Papier,
19,5 × 27 cm[26]

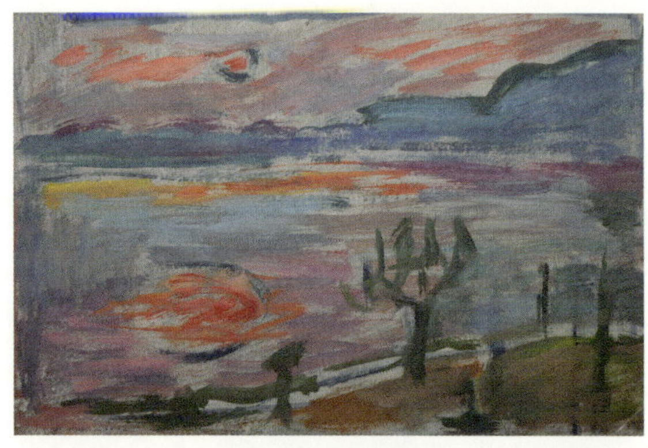

6-13
Edith von Bonin,
Garda, 1935,
Tempera auf Papier,
16 × 24,5 cm[27]

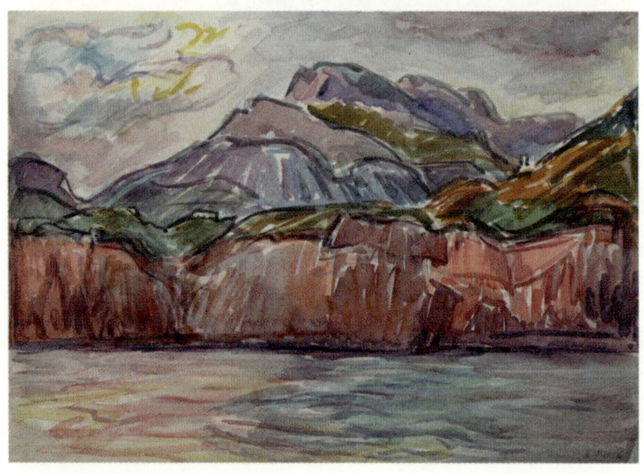

6-14
Edith von Bonin,
»*Seeblick mit Bergen*«,
1939, Aquarell auf Papier,
33,3 × 48,5 cm[28]

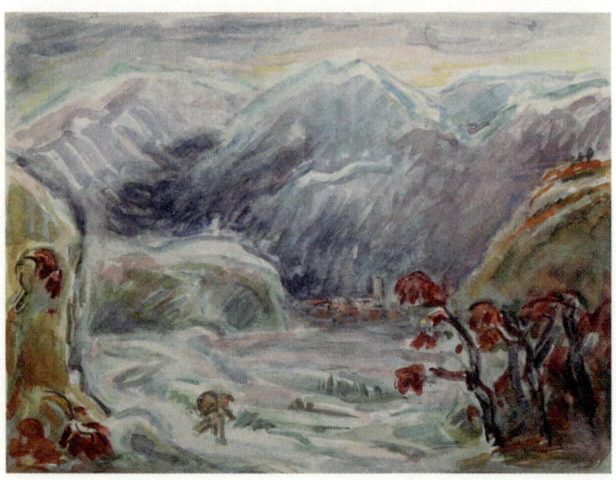

6-15
Edith von Bonin,
Fahrt über Vezzano,
Januar 1946,
Aquarell auf Papier,
25,5 × 34 cm[29]

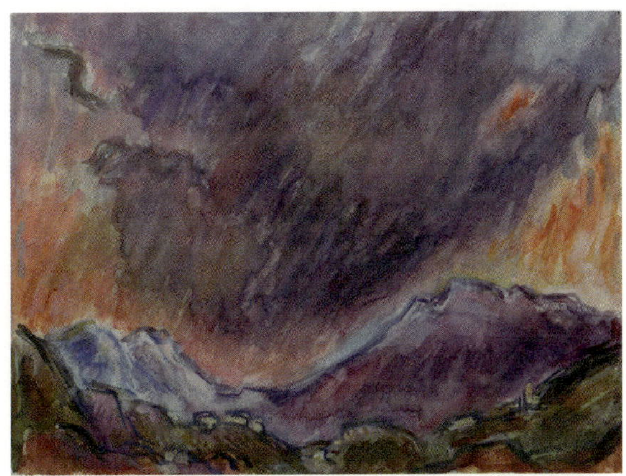

6-16
Edith von Bonin, »*Regenhimmel*«, 1947, Aquarell auf Papier, 24 × 33 cm[30]

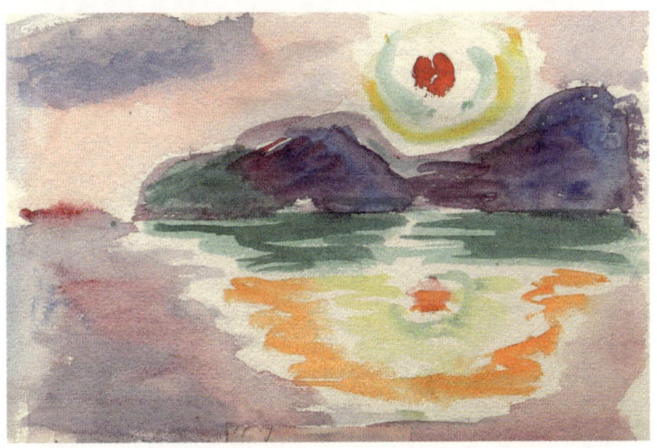

6-17
Edith von Bonin, »*Sonnenuntergang*«, o. J., Aquarell auf Papier, 15,5 × 23 cm

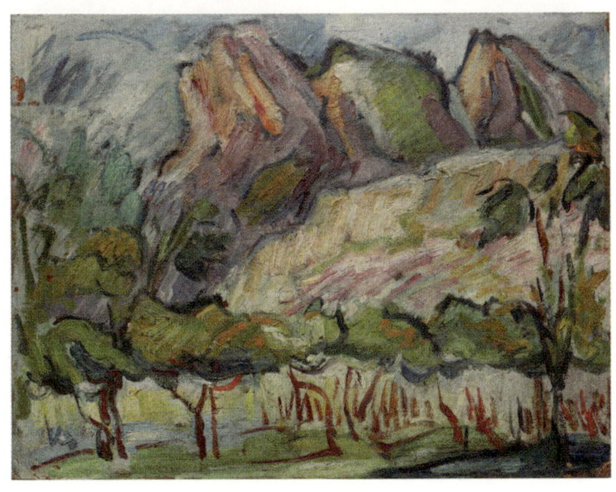

6-18
Edith von Bonin, »*Berglandschaft*«, o. J., Öl auf Malpappe, 29,5 × 39,5 cm

Ortsansichten am Gardasee

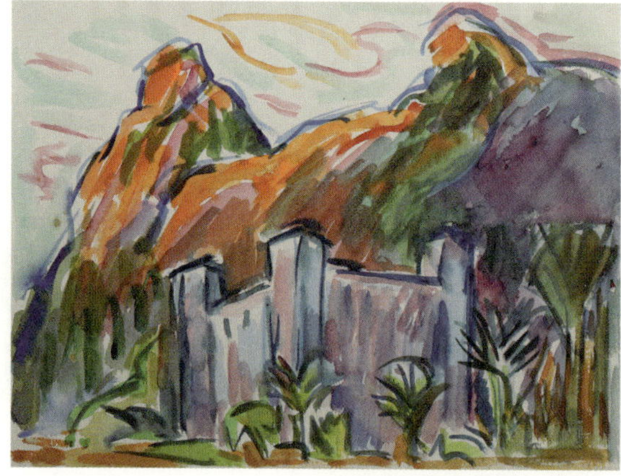

6-19
Edith von Bonin,
»*Rocca di Riva im Abendlicht*«, o. J.,
Aquarell auf Papier,
25,5 × 35 cm

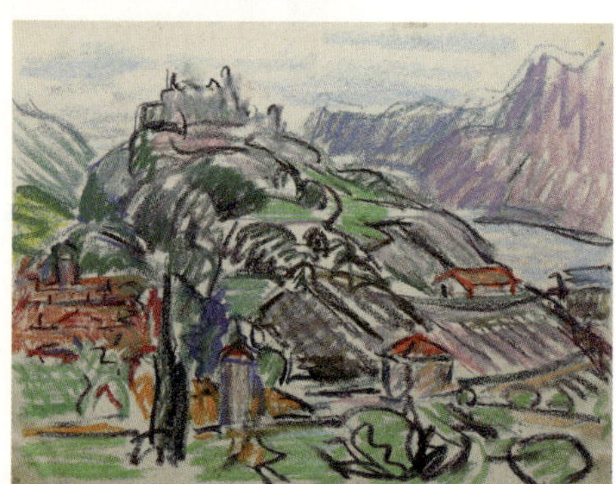

6-20
Edith von Bonin,
»*Nago mit Burgberg*«, 1932,
Pastellkreide auf Papier,
20 × 27 cm [31]

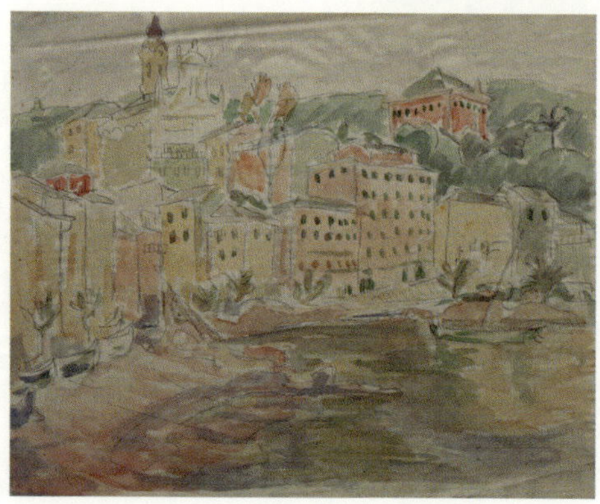

6-21
Edith von Bonin,
»*Ansicht von Torbole*«, o. J,
Aquarell auf Papier,
26 × 32,5 cm

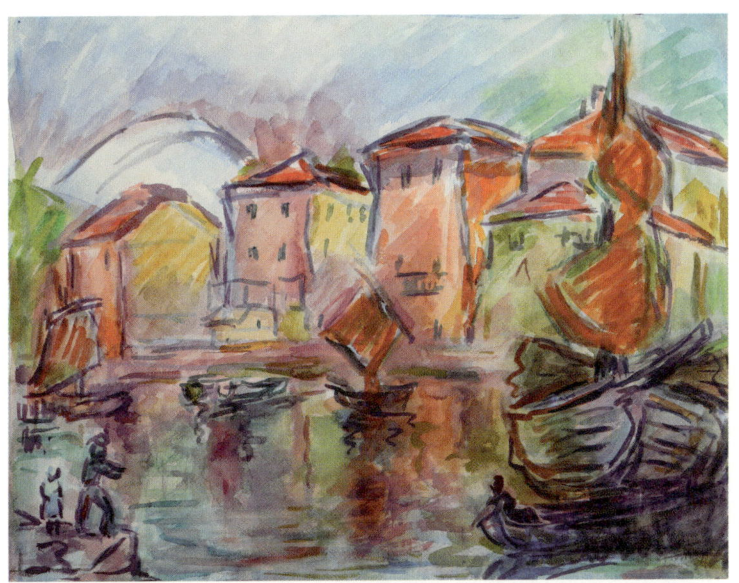

6-22 Edith von Bonin, »*Hafenimpression*«, 1937, Aquarell auf Papier, 33,5 × 44,5 cm[32]

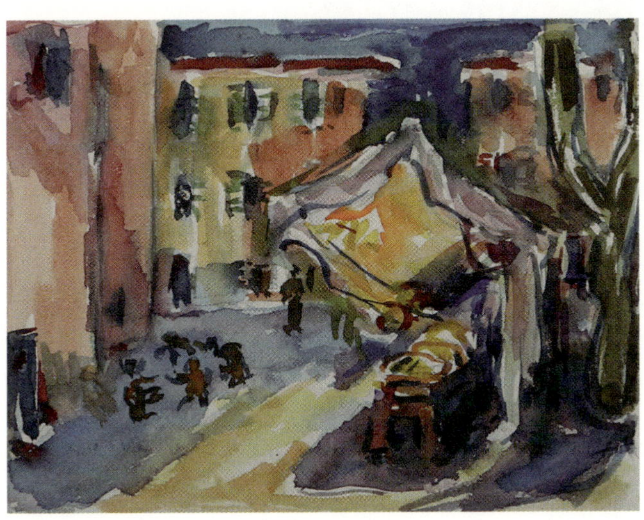

6-23 Edith von Bonin, »*Abendstimmung auf einer Piazza*«, o. J.
Aquarell auf Papier, 11,5 × 16 cm

Andere norditalienische Ortsansichten

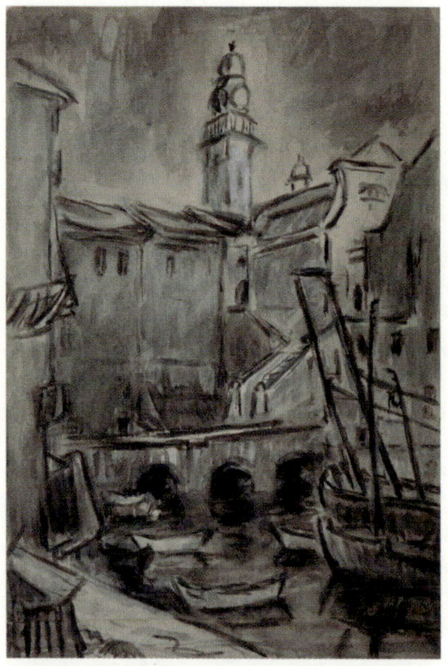

6-24
Edith von Bonin, *Camogli Chiesa e Porto*, 1938, Aquarell auf Papier, 35 × 24,5 cm[33]

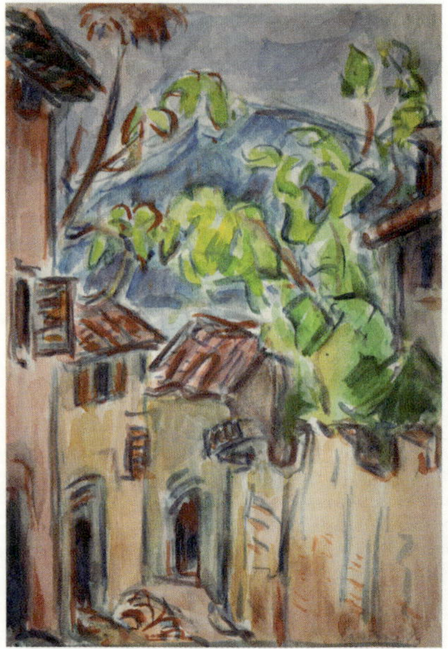

6-25
Edith von Bonin, *Cassine*, 1940, Aquarell auf Papier, 32 × 23 cm[34]

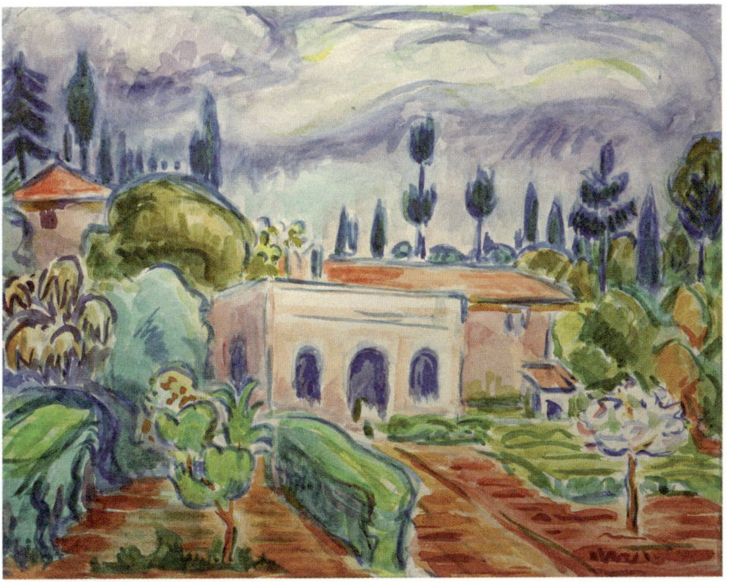

6-26 Edith von Bonin, »*Italienisches Haus*«, vermutlich 1937, Aquarell auf Papier, 35 × 46 cm[35]

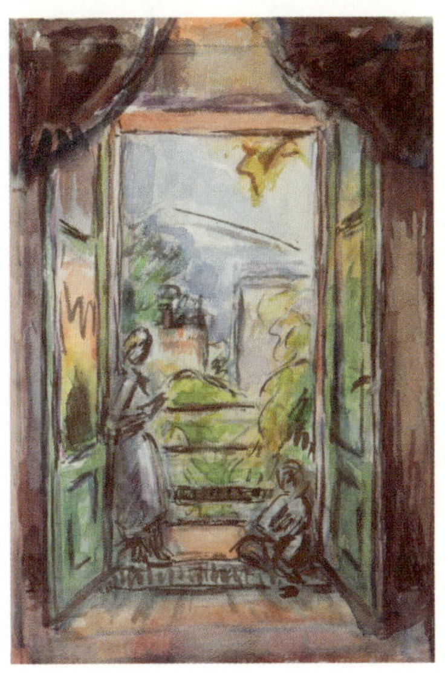

6-27
Edith von Bonin, *Mädchen lesend in offener Thür*, o. J., Aquarell auf Papier, 38 × 27,5 cm[36]

6-28
Edith von Bonin, »*Ohne Titel*«, o. J., Öl auf Papier, 25 × 28 cm

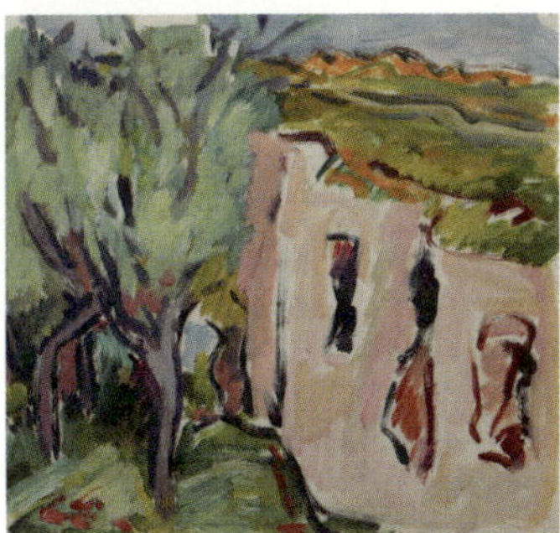

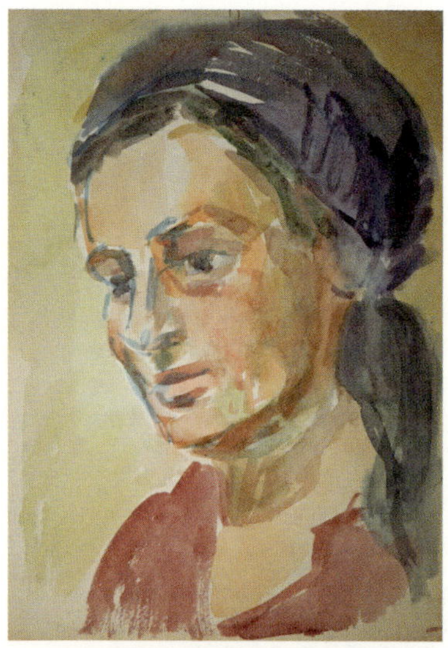

6-29
Edith von Bonin, »*Frauenporträt*«, o. J., Aquarell auf Papier, 32,5 × 24 cm

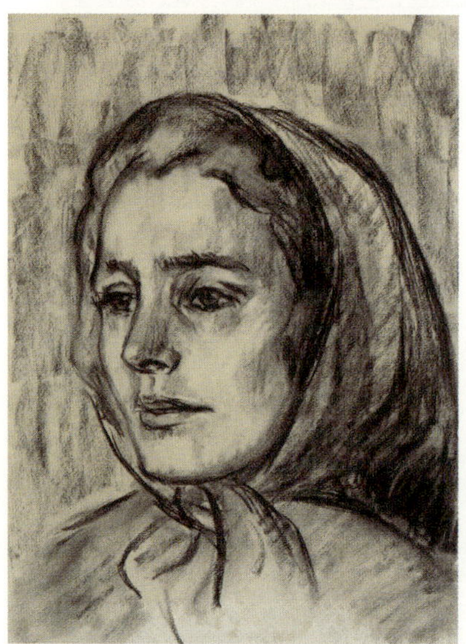

6-30 Edith von Bonin, »*Porträt einer jungen Frau*«, o. J., Kohle auf Papier, 48 × 30 cm

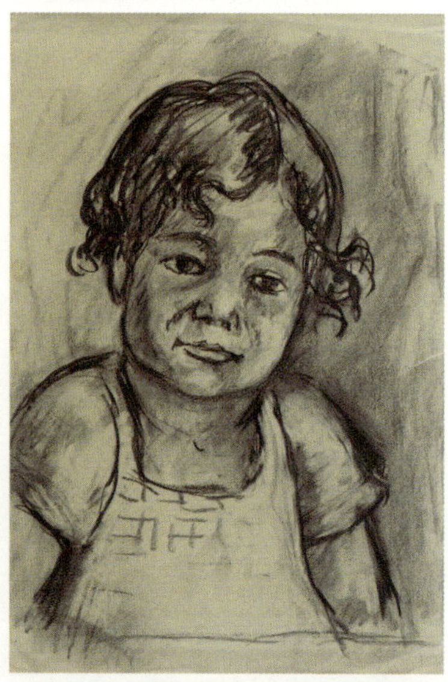

6-31 Edith von Bonin, »*Porträt eines Kindes*«, vermutlich 1938, Kohle auf Papier, 47 × 33 cm[37]

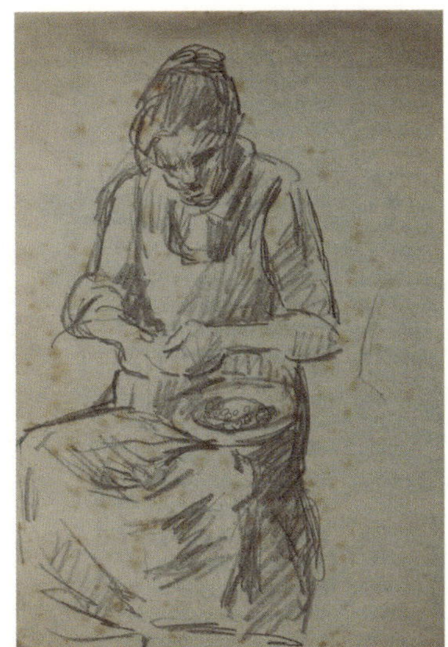

6-32
Edith von Bonin, »*Küchenarbeit*«, Malcesine, 1940, Bleistift auf Papier, 20,5 × 15 cm[38]

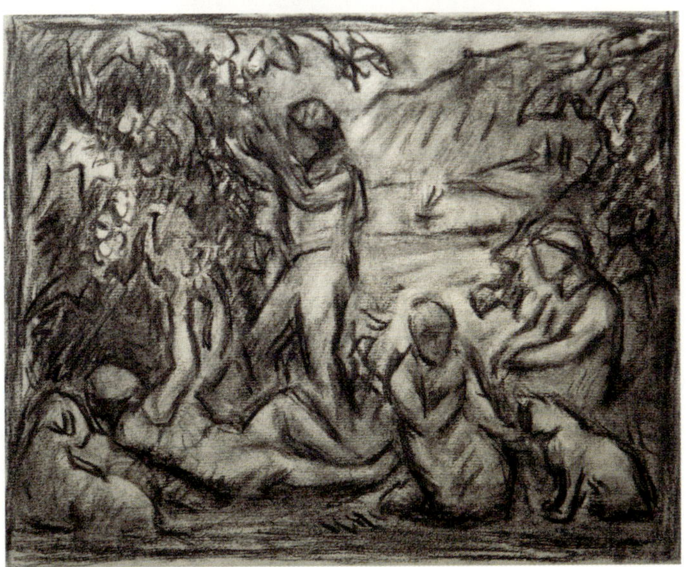

6-33 Edith von Bonin, »*Menschengruppe unter Bäumen*«, o. J., Kohle auf Papier, 22,5 × 28 cm

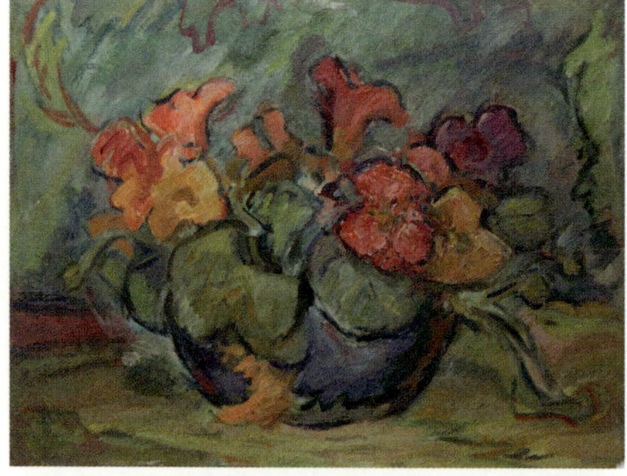

6-34
Edith von Bonin,
»*Blumenschale*«,
August 1940,
Öl auf Malpappe,
35,5 × 47,5 cm[39]

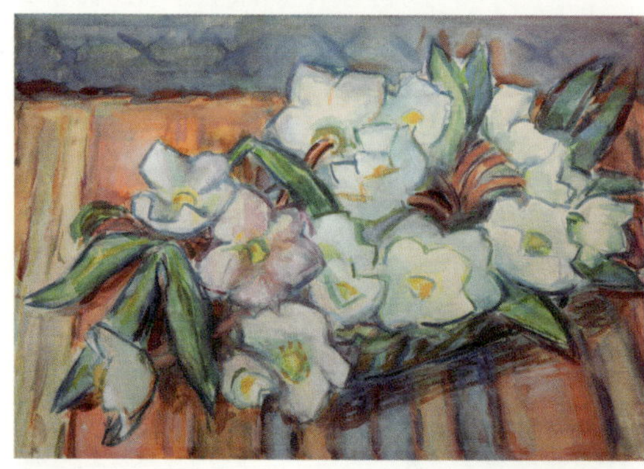

6-35
Edith von Bonin,
Christrosen,
Februar 1941,
Aquarell auf Papier,
33 × 48,5 cm[40]

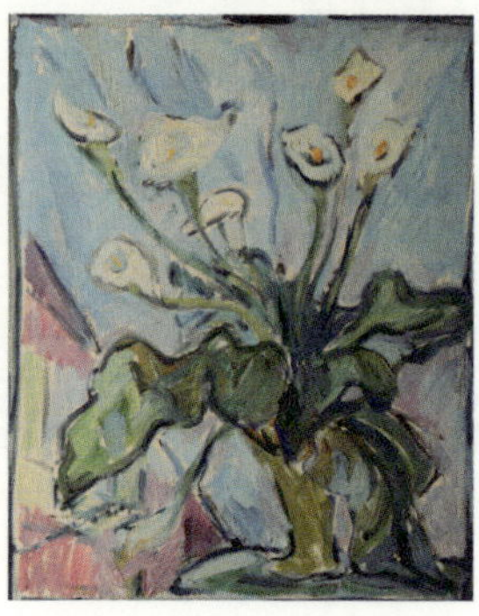

6-36
Edith von Bonin,
»*Stillleben mit Calla*«,
o. J., Öl auf Papier,
30 × 25 cm

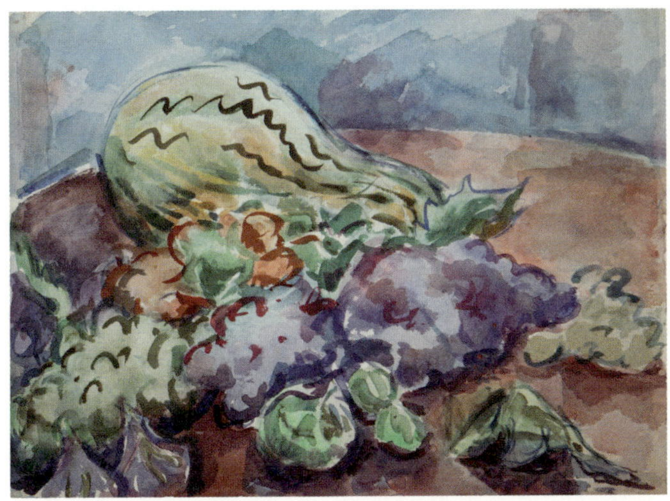

6-37 Edith von Bonin, *Kürbis, Feigen und Trauben bei Abendlicht*, Torbole, 1931, Aquarell auf Papier, 27,5 × 38 cm[41]

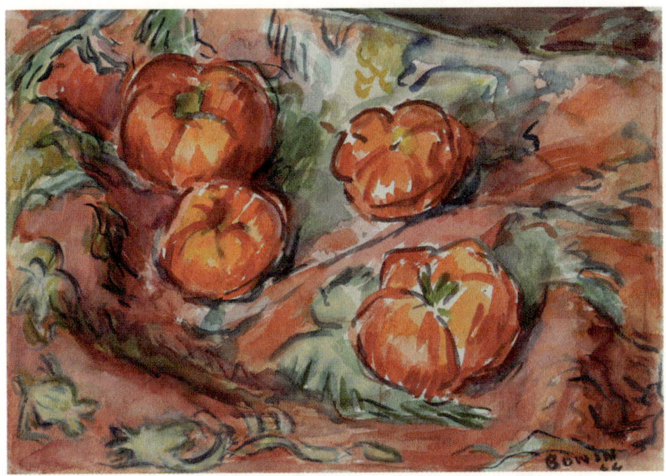

6-38 Edith von Bonin, *»Stillleben mit Tomaten«*, 1944, Aquarell auf Papier, 23 × 34 cm[42]

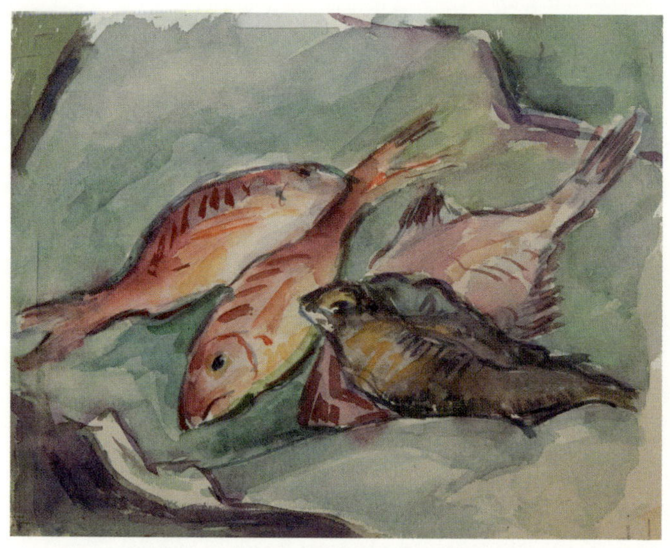

6-39 Edith von Bonin, »*Stillleben mit Fischen*«, o. J., Aquarell auf Papier, 24,5 × 31 cm

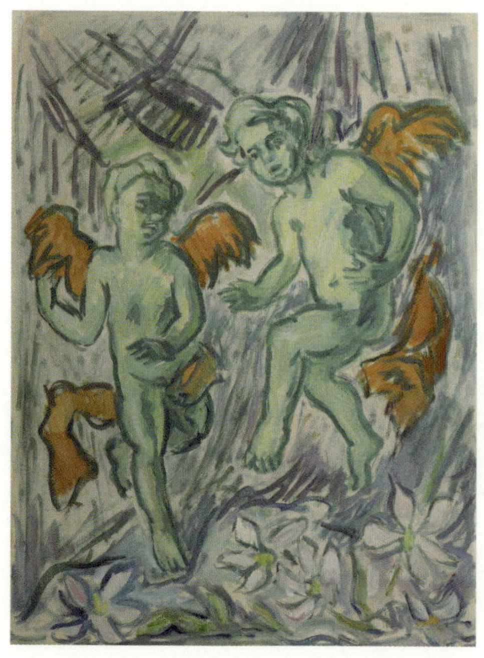

6-40 Edith von Bonin, »*Stillleben mit Putten*«, 1942, Tempera auf Papier, 51 × 37,5 cm[43]

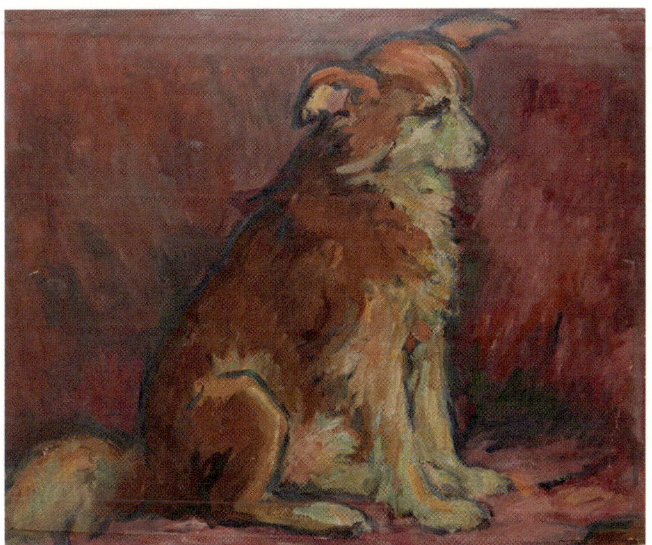

6-41 Edith von Bonin, *Hündchen von Beust,* Torbole, 1935, Öl auf Malpappe, 37,5 × 47 cm[44]

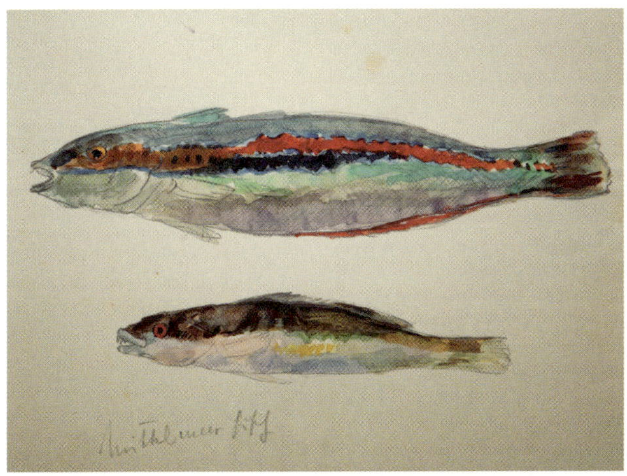

6-42 Edith von Bonin, *Mittelmeerfisch*, o. J., Aquarell auf Papier, 19 × 27 cm[45]

1 In einer Briefkarte von Anny Wasner an Felicitas Tietz vom 28.02.1971 heißt es: »[...] die ›Tante Edith‹ hatte so viel Sehnsucht nach Italien, wie sie sagte: nach Sonne u. Farbe [...]«

2 Brief Edith von Bonin aus Malcesine an Elsa Bruckmann vom 07.11.1941.

3 Eine Postkarte Edith von Bonins vom 13.12.1940 aus Malcesine an Gertraud Rostosky ist der früheste vorliegende Hinweis auf einen dauerhaften Wohnsitz am Gardasee. Außer Weihnachtsgrüßen bringt Edith von Bonin in der Postkarte u. a. ihre Anteilnahme am Tod des mit Gertraud Rostosky befreundeten Malers Carl Grossberg wenige Wochen zuvor zum Ausdruck. Näheres zur Freundschaft zwischen Gertraud Rostosky und Carl Grossberg bei Kleinlauth 1998, S. 85 und S. 106.

4 Briefabschrift Edith von Bonin an Raoul Dufy vom 12.03.1949.

5 Postkarte Louise Weitnauer an Edith von Bonin vom 27.12.1942 als Antwort auf einen vorherigen Kartengruß. Louise Weitnauer erkundigt sich darin auch nach dem Schicksal der gemeinsamen Münchner Studienkollegin Paula Wimmer. Weitere Postkarten Louise Weitnauers an Edith von Bonin liegen vom 25.07.1951 und vom 01.05.1953 vor.

6 Brief Edith von Bonin an Constantin Graf Gneisenau vom 21.03.1944.

7 Deutsche Truppen hatten seit dem Wechsel des vorherigen Verbündeten Italien ins Lager der Kriegsgegner im Herbst 1943 die Nordhälfte der italienischen Halbinsel besetzt und Verteidigungslinien zur Abwehr der gegnerischen alliierten Streitkräfte errichtet. Näheres bei Erdmann 1980b, S. 134-136.

8 Brief Anny Wasner an Felicitas Tietz vom 04.09.1970.

9 Artikel ›10th Mountain Division (Vereinigte Staaten)‹ 2020.

10 Brief Edith von Bonin an Adolf Kebbel vom 06.06.1946. Der Kgl. bayer. Major a. D. Adolf Kebbel war der Vater der zweiten Ehefrau Constantin Graf Gneisenaus, Sybille Kebbel; Genealogisches Handbuch der Gräflichen Häuser 1993, S. 273.

11 Postkarte Edith von Bonin an Maximiliane Gräfin Gneisenau vom 10.01.1947.

12 Brief Edith von Bonin an Constantin Graf Gneisenau vom 25.12.1945.

13 Brief Edith von Bonin an Adolf Kebbel vom 06.06.1946.

14 Postkarte Edith von Bonin an Maximiliane Gräfin Gneisenau vom 10.01.1947.

15 Brief Edith von Bonin an Constantin Graf Gneisenau vom 23.03.1947. Bei dem »Scaligere-Bau« handelt es sich um das Castello Scaligero di Malcesine.

16 Briefe Edith von Bonin an Felicitas Tietz vom 11.06.1951 sowie an Maximiliane Gräfin Gneisenau vom 10.08.1952.

17 Hulda von Arnim, geb. von Versen (geb. 18.03.1872 in Merseburg, gest. 04.05.1954 in Berlin); Daten aus Genealogisches Handbuch der Adeligen Häuser 1966, S. 92.

18 Brief Edith von Bonin an Hulda von Arnim vom 12.03.1952. Dort erinnert sie sich auch an ihre erste Begegnung anlässlich von deren Hochzeitsfeier auf dem Arnim'schen Familienschloss Suckow in der Uckermark im Jahr 1893. Die Familie von Arnim wurde 1946 aus dem bei Kriegsende bereits teilweise geplünderten und niedergebrannten Schloss vertrieben.

19 Bereits im November 1953 hatte Edith von Bonin in einem Brief an Constantin Graf Gneisenau angekündigt: »Ich werde diese Wohnung nicht mehr lange behalten können, da die Schieber aus Sudetenland, ehem. Nazis, die das Haus mit verschobenem Geld gekauft haben, Anspruch darauf machen.« Am 21.05.1954 schreibt sie dann in einem Brief an Maximiliane Gräfin Gneisenau: »Ich bin z. Z. nicht in Malcesine, da das Haus in dem ich wohnte von östr. Schiebern gekauft wurde.«

20 Ebd.

21 Absendeanschrift der späteren Briefe. Künstlervereinigung Dachau 1960, [S. 6], enthält den ergänzenden Hinweis »da signora Paola«.

22 Brief Edith von Bonin an Maximiliane Gräfin Gneisenau vom 21.05.1954.

23 Datierung gemäß der Randbeschriftung eines Pastells mit gleichem Motiv.

24 Titel gemäß dem Eintrag in der Chronik *Dachau und seine Künstler*, Name der Porträtierten gemäß der rückseitigen Beschriftung eines Nachlassfotos.

25 Titel und Datierung gemäß der rückseitigen Bildbeschriftung.

26 Ort gemäß der Sammelmappen-Beschriftung, Datierung gemäß der Beschriftung auf dem unterlegten Papier.

27 Titel gemäß der rückseitigen Beschriftung auf dem unterlegten Papier, Datierung gemäß der Sammelmappen-Beschriftung.

28 Datierung gemäß der rückseitigen Beschriftung.

29 Titel und Datierung gemäß der rückseitigen Beschriftung.

30 Datierung gemäß der Beschriftung auf der unterlegten Pappe.

31 Datierung gemäß der Beschriftung auf dem Blattrand, Ort gemäß der Sammelmappen-Beschriftung.

32 Datierung gemäß der rückseitigen Beschriftung.

33 Titel und Datierung gemäß der Beschriftung auf

der unterlegten Pappe. Camogli ist ein Küstenort in der Region Ligurien an der italienischen Riviera nahe Genua.

34 Titel und Datierung gemäß der Beschriftung auf der unterlegten Pappe. Cassine ist eine Kleinstadt im Südosten der Region Piemont.

35 Datierung gemäß einem mit Jahreszahl versehenen Aquarell gleichen Motivs.

36 Es dürfte sich um eines der Werke handeln, die 1965 in der Schlossausstellung der Künstlervereinigung Dachau gezeigt wurden; der Titel entspricht Edith von Bonins Anmerkungen in ihrem Exemplar des Ausstellungskatalogs.

37 Datierung gemäß dem aus dem Jahr 1938 stammenden Foto Edith von Bonins vor ihrer Staffelei, wo das Porträtmotiv im Hintergrund zu sehen ist.

38 Ort und Datierung gemäß der Beschriftung des Skizzenheftes.

39 Datierung gemäß der rückseitigen Beschriftung.

40 Titel und Datierung gemäß der rückseitigen Beschriftung (Jahresangabe undeutlich).

41 Titel, Ort und Datierung gemäß der rückseitigen Beschriftung auf der unterlegten Pappe.

42 Signatur und Jahresangabe rechts unten auf dem Bild.

43 Datierung gemäß der rückseitigen Beschriftung.

44 Titel und Ort gemäß der rückseitigen Beschriftung, Datierung gemäß beschriftetem Werkfoto im Nachlass.

45 Titel gemäß der Bildunterschrift.

»Denn Bleiben ist nirgends«[1]

Die letzten Jahre

Anfang der 1950er Jahre, in einem Alter jenseits des 75. Lebensjahres, konnte Edith von Bonin erstmals wieder aus ihrer italienischen Wahlheimat nach Deutschland und ins benachbarte Ausland reisen. Zuvor war dies in Ermangelung eines gültigen Reisepasses nicht möglich gewesen.[2]

Im September 1952 nimmt sie an der Feier zum 70. Geburtstag des Kunstmäzens Eduard von der Heydt in Zürich teil,[3] eines Neffen dritten Grades des Halbbruders Karl von der Heydt. Ab 1954 kommt es, wie aus Edith von Bonins Korrespondenz ersichtlich ist, immer wieder zu Aufenthalten in Rottweil, In der Au 16, wo die Familie von Anny Wasner wohnte. Skizzenhefte aus dem Jahr 1958 geben Hinweise auf dortige künstlerische Betätigung.

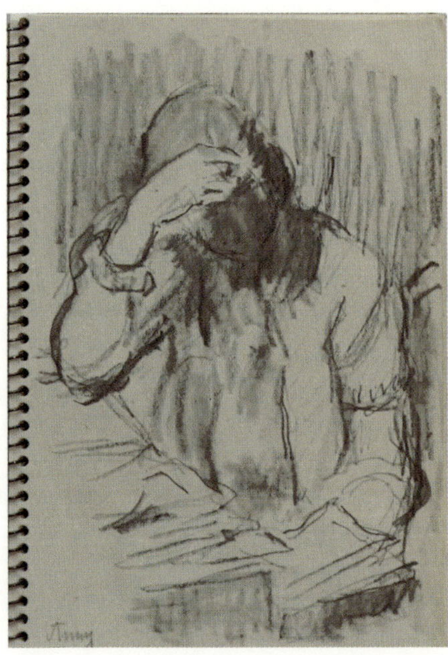

7-01
Edith von Bonin, *Anny*, 1958, Bleistift auf Papier, 15 × 10 cm[4]

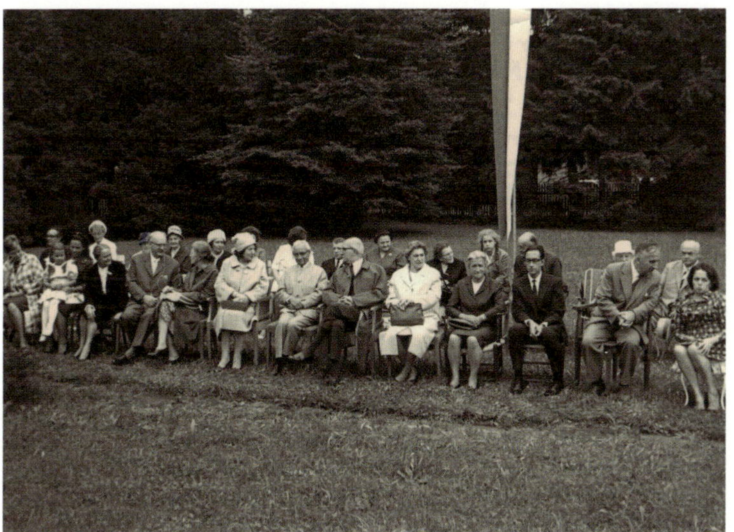

7-02 Malerinnen und Maler aus München und Umgebung anlässlich eines Treffens des Künstlerinnen-Hilfsvereins (undatiert; Edith von Bonin sitzt in der hinteren Reihe, halb verdeckt, als Dritte von links)

Dazu kommen mehrfache Aufenthalte im Erholungsheim des Münchner Künstlerinnen-Hilfsvereins e. V. in Baierbrunn bei München. Die Jugendstilvilla, die das Erholungsheim von 1930 bis zur Vereinsauflösung 1972 beherbergte und in der es »sehr fröhlich« zugegangen sein muss, verfügte für die Besucherinnen über separate Zimmer mit eigenem Wasseranschluss.[5] Die Ortsangabe Baierbrunn taucht auch in einem Skizzenheft Edith von Bonins von 1958 auf.

Es wird berichtet, dass die Künstlerinnen »bei gemeinsamen Ausstellungen im Haus […] ihre an Wäscheleinen aufgehängten Bilder gezeigt [hätten]. Auch in der Schule in Baierbrunn habe es Ausstellungen gegeben«.[6] Sofern sie als Gast vor Ort weilte, nahm Edith von Bonin an den Ausstellungen des Baierbrunner Erholungsheims teil.[7]

Edith von Bonin behielt ihr Interesse am Kunstgeschehen auch in ihren späten Lebensjahren. Sie besuchte in den 1950er und beginnenden 1960er Jahren gemäß den Ausstellungskatalogen, die sie erworben und teilweise mit zahlreichen Anmerkungen versehen hatte, etliche große Kunstausstellungen, unter anderem im Juni/Juli

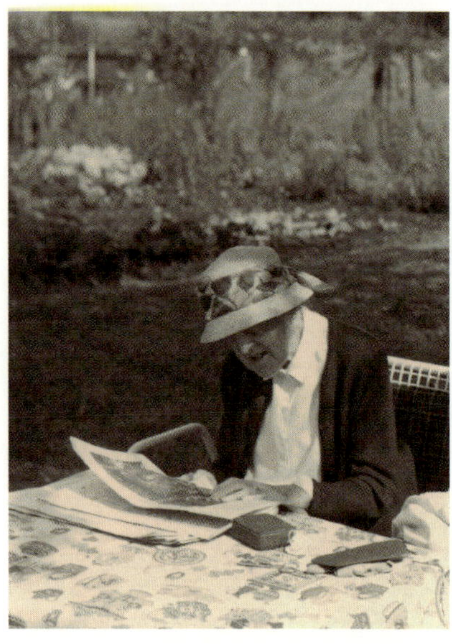

7-03
Edith von Bonin 1969 in Rottweil

1953 die Ausstellung *Georges Braque* im Kunsthaus Zürich, im Mai 1955 die Ausstellung *Pierre Bonnard* in der Kunsthalle Basel, im selben Jahr die *Große Kunstausstellung München 1955* im Münchner Haus der Kunst, im August 1956 die Ausstellung *Paul Cézanne* im Kunsthaus Zürich, im Juli 1958 die beiden Münchner Ausstellungen *München 1869-1958 - Aufbruch zur modernen Kunst* im Haus der Kunst sowie *Lovis Corinth* in der Städtischen Galerie, im September 1962 die Ausstellung *Die Kunst Neu-Guineas* in der Kunsthalle Basel und ebenfalls 1962 die Ausstellung *Aristide Maillol* im Haus der Kunst in München.

Am 10. August 1969, kurz vor der Vollendung ihres 94. Lebensjahrs, gibt Edith von Bonin ihren Wohnsitz in Torbole am Gardasee endgültig auf und zieht nach Rottweil ins Haus der Familie Anny Wasners.[8] Dort stirbt sie, inzwischen gesundheitlich stark eingeschränkt und nicht mehr mobil,[9] wenige Monate später am 3. April 1970. Ihre letzte Ruhestätte findet sie in einem Urnengrab auf dem Rottweiler Friedhof.[10] Anny Wasner stirbt 1983 in Rottweil im ebenfalls hohen Alter von 93 Jahren.

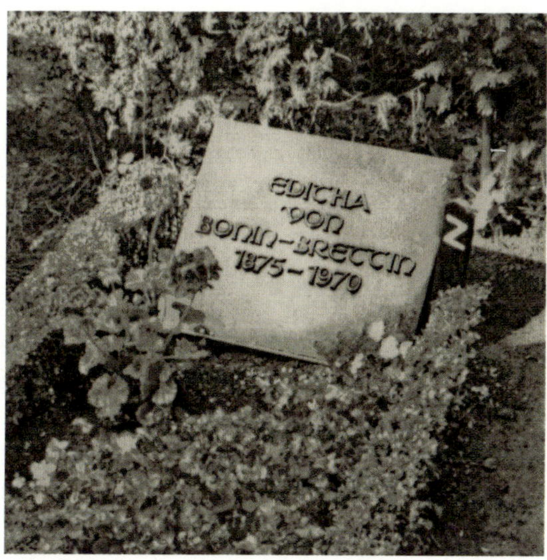

7-04 Edith von Bonins Grabstätte in Rottweil

1 Letzter Satz der 2. Strophe von Rainer Maria Rilkes *Erster Duineser Elegie;* Rilke 1982, S. 443.

2 Gemäß dem Eintrag in Edith von Bonins Reisepass vom 12.04.1961, der vom Deutschen Generalkonsulat in Mailand ausgefertigt wurde, stellte das Deutsche Generalkonsulat in Rom ihr am 10.04.1951 einen Vorpass aus. Im Brief Edith von Bonins an Felicitas Tietz vom 11.06.1951 heißt es: »Ich hoffe sehr, da wir jetzt wieder Pässe haben nach Deutschland reisen zu können.«

3 Handschriftlicher Eintrag Edith von Bonins in Museum Rietberg Zürich 1952. Siehe zum Leben Eduard von der Heydts (geb. 26.09.1882 in Elberfeld, gest. 03.04.1964 in Ascona) Köllmann 1972, S. 77.

4 Es handelt sich um die Haushälterin und Vertraute Anny Wasner. Datierung gemäß der Beschriftung des Skizzenheftes, dem die Zeichnung entnommen ist. Weitere vorliegende Skizzen, die vermutlich ebenfalls Anny Wasner darstellen, lassen sich mangels näherer Angaben nicht eindeutig zuordnen.

5 Lohr 2016.

6 Ebd.

7 Brief Anny Wasner an Felicitas Tietz vom 12.02.1973.

8 Stadt Rottweil 2016. Der Meldebogen weist aus, dass sie bereits vom 20.07.1964 bis zum 20.09.1964 dort gemeldet war, jedoch wieder nach Torbole zurückkehrte.

9 Briefkarte Anny Wasner an Felicitas Tietz vom 28.02.1971: »Es war zuletzt alles sehr traurig.«

10 Die Grabstätte existiert nicht mehr; Horenbeeck, Telefonauskunft vom 14.02.2018.

»Oft bleiben Diejenigen unerkannt, die anerkannt zu werden verdienten«[1]

Würdigung

Der Mensch

Ebenso wie wir heute werden schon ihre Zeitgenossen Edith von Bonins selbstbewussten, starken Charakter festgestellt haben, ihre Fähigkeit und ihren Willen, auch gegen die Meinung anderer und unter zum Teil schwierigen Rahmenbedingungen ihre eigenen, als richtig erachteten Wege zu gehen. Die Entscheidung für ein selbstbestimmtes Leben als Künstlerin und die lebenslange konsequente Umsetzung dieser Entscheidung bedeuteten, wie bei anderen Künstlerinnen ihrer Zeit, einen Ausbruch aus traditionellen Konventionen zur Rolle der Frau in Familie und Gesellschaft, bei dem Widerstände zu überwinden waren.

Gleichwohl blieb Edith von Bonin, wie ihre Briefe erkennen lassen, ihrer adligen Herkunft und Erziehung verhaftet. Sie hatte sich zeitlebens ›unter Kontrolle‹ und legte nicht nur bei sich selbst, sondern auch bei anderen Wert auf die Einhaltung von Regeln und von Ordnung. Zugleich ist die Sehnsucht spürbar, sich von der preußisch-norddeutschen Strenge ihrer Familie und Herkunft zugunsten einer unbeschwerteren Lebensart zu lösen, wie sie vielfach mit dem Süden Europas assoziiert wird.

Wir dürfen davon ausgehen, dass Edith von Bonin von anderen, insbesondere von ihren Freunden und Bekannten, als eine zugewandte, anregende, gebildete und interessante Persönlichkeit wahrgenommen wurde, auch wenn die eine oder andere ihrer Eigenheiten kurios erschienen sein mag. Sie konnte Menschen nicht nur für sich selbst gewinnen, sondern auch zum Austausch untereinander zusammenführen. Ihre zahlreichen und langwährenden Kontakte zu den Künstlerfreunden wären sonst nicht zu verstehen. Das heute förmlich und distanziert erscheinende »Sie« in der erhaltenen Korrespondenz ist aus den Standesgepflogenheiten der damaligen Zeit zu verstehen. Nicht nur in der Pariser Zeit, für die dies durch Erika von Scheel angedeutet wird,[2] sondern auch später unterstützte Edith von Bonin bedürftige Freunde in schwierigen Zeiten, sei es über ihr langjähriges Engagement im Künstlerinnen-Hilfsverein München, sei es direkt.[3] Raoul Dufys Erinnerung an die »Chère Amie« ist »le souvenir d'un cœur si amicale et si noble«.[4]

Aus der engeren Familie waren es besonders die beiden Söhne der älteren Schwester Maria Gräfin Gneisenau, Constantin und Siegmut Lothar, denen Edith von Bonin ihre Zuneigung schenkte. In Siegmut Lothar, der 1926 im Alter von 25 Jahren durch Freitod aus dem Leben schied,[5] sah sie über die familiäre Bindung hinaus einen Wesensverwandten: »Durch seine künstlerische Begabung u. rege geistige Interessen [war er mir] besonders lieb [...].«[6] Aber auch vom 1959 verstorbenen Neffen Constantin berichtet sie, sie habe »von s. Kindheit an immer die Hand über ihm gehalten«.[7]

Bis in die 1930er Jahre hinein, also bis etwa zu ihrem 60. Lebensjahr, pendelte Edith von Bonin - man ist geneigt, dies ein Stück weit ›rastlos‹ zu nennen - zwischen verschiedenen Arbeits- und Wohnorten oder unternahm kleinere und größere Reisen, bevor sie sich am Gardasee zu dauerhaftem Aufenthalt niederließ. Zeitlebens empfand sie aber Brettin im heutigen Sachsen-Anhalt mit dem dort als Folge des Zweiten Weltkrieges verlorenen Schloss und Landgut als den Ort ihrer Heimat.[8]

Seit der Wohnsitzverlegung nach Oberitalien lebte die unverheiratete und kinderlose Edith von Bonin in nicht unbeträchtlicher Entfernung zu ihrer Familie. Zumindest in den ersten Jahren nach dem Zweiten Weltkrieg bestanden für sie auch keine Reisemöglichkeiten. Soweit es aus dem vorliegenden Briefwechsel mit Teilen ihrer Verwandtschaft ersichtlich ist, hielt sie durch eine rege Korrespondenz die Verbindung zu ihren Angehörigen aufrecht und nahm Anteil an deren Leben - manchmal verbunden mit gesundheitlichen Ratschlägen oder mit dem Hinweis auf Geburtstage im Familienkreis einschließlich der Ermahnung, keinesfalls Glückwünsche zu versäumen.

Edith von Bonin muss sich in ihrem Familiensinn schwer getroffen gefühlt haben, als es nach dem Zweiten Weltkrieg über die Rückzahlung und Verzinsung eines von ihr im Jahr 1931 gewährten und über viele Jahre hinweg gestundeten Darlehens zu Meinungsverschiedenheiten und letztlich zum Zerwürfnis mit Constantin Graf Gneisenau kam. Dies führte dazu, dass auch der Kontakt zur Großneffen- und Großnichten-Ebene weitgehend abriss und von wechselseitigen Enttäuschungen verdrängt wurde: Einerseits litt Edith von Bonin darunter, bei ihrem Großneffen und den Großnichten kein Interesse an ihrer künstlerischen Arbeit zu verspüren;[9] andererseits beklagten sich diese umgekehrt, dass Einladungen und Versuche zur Kontaktaufnahme ohne Resonanz geblieben seien.[10] Vermutlich treffen auch auf Edith von Bonin die der sieben Jahre jüngeren Schwester Elsa zugeschriebenen Charakterzüge zu: »Da sie selten zu Kompromissen geneigt war, wirkte sie gelegentlich etwas schroff, wodurch ihre im Grunde feinfühlige und fürsorgliche Wesensart oft verkannt wurde.«[11]

Trotz zweifach erlittener erheblicher kriegs- und nachkriegsbedingter Vermögensverluste[12] war Edith von Bonin in finanzieller Hinsicht unabhängiger als viele ihrer Künstlerfreunde. Wohl auch infolge der Erfahrungen über die Unbeständigkeit vermeintlich gesicherter Verhältnisse, die sie mit vielen anderen Menschen ihrer Zeit teilte, behielt sie zeitlebens eine äußerst sparsame Lebensweise bei.[13] Dies dürfte die für ihre späteren Jahre ersichtliche Fülle von Aquarellen und Pastellen auf Papier gegenüber kostspieligeren Ölgemälden auf Malpappe oder Leinwand zumindest teilweise erklären. Edith von Bonin malte und zeichnete auf Papier jeglicher Form und Größe, manchmal, wenn nichts anderes zur Verfügung stand, auch auf gewendeten Briefbögen oder auf Bögen mit angeklebten seitlichen Erweiterungen, wenn das Bild größer ausfiel.

Die Künstlerin

Edith von Bonin fiel als Künstlerin weitgehend der Vergessenheit anheim. Sie malte »nur für sich«;[14] allein wenige Werke lassen sich als Auftragsarbeiten deuten oder wurden erkennbar von ihr an andere weitergegeben.[15] Sie lebte *für* ihre Kunst, jedoch nicht *von* ihrer Kunst. Beteiligungen an Ausstellungen sind nur für Paris in den Jahren 1908 und 1909, für München im Jahr 1933 sowie für ihr direktes Umfeld in Dachau, Malcesine und Baierbrunn ersichtlich.

Angesichts ihrer finanziellen Ressourcen hatte Edith von Bonin es bis in die Zeit des Zweiten Weltkrieges und die Jahre unmittelbar danach nicht nötig, Werke zu veräußern, um aus den Erlösen die Kosten ihres von Sparsamkeit geprägten Lebensunterhalts, ihrer Atelierwohnungen und ihrer Reisen zu bestreiten; und auch in jenen Notzeiten kam es dem Anschein nach nur vereinzelt zu Verkäufen. Vor dem Ersten Weltkrieg brachte sie sogar die Mittel auf, um eine beachtliche Kollektion von Werken zeitgenössischer französischer Künstler zu erwerben.

Aber es waren nicht nur die fehlenden ökonomischen Zwänge, die Edith von Bonin davon abhielten, Werke zu veräußern. Hinzu kam, gepaart mit einer Abneigung gegen alles »Geschäftliche«, eine überaus starke emotionale Bindung der Künstlerin an ihr Œuvre. Eine Aussage ihrer jahrzehntelangen Wegbegleiterin Anny Wasner, die bereits im Kapitel über ihre Dachauer Zeit zitiert wurde, bestätigt dies: »Frl. von Bonin hätte alle Opfer gebracht, doch keines ihrer Bilder fortgegeben!«[16]

Edith von Bonins fehlender Wille, sich in den kommerziellen Kunstbetrieb einzubringen, dürfte zugleich eine der Ursachen sein, warum sie – soweit bekannt – nur so selten an Ausstellungen teilnahm. Weitere Gründe könnten hinzugekommen sein: Verspürte sie selbstbewusst einfach keine Neigung, sich in Konkurrenz mit anderen Künstlern zu beweisen, und suchte stattdessen lieber deren freundschaftlichen Umgang? Hatte sie an ihre beiden Pariser Ausstellungsbeteiligungen im Salon des Indépendants in den Jahren 1908 und 1909 Erwartungen und Hoffnungen geknüpft, die enttäuscht wurden und sie von weiteren Ausstellungsteilnahmen abhielten? Ließen Äußerungen anderer Künstler wie diejenigen Robert Delaunays sie – zumindest zeitweilig – an ihrem Talent zweifeln? Wollte sie sich jedweder Krittelei entziehen und davor schützen, an – neuen – künstlerischen Ausdrucksformen gemessen zu werden, die sie als nicht ihr gemäß empfand? All dies liegt im Ungewissen. Jeder Versuch einer Antwort wäre spekulativ. Festzuhalten bleibt, dass sie sich letztlich in ihrem Lebensweg als Malerin nicht beirren ließ.

Die kunsthistorische Einordnung Edith von Bonins steht in der Gefahr, ihr jahrzehntelanges künstlerisches Schaffen und dessen Entwicklungen zu undifferenziert zu rubrizieren. Dennoch lässt sich in ihrem nachgelassenen Werk der besondere Einfluss von vier Malern ausmachen: Hans von Marées, Paul Cézanne, Henri Matisse und Othon Friesz.

Von dem 1887 verstorbenen, um 1900 in der Kunstszene wiederentdeckten Hans von Marées nahm Edith von Bonin den strengen und sorgfältig durchdachten Bildaufbau und die damit verbundene Statik figürlicher Darstellungen auf.

In Paris entwickelte sich ihre Vorliebe für das Werk des 1906 verstorbenen Paul Cézanne, dem wenige Wochen nach ihrer Ankunft eine Retrospektive im Salon d'Automne und posthume Würdigung zuteilwurde, die erhebliche Resonanz hervorrief. Wie andere Malerinnen und Maler war Edith von Bonin fasziniert von dessen Freiheit von akademischen Zwängen, von der Malerei in der freien Natur und von dem Bestreben, das innere Wesen der gemalten Personen oder Objekte zu erfassen, und suchte dies auch in ihrer Malerei umzusetzen.

Der Künstlerkreis um Henri Matisse, der die Tradition Cézannes rezipierte und weiterentwickelte, darunter neben dem Meister selbst hauptsächlich Othon Friesz, war schließlich die dritte Inspirationsquelle, ohne dass Edith von Bonin sich dessen Unkonventionalität früherer fauvistischer Jahre zu eigen gemacht hätte. Spätere Ausstellungsbesuche und Buchanschaffungen zeigen, dass sie sich ihre Vorliebe für Cézanne und die anderen französischen Künstler zeitlebens erhalten hat. »Noch im hohen Alter wurde Frl. von Bonin nie müde, diese Bilder immer wieder zu betrachten.«[17]

Außer Hans von Marées und den Lehrern an der Münchner Damen-Akademie waren es somit Künstler und Kunsteinflüsse aus dem französischen Raum, die Edith von Bonin prägten, ohne dass sie, soweit wir es angesichts der geringen Anzahl erhaltener früher Werke beurteilen können, dortige Entwicklungen wie etwa den Pointillismus, den Kubismus oder den Orphismus aufgegriffen und sich zu eigen gemacht hätte. Die abstrakte Malerei hat in ihrem Œuvre keinen Platz gefunden, Edith von Bonin blieb gegenständlich.[18]

Bis ins hohe Alter nahm Edith von Bonin sehr intensiv an den Künstlern ihrer Zeit und an deren Werk Anteil, sei es im Rahmen ihrer persönlichen Kontakte, sei es durch Ausstellungsbesuche, deren Eindrücke sie in handschriftlichen Anmerkungen und Kommentaren in den Katalogen aufarbeitete, oder sei es durch ein gründliches Studium kunstwissenschaftlicher Fachbücher, das sich in zahlreichen Randbemerkungen niederschlug. Zugleich beschäftigte sie sich mit den Entwicklungen der neuen Malerei und hinterfragte deren Gedankenwelt.[19] Wie die Buchbestände in ihrer Bibliothek deutlich machen, hat sie sich dabei intensiv mit dem Wirken und dem Œuvre wegbereitender Künstler des Expressionismus auseinandergesetzt,[20] so mit Vincent van Gogh, Edvard Munch und Ferdinand Hodler.[21] Persönliche Kontakte zu den namhaften deutschen Expressionisten ihrer Zeit sind aber nicht bekannt. Elemente dieser Stilrichtung übernahm sie in ihr Werk, etwa bei der Farbwahl oder bei der Motivreduzierung auf zum Teil holzschnittartige Formen.

Alles in allem fügt sich Edith von Bonin mit ihrer Malweise, wie im Kapitel über ihre Pariser Jahre dargestellt, in die Kunstästhetik der ›Dômiers‹ ein, der deutschen Künstler, die sich vor dem Ersten Weltkrieg im Pariser Café du Dôme zu treffen pflegten. Sie blieb den klassisch-traditionellen Genres des Stilllebens, der Landschaft und des Porträts verhaftet und strebte wie die ›Dômiers‹ in ihrer Kunst nach Ausgewogenheit und Mäßigung, nach Eintracht und Ruhe.

Naheliegenderweise führen die prägenden Einflüsse der Pariser Kunstszene zu Beginn des 20. Jahrhunderts für eine ganze Generation deutscher Malerinnen und Maler, ob innerhalb oder außerhalb des engeren Kreises der ›Dômiers‹, zu mancherlei Ähnlichkeiten in den künstlerischen Entwicklungen und Œuvres. Es überrascht daher nicht, dass sich - trotz jeweils durchaus individueller Handschriften - Parallelen zwischen Edith von Bonins Werken und denjenigen anderer deutscher Künstler der Zeit finden lassen, sei es im Duktus, sei es in der Farbenfreude. Zur Würzburger Freundin Gertraud Rostosky und mehr noch zu den beiden Dachauerinnen Maria Langer-Schöller und Paula Wimmer sind die Parallelen dagegen schwächer ausgeprägt. Von Techniken wie denjenigen des Holzschnitts und der Radierung (wie bei Maria Langer-Schöller und Paula Wimmer), der Lithografie (wie bei Gertraud Rostosky) und des Scherenschnitts (wie wiederum bei Maria Langer-Schöller)

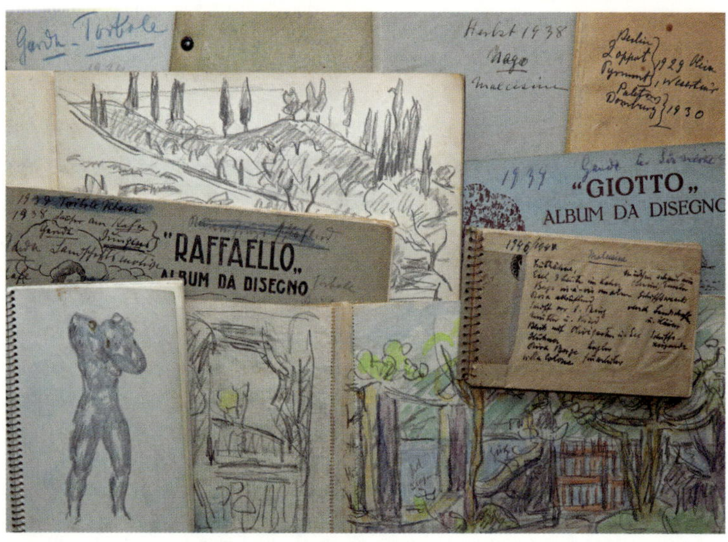

8-01 Impression von Skizzenheften Edith von Bonins

machte Edith von Bonin, soweit dies aus dem Nachlass heraus beurteilt werden kann, keinen Gebrauch.

Edith von Bonin hat in ihrer Malerei keine neuen Ausdrucksformen und Themen begründet. Sie hat, darin den meisten anderen Malerinnen und Malern ihrer Zeit und ihres Umfeldes gleich, ihre künstlerische Umgebung nicht verlassen und ist epigonal geblieben. Hinsichtlich ihrer kunsthistorischen Bedeutung kann sie deswegen keinen Platz in der ersten Reihe beanspruchen. Die von ihren Impulsgebern empfangenen Anregungen ließen sie zu einem ihren Vorstellungen gemäßen Malstil konservativer Moderne finden, den sie trotz aller Beschäftigung mit den weiteren Entwicklungen moderner Malerei als die ihr und ihrer Persönlichkeit angemessene Darstellungsweise beibehielt. Sie ging, wie Anny Wasner zutreffend konstatierte, »in der Malerei [...] mehr die eigenen Wege«.[22]

Edith von Bonin skizzierte, malte und zeichnete aus Passion, wo immer sich die Möglichkeit bot. Die Leidenschaft der Künstlerin für ihr Metier, die in ihren Ölgemälden, die die Zeit überdauert haben, in ihren Pastellen und besonders in ihren Aquarellen, die glücklicherweise zahlreich erhalten sind, zutage tritt, ihr Einfühlungsvermögen in ihre Sujets, ihr souveräner Umgang mit Farbe, Licht, Form und Atmosphäre vermögen auch heutige Betrachterinnen und Betrachter der Werke zu beeindrucken. Und ein spannendes Leben, mit dem es sich zu beschäftigen lohnt, hat Edith von Bonin allemal geführt.

1 Aphorismus eines mit A. W. bezeichneten Verfassers in der humoristischen Wochenschrift *Fliegende Blätter;* A. W. [2. Hj. 1892], S. 37.

2 Hauptmann 1946.

3 So kaufte Edith von Bonin im Jahr 1928 ihrer von Existenzsorgen bedrohten Freundin Gertraud Rostosky ein Bild ab. Einzelheiten bei Kleinlauth 1998, S. 90. Der Verbleib des Bildes ist nicht bekannt.

Von ihrer Studienkollegin an der Münchner Damen-Akademie Ida Diem-Tilp (geb. 07.09.1878 in Wien, gest. 1957 in München) liegt ein undatierter, vermutlich aus der Zeit nach dem Zweiten Weltkrieg stammender Brief an die »Liebe Bonina« mit der Bitte um Gewährung eines Darlehens vor. Siehe zur Person und zur künstlerischen Bedeutung Ida Diem-Tilps Städtische Galerie München 1960.

4 Brief Raoul Dufy an die »geschätzte Freundin« Edith von Bonin vom 16.02.1949; deutsche Übersetzung: »die Erinnerung an ein so freundschaftliches und so nobles Herz«.

5 Die Grabinschrift im Gneisenau-Familienmausoleum in Sommerschenburg/Sachsen-Anhalt verzeichnet die folgenden Lebensdaten: geb. 24.11.1901, gest. 15.03.1926. Eine einfühlsame Darstellung des Lebens Siegmut Lothar (»Uti«) von Gneisenaus enthält Hoechstetter 1928. Dort werden fälschlich das Geburtsjahr mit 1903 und der Sterbetag mit 14.03.1926 angegeben.

6 Brief Edith von Bonin an Maximiliane Gräfin Gneisenau vom 28.02.1959.

7 Ebd.

8 Nicht zufällig dürfte Edith von Bonin trotz aller sonstigen Verluste das vermutlich in ihren frühen Jahren gemalte Ölbild des Schlosses Brettin sowie das Gedicht Karl von der Heydts über den dortigen Kanal als Erinnerungsstücke aufbewahrt haben.

9 Im Brief Anny Wasners an Felicitas Tietz vom 04.09.1970 wird Edith von Bonin mit der harschen Aussage zitiert, ihre noch lebenden Verwandten hätten sich nie für ihre Malerei interessiert, sie sei nur als Erbtante betrachtet worden.

10 Briefdurchschrift Felicitas Tietz an Anny Wasner vom 23.09.1970.

11 So der Adoptivsohn Elsa von Bonins, Fabian von Bonin-von Ostau, über seine Adoptivmutter; Bonin-von Ostau 1985, S. 285.

12 Im Brief Elsa von Bonins an Edith von Bonin vom 22.09.1961 wird darauf hingewiesen, dass das von den Eltern ererbte Geldvermögen der vier Schwestern aufgrund der Inflation des Jahres 1923 »bis auf einen winzigen Rest oder auf 0 zusammenschmolz«. Inwieweit die Tatsache, dass Edith von Bonin einen Teil ihres Vermögens bei einer Schweizer Bank angelegt hatte (Informationen hierzu finden sich im Brief von Anny Wasner an Felicitas Tietz vom 04.09.1970), ihr dabei half, Verluste zu vermeiden oder zu verringern, kann nicht beurteilt werden.

13 Brief Anny Wasner an Felicitas Tietz vom 12.02.1973. Dort wird berichtet, Edith von Bonin sei für sich selbst, aber auch für andere »übermäßig sparsam« gewesen. In gleicher Weise äußert sich wie bereits erwähnt Erika von Scheel über die Pariser Zeit Edith von Bonins; Hauptmann 1946: »Obwohl sie über sehr reiche Mittel verfügte, war sie für ihre eigene Person äußerst bescheiden und anspruchslos.«

14 Im Brief Anny Wasners an Felicitas Tietz vom 12.02.1973 heißt es: »Ihre Tante hatte stets betont, dass sie nur *für sich* male.«

15 Einige wenige Werkfotos im Nachlass sind rückseitig mit Besitzerangaben der Bilder versehen.

16 Brief Anny Wasner an Felicitas Tietz vom 12.02.1973.

17 Brief Anny Wasner an Felicitas Tietz vom 21.03.1973.

18 Hierin glich Edith von Bonin Henri Matisse, der 1953 sagte: »Begriffe wie nicht gegenständlich oder abstrakt sind nichts anderes als ein Schutzschild, um einen Mangel zu verbergen. Schreiben sie es nur genauso, wie ich es Ihnen sage: Matisse ist gegen die abstrakte Kunst.« Raymond 1994, S. 382.

19 Das von ihr durchgearbeitete Werk von Leonhard 1953 ist dafür ein Beispiel.

20 Vgl. als Einführung in den Expressionismus z. B. Kunsthaus Zürich 2014.

21 Ihre Bibliothek enthielt z. B. die folgenden Bände: Burger 1918; Knapp 1930; Thiis 1934 und Formaggio 1952.

22 Brief Anny Wasner an Felicitas Tietz vom 21.03.1973.

Danksagungen

Bei der Realisierung unserer Biografie haben wir in vielfacher Weise Hilfsbereitschaft und freundliche Unterstützung erfahren, die unbekannte Details zutage förderten, uns Zusammenhänge besser verstehen ließen, Türen öffneten und uns zur weiteren Beschäftigung mit Edith von Bonins Leben und Werk ermutigten.

In besonderer Weise gilt unser Dank den folgenden Personen:

Dr. Silke Opitz, Kunsthalle Erfurt und Schlossmuseum Molsdorf, gab uns mit ihrer ausführlichen Abhandlung über Edith von Bonins ältere Schwester Maria und ihre Zeit den entscheidenden Impuls, das ganz andere Leben der nicht minder interessanten jüngeren Schwester Edith zu erforschen.

Durch Informationen von Dr. Peter Kropmanns, Paris, darunter seine Hinweise auf Edith von Bonins Ausstellungsteilnahmen 1908 und 1909 samt Max Pechsteins Ausstellungskritik aus dem Jahr 1908, auf die Erwähnung in einem Brief Hans Purrmanns an Mathilde Vollmoeller Ende 1909, auf den Brief Robert Delaunays aus dem Jahr 1913 sowie auf die Sequestration ihres nach dem Ausbruch des Ersten Weltkrieges in Paris verbliebenen Eigentums, wurden unsere Kenntnisse über die Pariser Jahre Edith von Bonins erheblich erweitert.

Andreas Bräunling, Stadtarchiv Dachau, Andreas Kreutzkam, Künstlervereinigung Dachau, und Dr. Jutta Mannes, Dachauer Galerien und Museen, Neue Galerie, halfen uns durch ihre Auskünfte, Edith von Bonins Verbindungen zur Künstlervereinigung Dachau und zu dortigen Malerfreundinnen zu verstehen. Dr. Jutta Mannes verdanken wir zudem eine Erläuterung zu Edith von Bonins Eintrag in *Dresslers Kunsthandbuch* sowie Hinweise auf weiterführende Literatur.

Dr. Andreas Strobl, Staatliche Graphische Sammlung München, gab uns Informationen über den Erwerb von zwei Zeichnungen des Malers Hans von Marées durch Edith von Bonin und wies uns auf stilistische Parallelen zu anderen Künstlern hin.

Dr. Peter Kropmanns, Dr. Jutta Mannes, Dr. Silke Opitz und Dr. Andreas Strobl nahmen es in unterschiedlichen Entwicklungsphasen unserer Biografie freundlicherweise auf sich, den Text mit fachkritischem Blick durchzusehen. Ihre Anmerkungen und Vorschläge haben wir gerne aufgegriffen.

Namentlich danken möchten wir darüber hinaus den Menschen, die uns bei einzelnen Fragestellungen weiterhalfen - manchmal auch durch die Mitteilung, zu unseren Fragen lägen keine Informationen vor:

Dr. Katharina Beiergrößlein, Stadtarchiv Stuttgart, für Auskünfte über etwaig archivierte Korrespondenz Edith von Bonins mit Käte Schaller-Härlin;

Antonia Beran, Kreismuseum Jerichower Land in Genthin, für Auskünfte über das Bonin'sche Familienschloss in Brettin, für Recherchen über dortige Meldedaten Edith von Bonins sowie für Informationen über Elsa von Bonin;

Dr. David Butcher, Paris Art Consulting, den wir zu Edith von Bonins Freundschaft mit Othon Friesz befragten;

Dr. Birgit Dalbajewa und Claudia Maria Müller, Staatliche Kunstsammlungen Dresden, für Recherchen zur Provenienz eines dortigen Gemäldes von Othon Friesz aus der früheren Kollektion Edith von Bonins;

Dr. Yvette Deseyve, Alte Nationalgalerie, Staatliche Museen zu Berlin, für Auskünfte zur Damen-Akademie des Künstlerinnen-Vereins München e. V.;

Getty Research Institute, Los Angeles, für die Recherche über etwaig archivierte Korrespondenz Edith von Bonins mit Othon Friesz;

Dr. Carla Heussler, Freie Kunstschule Stuttgart, für Erläuterungen zur Bekanntschaft Edith von Bonins mit Käte Schaller-Härlin;

Dr. Henrike Holsing und Dr. Nico Kirchberger, Museum im Kulturspeicher Würzburg, für die Möglichkeit, Einblick in die Korrespondenz Edith von Bonins mit Gertraud Rostosky zu nehmen;

Gerhart-Hauptmann-Museum Erkner für eine Auskunft zu Yvette Hauptmann;

Annemarie Kaindl, Referat für Nachlässe und Autographen, Bayerische Staatsbibliothek, München, für die Ablichtung eines Briefes Edith von Bonins an Elsa Bruckmann;

Matthias Klotz, Stadt- und Stiftsarchiv Aschaffenburg, sowie Camilla Stöppler, Freies Deutsches Hochstift / Frankfurter Goethe-Museum, für Auskünfte über etwaig archivierte Korrespondenz Edith von Bonins mit Sophie (Sissi) Brentano;

Dr. Christina Kohla, Hasselberg, für Auskünfte über die Beziehung Edith von Bonins zu Käte Lassen;

Dr. Franziska Kolp und Irena Pickering Hrcek, Schweizerische Nationalbibliothek, für Ablichtungen von Schreiben Edith von Bonins an Rainer Maria Rilke;

Maria Leitmeyer, Purrmann-Haus Speyer, und Dr. Felix Billeter, Hans Purrmann Archiv München, für die Ablichtung eines Briefes Edith von Bonins an Mathilde Purrmann-Vollmoeller, für den Edith von Bonin betreffenden Auszug eines Schreibens von Hans Purrmann an Mathilde Vollmoeller sowie für den Hinweis auf Kontakte zwischen Edith von Bonin und Käte Schaller-Härlin;

Claire Pierrat, Médiatrice du Patrimoine Bibiothèque Armand Salacru Ville du Havre, für die Recherche über etwaig archivierte Korrespondenz Edith von Bonins mit Othon Friesz;

Gwyn Pietsch und Ulrike Möhlenbeck, Akademie der Künste, Berlin, für Recherchen zu einem etwaigen Studium Edith von Bonins an der Zeichen- und Malschule des Vereins der Berliner Künstlerinnen 1867 e. V.;

Dr. Marina Sauer, Albstadt, für Literaturhinweise und nähere Informationen über die Beziehung zwischen Edith von Bonin und Clara Rilke-Westhoff;

Anna Storm und Dr. Antje Birthälmer, Von der Heydt-Museum Wuppertal, für Recherchen zum Verbleib einer von Edith von Bonin angefertigten Kopie des Marées-Gemäldes *Drei Jünglinge unter Orangenbäumen.*

Dem Landesarchiv Berlin, den Stadtarchiven in Dachau und München sowie der Stadt Rottweil danken wir für Recherchen zu Edith von Bonins Meldedaten und Anschriften.

Durch die freundliche Hilfsbereitschaft der privaten Besitzer erhielten wir Zugang zu einigen Abbildungsvorlagen. Hierfür danken wir herzlich.

Für ihre engagierte Begleitung bei der Veröffentlichung unserer Arbeit gilt Michael Wienand und Johanna Gielen vom Wienand Verlag sowie der Lektorin Heike Tekampe und dem Grafikdesigner Johannes Seibt in besonderer Weise unser Dank. Nicht minder möchten wir Dr. Ina Ewers-Schultz für ihr einfühlsames Geleitwort danken.

Personenregister

Im Text und in den Fußnoten wird der Adelsname Graf/Gräfin Neidhardt von Gneisenau jeweils verkürzt als Graf/Gräfin Gneisenau wiedergegeben.

Quellen- und Literaturnachweis

Bücher, Ausstellungskataloge, Zeitschriften und andere namentlich gekennzeichnete Veröffentlichungen

A.: »Brettin. Aus der Ortsgeschichte«, in: *Stimmen aus dem Lande Jerichow*, Heimatbeilage zum *Genthiner Wochenblatt*, 1. Jg., Nr. 7, 15.11.1926 (verfügbar gemacht vom Kreismuseum Jerichower Land des Landkreises Jerichower Land, Genthin)

Adam, Peter: *Kunst im Dritten Reich*, übers. von Renate Winner, Hamburg 1992

Adriani, Götz: *Paul Cézanne. Leben und Werk*, München 2006

Albert-Lasard, Lou: *Wege mit Rilke*, Frankfurt am Main 1952

Albrecht, Paul: *Auf dem Wege zur revolutionären Arbeitereinheit*, Bezirksleitung Halle der SED, Kommission zur Erforschung der Geschichte der örtlichen Arbeiterbewegung, Halle 1984

Antykwariat Wu-eL: *XXVII Aukcja Antykwariatu Wu-eL vom 28. März 2020, Lot 31*, www.antykwariat-wuel.pl/Aukcje-katalogi/XXVII Aukcja Wu-eL Katalog MAŁY.pdf, abgerufen am 09.10.2020

Apollinaire, Guillaume: »Le Dôme et les ›dômiers‹«, in: *Paris-Journal*, 02.07.1914

Apollinaire, Guillaume, Dorothea Eimert und Anatoli Podoksik: *Kubismus*, Redaktion der deutschen Ausgabe Klaus H. Carl, Parkstone International New York [2010]

A. W.: »Ein Druckfehler des Geschickes«, in: *Fliegende Blätter*, 97. Bd., Heft 5, Nr. 2453, München [2. Hj. 1892]

Baron, Stanley, und Jacques Damase: *Sonia Delaunay. The Life of an Artist*, New York 1995

Baumann, Felix A., Walter Feilchenfeldt und Hubertus Gaßner: *Cézanne. Aufbruch in die Moderne*, Stuttgart 2004

Bauschinger, Sigrid: *Else Lasker-Schüler. Eine Biographie*, Göttingen 2004

Behrend, Joachim: *Robert Warthmüller 1859–1895. Werkverzeichnis mit einer Biografie des Künstlers*, Husum 2011

Bender, Ewald: ›Feldbauer, Max‹, in: *Allgemeines Lexikon der bildenden Künstler. Von der Antike bis zur Gegenwart*, begründet von Ulrich Thieme und Felix Becker, hrsg. von Ulrich Thieme, 11. Bd., Leipzig 1915

Berger, Ursel: *Georg Kolbe - Leben und Werk. Mit dem Katalog der Kolbe-Plastiken im Georg-Kolbe-Museum*, Berlin 1994

Best, Bettina: »Die Geschichte der Münchener Secession bis 1938. Eine Chronologie«, in: *Münchener Secession. Geschichte und Gegenwart*, hrsg. von Jochen Meister, München 2007

Betz, Maurice: *Rilke in Paris*, übertr. und hrsg. von Willi Reich, Zürich 1948

Bietak, Wilhelm: ›Dauthendey, Max (Maximilian) Albert‹, in: *Neue Deutsche Biographie (NDB)*, Bd. 3, Berlin 1957

Billeter, Felix, und Maria Leitmeyer (Hrsg.): *Sehnsucht nach dem Anderen. Eine Künstlerehe in Briefen 1909–1914. Hans Purrmann und Mathilde Vollmoeller-Purrmann*, Berlin/München 2019

Billeter, Felix, und Christoph Wagner (Hrsg.): *Neue Wege zu Hans Purrmann*, Berlin 2016

Blumenfeld, Erik (Hrsg.): *Ivo Hauptmann. Bilder und Erinnerungen*, Hamburg 1976

Bohlmann-Modersohn, Marina: *Clara Rilke-Westhoff. Eine Biografie*, München 2015

Bonin, Elsa von: *Das Leben der Renée von Catte*, Faksimile der 1911 bei Egon Fleischel & Co. in Berlin erschienenen Ausgabe, Göttingen 1985

Bonin-von Ostau, Fabian von: »Elsa von Bonin - eine biographische Skizze«, abgedruckt als Nachbemerkung in Elsa von Bonin: *Das Leben der Renée von Catte*, Göttingen 1985

Boser, Elisabeth: »Zum Werk von Paula Wimmer«, in: *»Ich spielte mit Farben Theater«. Paula Wimmer 1876–1971*, Ausst.-Kat. Gemäldegalerie Dachau, 25.11.1994–31.01.1995, hrsg. vom Zweckverband Dachauer Galerien und Museen, Freising 1994

Boser, Elisabeth: »Die Geschichte der Künstlerkolonie Dachau«, in: *Künstlerkolonie Dachau. Blütezeit 1880 bis 1920*, hrsg.

vom Zweckverband Dachauer Galerien und Museen, Fischerhude 2013

Boser, Elisabeth: »Max Feldbauer. Leben und Werk«, in: *»Akt und Roß genügten mir ...«. Der Maler Max Feldbauer 1869–1948*, Ausst.-Kat. Gemäldegalerie Dachau vom 16.10.2015–28.02.2016, hrsg. vom Zweckverband Dachauer Galerien und Museen, Dachau 2015

Bouvier, Marguette: *Aristide Maillol*, Lausanne 1945

Branig, Hans: ›Bonin, Gustav Karl Gisbert Heinrich Wilhelm Gebhard von‹, in: *Neue Deutsche Biographie (NDB)*, Bd. 2, Berlin 1955

Briend, Christian: »Biographie documentaire«, in: *Raoul Dufy*, hrsg. vom Musée des Beaux-Arts de Lyon, Ausst.-Kat. Musée des Beaux-Arts/Musée de l'Imprimerie, Lyon, 28.01.- 18.04.1999, Museu Picasso/Museu Tèxtil i d'Indumentària, Barcelona, 29.04.- 11.07.1999, Paris 1999

Brodskaïa, Nathalia: *Les Fauves*, Parkstone International New York [2012]

Buchheim, Lothar-Günther: *Raoul Dufy*, Feldafing 1951

Bulletin de la Chambre de Commerce de Paris, 22e Année, N°s 12–15, 10.04.1915

Burger, Fritz: *Cézanne und Hodler. Einführung in die Probleme der Malerei der Gegenwart*, München 1918

Butcher, David: »Othon Friesz 1879–1949. Sa vie et son œuvre«, dazu »Annexes«, in: *Othon Friesz. Le fauve baroque 1879–1949*. Ausst.-Kat. La Piscine. Musée d'art et d'industrie André Diligent, Roubaix, 17.02.- 20.05.2007/Musée d'art moderne, Céret, 23.06–30.09.2007 Musée Malraux, Le Havre, 20.10.2007–27.01.2008, Paris 2007

Cachin, Françoise: *Signac. Catalogue raisonné de l'Œuvre peint*, Paris 2000

Camo, Pierre: *Maillol mon ami*, Lausanne 1950

Charles, Victoria: *Paul Signac (1863–1935)*, Parkstone International, New York 2013

Chaumeil, Louis: *Van Dongen. L'homme et l'artiste - La vie et l'œuvre*, Genf 1967

Chevreul, Michel E.: *The Principles of Harmony and Contrast of Colors and Their Applications to the Arts*. With a special Introduction and explanatory Notes by Faber Birren, New York u. a. 1967

Chrambach, Eva: ›Pechstein, Hermann Max‹, in: *Neue Deutsche Biographie (NDB)*, Bd. 20, Berlin 2001

Corino, Karl: *Robert Musil. Leben und Werk in Bildern und Texten*, Reinbek bei Hamburg 1988

Dagen, Philippe (Hrsg.): *Pour ou contre le fauvisme. Textes de peintres, d'écrivains et de journalistes*, Paris 1994

Dahm, Volker: »Anfänge und Ideologie der Reichskulturkammer. ›Die Berufsgemeinschaft‹ als Instrument kulturpolitischer Steuerung und sozialpolitischer Reglementierung«, in: *Vierteljahreshefte für Zeitgeschichte*, 34. Jg., 1986, Heft 1

Decker, Gunnar: *Rilkes Frauen oder die Erfindung der Liebe*, Leipzig 2004

Decker, Kerstin: *Paula Modersohn-Becker. Eine Biografie*, Berlin 2007

Delaunay, Robert: *Du cubisme à l'art abstrait*, Documents inédits publiés par Pierre Francastel et suivis d'un catalogue de l'œuvre de R. Delaunay par Guy Habasque [unveröffentlichte Dokumente, hrsg. von Pierre Francastel, gefolgt von einem Katalog über das Werk von R. Delaunay von Guy Habasque], Bibliothèque générale de l'École pratique des Hautes Études, VIe section, Paris 1957

Deseyve, Yvette: *Der Künstlerinnen-Verein München e. V. und seine Damen-Akademie. Eine Studie zur Ausbildungssituation von Künstlerinnen im späten 19. und frühen 20. Jahrhundert*, München 2005

Dittmann, Lorenz: *Die Kunst Cézannes. Farbe - Rhythmus - Symbolik*, Köln 2005

Doll, Nikola: *Das Staatsatelier Arno Breker. Bau- und Nutzungsgeschichte 1938–1945*, www.kunsthaus-dahlem.de, abgerufen am 13.03.2018

Dorival, Bernard: *Les Étapes de la peinture française contemporaine*. Bd. 2: *Le Fauvisme et le Cubisme (1905–1911)*, Paris 1944

Dressler, Willy Oskar (Hrsg.): *Dresslers Kunsthandbuch*. 2. Bd.: *Das Buch der lebenden deutschen Künstler, Altertumsforscher, Kunstgelehrten und Kunstschriftsteller. Bildende Kunst*, 9. Jg., Berlin 1930

Erdmann, Karl Dietrich [zit. als Erdmann 1980a]: *Der Erste Weltkrieg, Gebhardt Handbuch der deutschen Geschichte*, 9., neu bearb. Aufl., hrsg. von Herbert Grundmann, Bd. 18 der Taschenbuchausgabe, März 1980

Erdmann, Karl Dietrich [zit. als Erdmann 1980b]: *Der Zweite Weltkrieg, Gebhardt Handbuch der deutschen Geschichte*, 9., neu bearb. Aufl., hrsg. von Herbert Grundmann, Bd. 21 der Taschenbuchausgabe, Juli 1980

Essers, Volkmar: *Henri Matisse 1869-1954. Meister der Farbe*, Köln 2005

Ewers-Schultz, Ina [zit. als Ewers-Schultz 2004a]: »›Ein Spiel mit der Farbe‹ - Maria Langer-Schöller«, in: *Die Große Inspiration. Deutsche Künstler in der Académie Matisse*, Teil III, Ausst.-Kat. Kunst-Museum Ahlen, 21.11.2004-13.02.2005, Ahlen 2004

Ewers-Schultz, Ina [zit. als Ewers-Schultz 2004b]: »›Ein klarer Spiegel meines Wesens‹ - Mathilde Vollmoeller«, in: *Die Große Inspiration. Deutsche Künstler in der Académie Matisse*, Teil III, Ausst.-Kat. Kunst-Museum Ahlen, 21.11.2004-13.02.2005, Ahlen 2004

Ewers-Schultz, Ina: »›Eine Art Universität‹: Purrmanns Pariser Jahre und die Bedeutung des Café du Dôme«, in: *Neue Wege zu Hans Purrmann*, hrsg. von Felix Billeter und Christoph Wagner, Berlin 2016

Ewers-Schultz, Ina: »Eine Kunst des Gleichgewichts - Deutsche Schüler der Académie Matisse 1908-1910«, in: *Inspiration Matisse*, hrsg. von Peter Kropmanns und Ulrike Lorenz, Ausst.-Kat. Kunsthalle Mannheim, 27.09.2019-19.01.2020, München/London/New York 2019

Finckh, Gerhard, und Nicole Hartje-Grave (Hrsg.): *Hans von Marées*, Ausst.-Kat. Von der Heydt-Museum, Wuppertal 2008

Fischer, Thomas Erdmann: »Die Anfänge des Frauenstudiums um 1900«, in: Julia K. Koch und Eva-Maria Mertens (Hrsg.): *Eine Dame zwischen 500 Herren. Johanna Mestorf - Werk und Wirkung*, Münster/New York/München/Berlin 2002

Formaggio, Dino: *Van Gogh*, Verona 1952

Franken, Irene: *Frauen in Köln. Der historische Stadtführer*, Köln 2008

Franz, Erich (Hrsg.): *Farben des Lichts. Paul Signac und der Beginn der Moderne von Matisse bis Mondrian*, Ostfildern 1996

Friedel, Helmut, und Annegret Hoberg (Hrsg.): *Kandinsky*, München/London/New York 2016

Frowen, Irina (Hrsg.): *Mit Rilke durch die Provence*. Mit farbigen Fotografien von Constantin Beyer, Frankfurt am Main/Leipzig 1998

Ganteführer-Trier, Anne, und Uta Grosenick (Hrsg.): *Kubismus*, Köln 2015

Gause, Fritz: *Die Russen in Ostpreußen 1914/15*, im Auftrage des Landeshauptmanns der Provinz Ostpreußen, bearb. von Dr. Fritz Gause, Königsberg 1931

Gautherie-Kampka, Annette: *Café du Dôme. Deutsche Maler in Paris 1903-1914*, Bremen 1996

Gauthier, Maximilien: *Othon Friesz*, Paris 1949

Gauthier, Maximilien: *Othon Friesz*, Genf 1957

Genealogisches Handbuch der Adeligen Häuser: Adelige Häuser A Bd. III, Hauptbearbeiter Hans-Friedrich von Ehrenkrook, Bd. 15 der Gesamtreihe *Genealogisches Handbuch des Adels*, Glücksburg/Ostsee 1957

Genealogisches Handbuch der Adeligen Häuser: Adelige Häuser A Bd. VIII, Hauptbearbeiter Walter von Hueck, Bd. 38 der Gesamtreihe *Genealogisches Handbuch des Adels*, Limburg an der Lahn 1966

Genealogisches Handbuch der Gräflichen Häuser: Gräfliche Häuser Bd. XIV, Hauptbearbeiter Walter von Hueck, Bd. 105 der Gesamtreihe *Genealogisches Handbuch des Adels*, Limburg an der Lahn 1993

Gerlach-Laxner, Uta: ›Marées, Hans von‹, in: *Neue Deutsche Biographie (NDB)*, Bd. 16, Berlin 1990

Giry, Marcel: *Der Fauvismus. Ursprünge und Entwicklung*, aus dem Franz. übers. von Gunhilt Perrin, Würzburg 1981

Glauert-Hesse, Barbara (Hrsg.): *»Paris tut not«. Rainer Maria Rilke - Mathilde Vollmoeller. Briefwechsel*, Göttingen 2001

Gröner, Andreas, und Barbara Götsch: »Kurzbiografien der Scholle-Künstler«, in: *Die Scholle. Eine Künstlergruppe zwischen Secession und Blauer Reiter*, hrsg. von Siegfried Unterberger mit Felix Billeter und Ute Strimmer, München/Berlin/London/New York 2007

Haaser, Rolf: *Editha-Klipstein-Archiv. Lebens-Chronik*, www.staff.uni-giessen.de/~g91058/edithaklipsteinarchiv/ index_klipst_chronik.htm, abgerufen am 08.10.2018

Haftmann, Werner: *Malerei im 20. Jahrhundert. Eine Entwicklungsgeschichte*, 4. veränd. und erweiterte Aufl., München 1965

Hamburger Kunsthalle/Centre Georges Pompidou. Musée national d'art moderne Paris (Hrsg.): *Robert Delaunay - Sonia Delaunay*, Ausst.-Kat. Hamburger Kunsthalle, *Robert Delaunay - Sonia Delaunay. Das Centre Pompidou zu Gast in Hamburg*, 10.09.-21.11.1999, Köln 1999

Haskell, Barbara: *Elie Nadelman. Sculptor of Modern Life*, Whitney Museum of Art, New York, New York 2003

Hauptmann, Yvette: »Das Palais Biron«, in: *Die Zeit*, Nr. 2/1946, 28.02.1946 [aktualisiert bei *Zeit Online* am 21.11.2012]. Gemäß telefonischer Auskunft des Gerhart-Hauptmann-Museums Erkner vom 16.05.2018 handelt es sich bei Yvette Hauptmann um Ivo Hauptmanns Ehefrau Erika, geb. von Scheel. Sie benutzte mitunter in Analogie zum Vornamen ihres Mannes den Vornamen Yvette.

Heiderich, Ursula: *August Macke. Der hellste und reinste Klang der Farbe*, Ostfildern 2008

Hermanns, Doris: ›Elsa von Bonin‹, in: *FemBio. Frauen.Biographieforschung*, www.fembio.org, abgerufen am 07.03.2018

Heussler, Carla: *Zwischen Avantgarde und Tradition. Die Malerin Käte Schaller-Härlin*, Stuttgart 2017

Hilaire, Georges: *Derain*, Genf 1959

Hildebrandt, Hans: *Die Frau als Künstlerin*, Berlin 1928

Hoechstetter, Sophie: »Maria Gräfin Gneisenau«, Vorwort zu: *Maria Gräfin Gneisenau: Der Tod des Adrian Güldenkrone. Gedichte, Requiem*, Weimar 1928

Holthusen, Hans-Egon: *Rainer Maria Rilke in Selbstzeugnissen und Bilddokumenten*, Rowohlts Monographien, hrsg. von Kurt Kusenberg, 91.-94. Tausend, Hamburg 1973

Hoog, Michel: *Robert Delaunay 1885-1941*, Paris 1976

Hopmans, Anita: »Kees van Dongen, ein holländischer Fauve in der französischen Arena«, in: *Matisse und die Fauves*, hrsg. von Heinz Widauer und Claudine Grammont, Ausst.-Kat. Albertina Wien, 20.09.2013-12.01.2014, Wien/Köln 2013

Internationale Rilke-Gesellschaft: *Brief-Konkordanz*, Bearbeitungsstand 30.09.2017, www.rilke.ch

Italiaander, Rolf (Hrsg.): *Ivo Hauptmann. Zum 70. Geburtstag*, Hamburg 1957

Jugend - Münchner illustrierte Wochenschrift für Kunst und Leben, München ab 1896, http://jugend-muenchen.uni-hd.de/

Jugend - Münchner illustrierte Wochenschrift für Kunst und Leben, 8. Jg., 1903, Heft 42, *Nummer der Scholle* vom 14.10.1903

Kästl, Helmut: *Historisches zur Münchener Secession* [Stand 23.05.2018], www.muenchenersecession.de

Kamper, Dietmar: ›Kassner, Rudolf‹, in: *Neue Deutsche Biographie (NDB)*, Bd. 11, Berlin 1977

Keß, Bettina: »Die malerische Atmosphäre Würzburgs. Gertraud Rostosky und ihre Künstlerfreunde«, in: *Tradition und Aufbruch. Würzburg und die Kunst der 1920er Jahre*, hrsg. vom Museum im Kulturspeicher Würzburg, Ausst.-Kat., 15.11.2003-11.01.2004, Würzburg 2003

Kleinlauth, Brigitte: *Gertraud Rostosky (1876-1959). Leben und Werk »Mut zu sich selbst, Kunst als Lebensaufgabe«. Ein Künstlerinnenleben*, Würzburg 1998

Knapp, Fritz: ›Vincent van Gogh‹, *Künstler-Monographien*, Bd. 118, Bielefeld/Leipzig 1930

Knop, Wolfgang: *»Mein lieber Alex ... Dein alter Max«. Die Korrespondenz Max Pechsteins mit dem Maler Alexander Gerbig und weitere Dokumente einer außergewöhnlichen Künstlerfreundschaft*, Zwickau 2014

Koblenzer Kunstverein: *Der Maler Hans Dornbach. Gedenkbuch zum 70. Geburtstag*, Koblenz 1955

Köhler, Oskar (Bearb.): *Niekammer's Landwirtschaftliche Güter-Adreßbücher*, Bd. V, *Landwirtschaftliches Adreßbuch der Rittergüter, Güter und größeren Höfe der Provinz Sachsen*, 3., völlig umgearbeitete und vermehrte Aufl., Leipzig 1922

Köllmann, Wolfgang: ›Heydt, Eduard Freiherr von der‹, in: *Neue Deutsche Biographie (NDB)* Bd. 9, Berlin 1972

Krebs, Sophie, u. a.: *Albert Marquet. Peintre du temps suspendu*, Paris 2016

Kreutzkam, Andreas: »Die Geschichte der Künstlervereinigung Dachau (KVD). Ein Abriss von den Anfängen 1927 bis 2013«, in: *Amperland*, 50. Jg., 2014, Hefte 1 und 2

Kreutzkam, Andreas [zit. als Kreutzkam 2019a]: *Chronik der Künstlervereinigung Dachau,* Anhang III: *Verzeichnis der Dachauer Schlossausstellungen* [Stand 16.07.2019], https://kavaude.de/chronik-der-kvd

Kreutzkam, Andreas [zit. als Kreutzkam 2019b]: *Chronik der Künstlervereinigung Dachau,* Anhang VI: *Liste KVD-Mitglieder (seit 1927)* [Stand 05.07.2019], https://kavaude.de/chronik-der-kvd

Kropmanns, Peter: »Purrmann und Matisse: Netzwerke in Deutschland und Paris«, in: *Neue Wege zu Hans Purrmann*, hrsg. von Felix Billeter und Christoph Wagner, Berlin 2016

Kropmanns, Peter: »Matisse – Vom Revolutionär zum ›Künstler für Künstler‹ 1905–1910«, in: *Inspiration Matisse*, hrsg. von Peter Kropmanns und Ulrike Lorenz, Ausst.-Kat. Kunsthalle Mannheim, 27.09.2019–19.01.2020, München/London/New York 2019

Kropmanns, Peter, und Ulrike Lorenz (Hrsg.): *Inspiration Matisse*, Ausst.-Kat. Kunsthalle Mannheim, 27.09.2019–19.01.2020, München/London/New York 2019

Kropmanns, Peter, und Carina Schäfer: »Private Akademien und Ateliers im Paris der Jahrhundertwende«, in: *Die Große Inspiration. Deutsche Künstler in der Académie Matisse*, Teil III, Ausst.-Kat. Kunst-Museum Ahlen, 21.11.2004–13.02.2005, Ahlen 2004

Künstlervereinigung Dachau: *Katalog zur Kunst-Ausstellung 1960 im Schloß zu Dachau vom 10. August bis 11. September 1960*, Dachau 1960

Künstlervereinigung Dachau: *Katalog zur Ausstellung 1962 im Schloß Dachau vom 4. August bis 9. September 1962*, Dachau 1962

Künstlervereinigung Dachau: *Katalog zur Ausstellung 1963 im Schloß Dachau vom 27. Juli bis 8. September 1963,* Dachau 1963

Künstlervereinigung Dachau: *Katalog zur Ausstellung 1965 im Schloss vom 1. August bis 29. August 1965*, Dachau 1965

Küster, Bernd: »Triumph des Kolorismus – Henri Matisse und die deutschen Maler des Café du Dôme«, in: Annette Gautherie-Kampka: *Café du Dôme. Deutsche Maler in Paris 1903–1914*, Bremen 1996

Kunsthaus Zürich: *Internationale Kunstausstellung August/September 1925 im Kunsthaus Zürich. Ausführlicher Katalog mit 32 Bildtafeln*, Zürich 1925

Kunsthaus Zürich (Hrsg.): *Expressionismus in Deutschland und Frankreich: Von Matisse zum Blauen Reiter*, Ausst.-Kat. Kunsthaus Zürich, 07.02.–11.05.2014/Los Angeles County Museum of Art, 08.06.–14.09.2014/ Musée des Beaux-Arts de Montréal 06.10.2014–25.01.2015, München u. a. 2014

Kunstverein in Hamburg (Hrsg.): *Aristide Maillol.* Ausst.-Kat. Kunstverein in Hamburg, 27.10.1961–07.01.1962/Stedelijk Museum, Amsterdam, 15.02.–15.03.1962/Frankfurter Kunstverein, 27.03.–06.05.1962/ Württembergischer Kunstverein, Stuttgart, 19.05.–08.07.1962/Haus der Kunst, München, 20.07.–07.10.1962. Bearb. von Dina Vierny und Gisela Schilling, Hamburg [1961]

Labrusse, Rémi: »Fauvismus. Der Begriff und die Sache«, in: *Matisse und die Fauves*, hrsg. von Heinz Widauer und Claudine Grammont, Ausst.-Kat. Albertina Wien, 20.09.2013–12.01.2014, Wien/Köln 2013

Landratsamt Dachau: *Kreisheimatpfleger von 1952 bis heute*, www.landratsamt-dachau.de, abgerufen am 24.01.2018

Leguay, Jean-Loup: *Guide to the Hôtel Biron Musée Rodin*, Editions du Musée Rodin, Paris 2010

Lenz, Christian: »Gedanken zur Kunst um 1900«, in: *Die Scholle. Eine Künstlergruppe zwischen Secession und Blauer Reiter*, hrsg. von Siegfried Unterberger mit Felix Billeter und Ute Strimmer, München/Berlin/London/ New York 2007

Lenz, Christian: »Hans von Marées. Die Hesperiden II«, in: *Neue Pinakothek. Katalog der Gemälde und Skulpturen*, 4. Aufl., München/Köln 2014

Leonhard, Kurt: *Augenschein und Inbegriff. Die Wandlungen der neuen Malerei*, Stuttgart 1953

Lohr, Bernhard: *Nach menschlichem Maß*, 19.09.2016, 13.06 Uhr, Baierbrunn, www.sueddeutsche.de/muenchen/landkreis-muenchen/baierbrunn-nach-menschlichem-mass-1.3165408, abgerufen am 28.05.2019

Lüttichau, Mario-Andreas von [zit. als Lüttichau 1988a]: »›Deutsche Kunst‹ und ›Entartete Kunst‹: Die Münchner Ausstellungen 1937«, in: *Nationalsozialismus und ›Entartete Kunst‹. Die ›Kunststadt‹ München 1937*, hrsg. von Peter-Klaus Schuster, 2. Aufl., München 1988

Lüttichau, Mario-Andreas von [zit. als Lüttichau 1988b]: »Rekonstruktion der Ausstellung ›Entartete Kunst‹«, in: *Nationalsozialismus und ›Entartete Kunst‹. Die ›Kunststadt‹ München 1937*, hrsg. von Peter-Klaus Schuster, 2. Aufl., München 1988

Mahn, Christina: *Käte Lassen 1880–1956. Grenzgängerin der Moderne*, (Dissertation Christian-Albrechts-Universität zu Kiel 2006) Heide 2007

Mannes, Jutta: »Malschulen in Dachau und Umgebung«, in: *Künstlerkolonie Dachau. Blütezeit 1880 bis 1920*, hrsg. vom Zweckverband Dachauer Galerien und Museen, Fischerhude 2013

Mannes, Jutta: *»Ich war immer sehr verliebt in die Farbe«. Maria Langer-Schöller (1878–1969)*, Ausst.-Kat. Museum Altomünster, 26.04.–27.09. 2015, Altomünster 2015

Marées, Hans von: *Briefe*, München 1923

Marti, Madeleine: ›Sophie Hoechstetter‹, in: *FemBio. Frauen. Biographieforschung*, www.fembio.org, abgerufen am 26.01.2018

Martin, Ursula: *Wir ziehen im Winter nach Berlin. Der Fall Elsa von Bonin*, Typoskript 1998. Basierend auf Unterlagen im Universitätsarchiv Jena, Bestand E, Abt. II, Nr. 2249 f, SS 1912 [Text geschrieben für MDR Kultur und zur Produktion vorgesehen]

Martynkewicz, Wolfgang: *Salon Deutschland. Geist und Macht 1900–1945*, Berlin 2009

Masson, Raphaël, und Véronique Mattiussi: *Rodin*, Nouvelle édition, Paris 2016

Matisse, Henri: *Farbe und Gleichnis. Gesammelte Schriften. Mit den Erinnerungen von Hans Purrmann*, hrsg. von Peter Schifferli, Frankfurt am Main 1960

Matzner, Alexandra: *Raoul Dufy. Leben und Werk des Farbmagiers*, www.artinwords.de/raoul-dufy, abgerufen am 08.03.2015

Meier-Graefe, Julius [zit. als Meier-Graefe 1910a]: *Hans von Marées. Sein Leben und sein Werk*, Bd. 1: *Geschichte des Lebens und des Werkes*, München/Leipzig 1910

Meier-Graefe, Julius: *Hans von Marées. Sein Leben und sein Werk*, Bd. 2: *Katalog*, München/Leipzig 1909

Meier-Graefe, Julius [zit. als Meier-Graefe 1910b]: *Hans von Marées. Sein Leben und sein Werk*, Bd. 3: *Briefe und Dokumente*, München/Leipzig 1910

Meier-Graefe, Julius: *Der Zeichner Hans von Marées*, München 1925

Monneret, Jean: *Le Salon des Indépendants*, Paris 1996

Monneret, Jean: *Catalogue raisonné du Salon des Indépendants 1884–2000*, Paris 2000

Musée des Beaux-Arts Lyon (Hrsg.): *Raoul Dufy*, Ausst.-Kat. Musée des Beaux-Arts/Musée de l'Imprimerie, Lyon, 28.01.–18.04.1999, Museu Picasso/Museu Tèxtil i d'Indumentària, Barcelona, 29.04.–11.07.1999, Paris 1999

Museum Rietberg Zürich: *Eduard von der Heydt zum 70. Geburtstag*, Schriften des Museum Rietberg Zürich, Nr. 2, Zürich 1952

Musil, Robert: *Der Mann ohne Eigenschaften*, Gesammelte Werke in Einzelausgaben, hrsg. von Adolf Frise, 12.–16. Tsd. August 1957, Hamburg 1957

Nebel, Monika: »Chronik der Künstlervereinigung Scholle«, in: *Die Scholle. Eine Künstlergruppe zwischen Secession und Blauer Reiter*, hrsg. von Siegfried Unterberger mit Felix Billeter und Ute Strimmer, München/Berlin/London/New York 2007

Neite, Werner: »Elsbeth Gropp – Versuch einer Annäherung«, in: *Kölner Museums-Bulletin. Berichte und Forschungen aus den Museen der Stadt Köln. Beiträge zur Photographiegeschichte Kölns*, Sonderheft 1995, Köln 1995

Officieller Katalog der Großen Berliner Kunst-Ausstellung 1906, Berlin 1906

Opitz, Silke, und Landeshauptstadt Erfurt (Hrsg.): *Zwei Räume für sich allein. Maria von Gneisenau und Schloss Molsdorf*, Berlin 2016

Osann, Christiane: *Rainer Maria Rilke. Der Weg eines Dichters*, 2. Aufl., Zürich 1947

Padberg, Martina: »›Verstehen heißt nicht Nachahmen‹ – Deutsche Künstlerinnen und Künstler an der Académie Matisse«, in: *Die Große Inspiration. Deutsche Künstler in der Académie Matisse*, Teil III, Ausst.-Kat. Kunst-Museum Ahlen 21.11.2004–13.02.2005, Ahlen 2004

Perez-Tibi, Dora: *Dufy*, Paris 2008

Pese, Claus: *Franz Marc. Leben und Werk*, Stuttgart/Zürich 2015

Pfister-Burkhalter, Margarete: »Louise Weitnauer (1881–1957)«, in: *Basler Jahrbuch 1959*, Basel 1959

Prusakow, Renate: *Sophie Hoechstetter. Dichterin & Malerin*, Heimat- und Geschichtsverein Pappenheim & Ortsteile e. V., *Historisches Blatt*, Ausgabe 02/2007

Raymond, Marie: »Matisse contra de Abstracten, Kroniek van Kunst en Kultur, 1953«, in: Jack D. Flam (Hrsg.): *Henri Matisse*, Köln 1994

Reese, Beate: »Die ›Würzburger Sachlichen‹. Carl Grossberg, Hans Otto Baumann, Fritz Mertens«, in: *Tradition und Aufbruch. Würzburg und die Kunst der 1920er Jahre*, hrsg. vom Museum im Kulturspeicher Würzburg, Ausst.-Kat., 15.11.2003–11.01.2004, Würzburg 2003

Reitmeier, Lorenz Josef: *Dachau. Ansichten und Zeugnisse aus zwölf Jahrhunderten*, Dachau 1976

Reitmeier, Lorenz Josef: *Dachau. Ansichten und Zeugnisse aus zwölf Jahrhunderten. Der andere Teil*, Dachau 1979

Reitmeier, Lorenz Josef: *Dachau. Ansichten und Zeugnisse aus zwölf Jahrhunderten. Der letzte Teil der Trilogie*, Dachau 1982

Reitmeier, Lorenz Josef: *Dachau. Ansichten und Zeugnisse aus zwölf Jahrhunderten. Nachtrag zur Trilogie*, Dachau 1986

Richter, Hedwig: »Wir Untertanen«, in: *Frankfurter Allgemeine Zeitung*, Nr. 140, 20.06.2018, S. N3

Rilke, Rainer Maria: *Auguste Rodin*, Leipzig 1917

Rilke, Rainer Maria: *Briefe aus den Jahren 1906 bis 1907. Der Briefe zweiter Teil*, hrsg. von Ruth Sieber-Rilke und Carl Sieber, Leipzig 1930

Rilke, Rainer Maria: *Briefe aus den Jahren 1907 bis 1914*, hrsg. von Ruth Sieber-Rilke und Carl Sieber, Leipzig 1933

Rilke, Rainer Maria: *Briefe aus den Jahren 1907 bis 1914*, hrsg. von Ruth Sieber-Rilke und Carl Sieber, Leipzig 1939

Rilke, Rainer Maria: *Briefe*, hrsg. vom Rilke-Archiv in Weimar, in Verbindung mit Ruth Sieber-Rilke, besorgt durch Karl Altheim, Wiesbaden 1950

Rilke, Rainer Maria: *Duineser Elegien*, in: Werke in sechs Bänden, Bd. I·2 Gedicht-Zyklen, ausgewählt und hrsg. vom Insel Verlag, 2. Aufl., Frankfurt am Main 1982

Rilke, Rainer Maria: *Die Briefe an Karl und Elisabeth von der Heydt 1905–1922*, hrsg. von Ingeborg Schnack und Renate Scharffenberg, Frankfurt am Main 1986

Rostosky, Gertraud: *Requiem*, Würzburg 1938

Salmon, André: »Émile-Othon Friesz et son œuvre«, *Les peintres français nouveaux*, N°. 5, Éditions de la *Nouvelle revue française*, Paris 1920

Sanchez, Pierre, und Dominique Viéville: *Les expositions de la Galerie Eugène Druet (1903–1938). Répertoire des artistes exposants et liste de leurs œuvres*, Dijon 2009

Sauer, Marina: *Die Bildhauerin Clara Rilke-Westhoff 1878–1954*, Bremen 1986

Sauer, Marina: *L'Entrée des femmes à l'Ecole des Beaux Arts 1880–1923*, aus dem Deutschen übers. von Marie-France Thivot, Paris 1990

Schnack, Ingeborg: *Rainer Maria Rilke. Leben und Werk im Bild*, 3. verbesserte Aufl., Frankfurt am Main 1977

Schneegans, Nicole: *Une image de Lou*, Paris 1996

Schweiger, W. J.: ›Speyer(-Ulmann), Agnes, geb. Speyer, verehel. Ulmann (1875–1942), Malerin, Graphikerin und Bildhauerin‹, in: *Österreichisches Biographisches Lexikon und biographische Dokumentation 1815–1950*, Bd. 13, Lfg. 59, Wien 2007

Sembat, Marcel: »Matisse et son œuvre«, *Les peintres français nouveaux*, N°. 1, Éditions de la *Nouvelle revue française*, Paris 1920

Senat der Freien Stadt Danzig (Hrsg.): *Die vertraglichen Grundlagen für die Errich-*

tung der Freien Stadt Danzig, Danzig 1931 (Neudruck)

Société des artistes indépendants: *Catalogue de la 24e exposition 1908, Serres du Cours-la-Reine, 20.03.-02.05.1908,* Paris 1908

Société des artistes indépendants: *Catalogue de la 25e exposition 1909, Jardin des Tuileries, Serres de l'Orangerie, 25.03.-02.05.1909*, Paris 1909

Société des artistes indépendants: *Catalogue de la 26e exposition 1910, Cours la Reine (Pont des Invalides), 18.03.-01.05.1910*, Paris 1910

Société du Salon d'Automne: *Catalogue de Peinture, Dessin, Sculpture, Gravure, Architecture et Art décoratif exposés au Grand Palais des Champs-Élysées du 18 Octobre 1905 au 25 Novembre 1905*, Paris 1905

Société du Salon d'Automne: *Catalogue des Ouvrages de Peinture, Sculpture, Dessin, Gravure, Architecture et Art décoratif exposés au Grand Palais des Champs-Élysées du 1er au 22 Octobre 1907*, Paris 1907

Sotheby's: *Impressionist & Modern Art Day Sale, New York 13 November 2018, Lot 455. Auction results*, www.sothebys.com/en/auctions/ecatalogue/2018/impressionist-modern-art-day-sale-n09931/lot.455.html, abgerufen am 10.01.2020

Spurling, Hilary: *Matisse.* Bd. 1: *Der unbekannte Matisse,* Bd. 2: *Der Meister*, übers. von Jürgen Blasius, Köln 2007

Staatliche Kunstsammlungen Dresden: *Online Collection*, https://skd-online-collection.skd.museum, abgerufen am 01.02.2020

Stadt Dachau: *Träger des Goldenen Ehrenrings der Großen Kreisstadt Dachau*, www.dachau.de, abgerufen am 24.01.2018

Stadtarchiv Dachau: *Fotochronik ›Dachau und seine Künstler‹*, zu mehreren Bänden zusammengefasste Loseblattsammlung, Dachau ab 1935

Städtische Galerie München: *Ida Diem-Tilp. »Ausstellung im Atelierflügel«*, Ausst.-Kat. Städtische Galerie München, 24.06.-24.07.1960

Stephan, Inge: *Das Schicksal der begabten Frau. Im Schatten berühmter Männer*, 4. Aufl. Stuttgart 1990

Stern, Guy: »Zwei unbekannte Billette von Rilke«, in: *Modern Austrian Literature*, Bd. 4, Nr. 2, Sommer 1971

Strohmeyr, Armin: *Die Frauen der Brentanos. Porträts aus drei Jahrhunderten*, Berlin 2006

Taack, Merete van: *Königin Luise. Eine Biographie*, 4. Aufl., Tübingen 1979

Thiemann-Stoedtner, Ottilie, und Gerhard Hanke: *Dachauer Maler. Die Kunstlandschaft von 1801-1946*, hrsg. von Klaus Kiermeier, 2. Aufl., Dachau 1989

Thiis, Jens: *Edvard Munch*, Berlin 1934

Tullner, Mathias: ›Bonin, Gustav Carl Giesbert Heinrich Wilhelm Gebhard von‹, in: *Magdeburger Biographisches Lexikon*, Magdeburg 2002, S. 80f.

Umbach, Kathrin: *Die Malweiber von Paris. Deutsche Künstlerinnen im Aufbruch*, hrsg. von Helga Gutbrod, Berlin 2015

Valentin, Karl: *Zitate*, www.karl-valentin.de/zitate, abgerufen am 11.08.2018

Vauxcelles, Louis: *Le salon d'automne*, Supplément au *Gil Blas,* 17.10.1905

Venator & Hanstein KG, Köln: *Katalog zur Auktion 140 »Bücher Graphik Autographen«. 23. September 2016 Köln*, Köln 2016

Verein bildender Künstler Münchens (A. V.) »Secession«: *Offizieller Katalog der Internationalen Kunst-Ausstellung des Vereins bildender Künstler Münchens (A. V.) »Secession« 1898 im kgl. Kunstausstellungsgebäude am Königsplatz gegenüber der Glyptothek*, IV. Aufl. ausgegeben am 28. Juli 1898, München 1898

Villa Grisebach Auktionen GmbH (Hrsg.): *Ausgewählte Werke. Auktion Nr. 210, Donnerstag, 30. Mai 2013, 17.00 Uhr,* Berlin 2013

Vorsatz, Mareike: »Ein Schloß und seine Geschichte«, in: *Genthiner Volksstimme*, 30.06.1998

Vorsatz, Mareike: ›Bonin, Elsa Jutta Rosalie von, Dr. jur.‹ [Stand 01.02.2005], www.uni-magdeburg.de/mbl/Biografien/0728.htm

Walden, Herwarth, und Der Sturm: *Erster Deutscher Herbstsalon 1913*, Sturm Galerie, Berlin 1913

Widauer, Heinz [zit. als Widauer 2013a]: »Henri Matisse und die Fauves. Eine Einführung«, in: *Matisse und die Fauves*, hrsg. von

Heinz Widauer und Claudine Grammont, Ausst.-Kat. Albertina Wien, 20.09.2013–12.01.2014, Wien/Köln 2013

Widauer, Heinz [zit. als Widauer 2013b]: »Kees van Dongen«, in: *Matisse und die Fauves*, hrsg. von Heinz Widauer und Claudine Grammont, Ausst.-Kat. Albertina Wien, 20.09.2013–12.01.2014, Wien/Köln 2013

Widauer, Heinz, und Claudine Grammont (Hrsg.): *Matisse und die Fauves*, Ausst.-Kat. Albertina Wien, 20.09.2013–12.01.2014, Wien/Köln 2013

Wolff-Thomsen, Ulrike: »Käte Lassen 1880–1956«, in: *Rendezvous Paris. Schleswig-holsteinische und finnische Künstlerinnen um 1900*, Kataloge der Museen in Schleswig-Holstein, Nr. 38, o. O., o. J. [1997]

Zweckverband Dachauer Galerien und Museen (Hrsg.): *»Ich spielte mit Farben Theater« Paula Wimmer 1876–1971*, Ausst.-Kat. Gemäldegalerie Dachau, 25.11.1994–31.01.1995, Freising 1994

Zweckverband Dachauer Galerien und Museen (Hrsg.): *»Akt und Roß genügten mir …«. Der Maler Max Feldbauer 1869–1948*, Ausst.-Kat. Gemäldegalerie Dachau, 16.10.2015–28.02.2016, Dachau 2015

Internetfundstellen ohne Verfasserangabe

Artikel ›10th Mountain Division (Vereinigte Staaten)‹, Bearbeitungsstand 19.01.2020, de.wikipedia.org

Artikel ›Altenplathow‹, Bearbeitungsstand 29.01.2020, de.wikipedia.org

Artikel ›Angelo Jank‹, Bearbeitungsstand 11.03.2020, de.wikipedia.org

Artikel ›Brettin‹, Bearbeitungsstand 13.04.2020, de.wikipedia.org

Artikel ›Danzig‹, Bearbeitungsstand 16.04.2020, de.wikipedia.org

Artikel ›Dornburg (Dornburg-Camburg)‹, Bearbeitungsstand 22.02.2020, de.wikipedia.org

Artikel ›Elbe-Havel-Kanal‹, Bearbeitungsstand 16.04.2020, de.wikipedia.org

Artikel ›Freie Stadt Danzig‹, Bearbeitungsstand 16.04.2020, de.wikipedia.org

Artikel ›Gisbert von Bonin-Brettin‹, Bearbeitungsstand 05.03.2013, sachsen-anhalt-wiki.de

Artikel ›Lützowplatz‹, Bearbeitungsstand 12.04.2020, de.wikipedia.org

Artikel ›Oliwa (Gdańsk)‹, Bearbeitungsstand 17.03.2020, de.wikipedia.org

Artikel ›Schwabe, Toni‹, Bearbeitungsstand 09.02.2013, de.metapedia.org/wiki/Schwabe,_Toni

Artikel ›Villa von der Heydt (Bad Godesberg)‹, Bearbeitungsstand 22.09.2019, de.wikipedia.org

Artikel ›Villa von der Heydt (Berlin-Tiergarten)‹, Bearbeitungsstand 04.01.2020, de.wikipedia.org

Artikel ›Warchau‹, Bearbeitungsstand 20.02.2020, de.wikipedia.org

Artikel ›Wilcze Laski‹, Bearbeitungsstand 12.02.2020, de.wikipedia.org

Artikel ›Winterpalais (Gotha)‹, Bearbeitungsstand 07.10.2019, de.wikipedia.org

Unveröffentlichte Korrespondenz

Edith von Bonin als Absenderin:

Arnim, Hulda von: Brief vom 12.03.1952. Zweckverband Dachauer Galerien und Museen, Dachau, Nachlass Bonin

Bonin, Elsa von: Briefabschrift vom 05.07.1961. Zweckverband Dachauer Galerien und Museen, Dachau, Nachlass Bonin

Bruckmann, Elsa: Brief vom 07.11.1941. Bayerische Staatsbibliothek München, Handschriftenarchiv, Signatur ›Bruckmanniana I‹

Dufy, Raoul: Briefabschriften vom 12.03.1949, 10.09.1949. Zweckverband Dachauer Galerien und Museen, Dachau, Nachlass Bonin

Gneisenau, Constantin Graf Neidhardt von: Briefe vom 16.12.1943, 23.01.1944, 22.02.1944, 12.03.1944, 21.03.1944, undatiert (Frühjahr 1944), 25.12.1945, 23.03.1947, 23.02.1949, undatiert (ca. 1947–1949), 14.06.1950, November 1953. Zweckverband Dachauer Galerien und Museen, Dachau, Nachlass Bonin. Zusätzlich wurden in Familienbesitz befindliche Briefe herangezogen.

Gneisenau, Maximiliane Gräfin Neidhardt von: Briefe und Postkarten vom 10.01.1947,

11.06.1951, 10.08.1952, 21.05.1954, 28.02.1959, 05.11.1962, 15.11.1962. Zweckverband Dachauer Galerien und Museen, Dachau, Nachlass Bonin

Gneisenau, Sybille Gräfin Neidhardt von: Brief vom 07.09.1949. Zweckverband Dachauer Galerien und Museen, Dachau, Nachlass Bonin

Kebbel, Adolf, Kgl. bayer. Major a. D.: Brief vom 06.06.1946. Zweckverband Dachauer Galerien und Museen, Dachau, Nachlass Bonin

Langer-Schöller, Maria: Briefe vom 11.12.1950 und 13.08.1952. In Privatbesitz. Hinweis Dr. Jutta Mannes

Musée National d'Art Moderne, Paris: Briefentwurf vom 25.11.1962 an Bernard Dorival, Conservateur du Musée National d'Art Moderne. Zweckverband Dachauer Galerien und Museen, Dachau, Nachlass Bonin

Purrmann, Mathilde, geb. Vollmoeller: Brief vom 11.04.1916. Archiv Purrmann-Haus, Speyer

Rilke, Rainer Maria: Briefe/Postkarten vom 20.10.1909, 05.11.1909, 19.11.1909, 01.12.1909, unleserliches Datum (August 1910), 15.08.1911 samt undatierter Grußnotiz, 15.04.1913. Schweizerisches Literaturarchiv, Inventarnummern Ms_A_38/1 (20.10.1909), 38/2 (05.11.1909), 38/3 (19.11.1909), 38/4 (01.12.1909), 38/6 und 38/7 (15.08.1911 samt undatierter Grußnotiz), 38/8 (15.04.1913), 38/9 (unleserliches Datum, August 1910)

Rostosky, Gertraud: Briefe/Postkarten vom 11.09.1907, undatiert zwischen 1908 und 1911, 02.06.1938, Dezember 1938 und 13.12.1940. Archiv des Museums im Kulturspeicher Würzburg, Nachlass Rostosky

Städelsches Kunstinstitut, Frankfurt am Main: Briefabschrift vom 18.04.1957. Zweckverband Dachauer Galerien und Museen, Dachau, Nachlass Bonin

Tietz, Felicitas: Briefe vom 11.06.1951 und 21.02.1952. Zweckverband Dachauer Galerien und Museen, Dachau, Nachlass Bonin

Württembergischer Kunstverein, Stuttgart: Briefabschrift vom 16.05.1962. Zweckverband Dachauer Galerien und Museen, Dachau, Nachlass Bonin

Edith von Bonin als Empfängerin:

Bonin, Elsa von: Briefe und Postkarten vom 04.08.1956, 08.07.1961, 19./20.07.1961, 22.09.1961, 13.10.1961, 16.10.1961. Zweckverband Dachauer Galerien und Museen, Dachau, Nachlass Bonin

Clairmont, Christoph, Zürich: Briefabschrift vom 03.07.1943. Zweckverband Dachauer Galerien und Museen, Dachau, Nachlass Bonin

Diem-Tilp, Ida: undatierter, vermutlich aus der Zeit nach dem Zweiten Weltkrieg stammender Brief. Zweckverband Dachauer Galerien und Museen, Dachau, Nachlass Bonin

Dufy, Raoul: Brief vom 16.02.1949. In Privatbesitz

Galerie Dina Vierny, Paris: Brief vom 14.02.1963. Zweckverband Dachauer Galerien und Museen, Dachau, Nachlass Bonin

Gneisenau, Constantin Graf Neidhardt von: Brief vom 20.07.1953. Zweckverband Dachauer Galerien und Museen, Dachau, Nachlass Bonin

Gneisenau, Maximiliane Gräfin von: Brief vom 04.11.1962. Zweckverband Dachauer Galerien und Museen, Dachau, Nachlass Bonin

Langer-Schöller, Maria: Brief vom 30.07.1952. Hinweis Dr. Jutta Mannes

Liebich, Haimo: Brief vom 08.11.1968. Zweckverband Dachauer Galerien und Museen, Dachau, Nachlass Bonin.

Musée National d'Art Moderne, Paris: Brief vom 30.11.1962, unterzeichnet von Bernard Dorival, Conservateur du Musée National d'Art Moderne. Zweckverband Dachauer Galerien und Museen, Dachau, Nachlass Bonin

Rilke, Rainer Maria: Briefe/Briefkarten/Billette vom 28.05.1908, 03.11.1908, 03.12.1908, 28.04.1909, 02.11.1910, 20.05.1911, 28.06.1911, 28.02.1918 und drei undatierte Schriftstücke (zwischen 06.09.1907 und 15.10.1907, Herbst 1908 sowie Ende Oktober 1909). In Privatbesitz

Thiers, Edeltraud: Brief vom 20.12.1963. Zweckverband Dachauer Galerien und Museen, Dachau, Nachlass Bonin

Tuscha, Frau: Brief vom 09.10.1966. Zweckverband Dachauer Galerien und Museen, Dachau, Nachlass Bonin

Weitnauer, Louise: Postkarten vom 27.12.1942, 25.07.1951 und 01.05.1953. Zweckverband Dachauer Galerien und Museen, Dachau, Nachlass Bonin

Wimmer, Paula: vier selbst gestaltete Weihnachtsgrußkarten aus den 1950er Jahren. Zweckverband Dachauer Galerien und Museen, Dachau, Nachlass Bonin

Über Edith von Bonin:

Hoechstetter, Sophie, an Elisabeth von der Heydt: Briefkarte vom 08.09.1933. In Familienbesitz

Tietz, Felicitas, an Städtische Galerie Würzburg, Dr. Brigitte Kleinlauth: Briefkopie vom 30.07.1997. In Familienbesitz

Tietz, Felicitas, an Anny Wasner: Briefdurchschrift vom 23.09.1970. Zweckverband Dachauer Galerien und Museen, Dachau, Nachlass Bonin

Wasner, Anny, an Felicitas Tietz: Briefe vom 22.05.1970, 04.09.1970, 28.02.1971, 12.01.1973, 12.02.1973, 21.03.1973, 22.03.1977 und 05.05.1981. Zweckverband Dachauer Galerien und Museen, Dachau, Nachlass Bonin

Sonstige Dokumente und Unterlagen

Bonin, Edith von [zit. als Bonin 1949]: Entwurf für die Liste der verlorenen und geplünderten Kunstwerke. Handschriftlich angefertigt vermutlich 1949 als Vorarbeit für eine dem Städelschen Kunstinstitut, Frankfurt am Main, übermittelte Suchanfrage-Liste ihrer verlorenen Kunstgegenstände. Datierung gemäß dem Antwortschreiben des Städelschen Kunstinstituts vom 26.09.1949. Zweckverband Dachauer Galerien und Museen, Dachau, Nachlass Bonin

Bonin, Edith von [zit. als Bonin 1953]: Abschrift der im Rahmen eines Entschädigungsgesuchs nochmals eingesandten Listen geplünderten und zerstörten Eigentums in der Dachauer Atelier-Wohnung Friedenstraße 1, 2. Stock. Typoskript mit handschriftlichen Ergänzungen, angefertigt 1953. Zweckverband Dachauer Galerien und Museen, Dachau, Nachlass Bonin

Bonin, Edith von [zit. als Bonin 1957]: Abschrift einer dem Städelschen Kunstinstitut zugesandten Liste der verlorenen und geplünderten französischen Kunstwerke. Wahrscheinlich handelt es sich um die gleiche Liste, die Edith von Bonin dem Städelschen Kunstinstitut bereits 1949 zugesandt hatte; vgl. Bonin 1949. Typoskript mit handschriftlichen Notizen aus dem Jahr 1957, darunter der Vermerk, dass das Bundeskriminalamt, Wiesbaden, eine Abschrift erhalten habe. Zweckverband Dachauer Galerien und Museen, Dachau, Nachlass Bonin

Bürgerliches Gesetzbuch, vom 18. August 1896, Reichs-Gesetzblatt 1896, Nr. 21

Ehrenurkunde des Künstlerinnen Hilfs-Vereins München an Edith von Bonin vom 02.12.1960. Unterzeichnet von der 1. Vorsitzenden Elisabeth Koelle-Karmann. Zweckverband Dachauer Galerien und Museen, Dachau, Nachlass Bonin

Gesetz, betreffend das Alter der Großjährigkeit, vom 17.02.1875, in: Reichs-Gesetzblatt 1875, Nr. 8

Heydt, Karl von der: Gedicht *Zigeunermädchen* zur Hochzeit von Maria von Bonin mit Friedrich August Graf Gneisenau am 18.04.1893, Abschrift in Familienbesitz

Heydt, Karl von der: *Am Schiffahrts-Kanal in Brettin b/Genthin,* auf den 01.–03.07.1898 datiertes Gedicht, Typoskript. Original in Familienbesitz, Kopie im Kreismuseum Jerichower Land des Landkreises Jerichower Land, Genthin

Landesarchiv Berlin: Schreiben vom 16.09.2016, Geschäftszeichen LAB – II Schr. Zweckverband Dachauer Galerien und Museen, Dachau, Nachlass Bonin

Landeshauptstadt München, Stadtarchiv D-I-Arc-2 [zit. als Landeshauptstadt München 2016a]: Meldebogen Bonin, Edith von, Kunstschülerin, angelegt am 11.02.1902. Schreiben vom 21.09.2016, Aktenzeichen 2851/3231.0/2016. Zweckverband Dachauer Galerien und Museen, Dachau, Nachlass Bonin

Landeshauptstadt München, Stadtarchiv D-I-Arc-2 [zit. als Landeshauptstadt München 2016b]: Meldebogen Bonin, Edith von, Beruf Malerin, angelegt am 17.12.1919. Schreiben vom 21.09.2016, Aktenzeichen 2851/3231.0/2016. Zweckverband Dachauer Galerien und Museen, Dachau, Nachlass Bonin

Mitgliedsausweis Edith von Bonin, Nr. M 7883 der Reichskulturkammer, Reichskammer der bildenden Künste, Fachverband: Bund Deutscher Maler und Graphiker e. V., Landesstelle Bayern, vom 01.01.1934. Zweckverband Dachauer Galerien und Museen, Dachau, Nachlass Bonin

Nachlassgericht Rottweil, Amtsgerichtsbezirk Rottweil, Notariatsbezirk Rottweil I: Erbschein Edith von Bonin. Beschluss des Nachlassgerichts Rottweil vom 01.06.1970. In Familienbesitz der Erben Edith von Bonins

Notariatsbezirk Rottweil I des Amtsgerichts Rottweil: Eidesstattliche Versicherung Anny Wasner vom 03.04.1970. Not.Reg. Nr. 129/1970, Notar Schach in Rottweil, Notariatsbezirk Rottweil I. In Familienbesitz der Erben Edith von Bonins

Reisepass Edith von Bonin vom 12.04.1961, verlängert am 21.03.1966. Zweckverband Dachauer Galerien und Museen, Dachau, Nachlass Bonin

Stadt Rottweil, Fachbereich 2, Bürgeramt, Ordnungs- und Schulverwaltung, Bürgerbüro: Meldebogen von Bonin, Edith. Schreiben vom 25.07.2016, Aktenzeichen 527640005830. Zweckverband Dachauer Galerien und Museen, Dachau, Nachlass Bonin

Testament der Frau Wirkl. Geheimen Rat und Staatsminister Maria Theresia Wilhelmine von Bonin vordem verwitweten von der Heydt, geborenen Freiin von Hurter, vordem zu Berlin, jetzt zu Gotha, vom 15. September 1911. In Familienbesitz der Erben Edith von Bonins

Die Post [Zeitung], Nr. 108, 21.04.1893

Telefonische, mündliche und E-Mail-Auskünfte

Beran, Antonia, Kreismuseum Jerichower Land des Landkreises Jerichower Land, Genthin: E-Mail vom 11.08.2016

Bourgoin, Marisa, Archives of American Art/ Smithsonian Institution, Washington D.C.: E-Mail vom 06.01.2020

Bräunling, Andreas, Stadtarchiv Dachau: E-Mail vom 21.07.2016; Telefonauskunft vom 22.08.2019

Butcher, Dr. David, Paris Art Consulting, Paris: E-Mails vom 13.12.2017 und 22.03.2018

Dalbajewa, Dr. Birgit, und Claudia Maria Müller, Staatliche Kunstsammlungen Dresden: E-Mail vom 11.02.2020

Deseyve, Dr. Yvette, Staatliche Museen zu Berlin, Alte Nationalgalerie: Telefonauskunft vom 12.07.2016

Gerhart-Hauptmann-Museum Erkner, 15537 Erkner: Telefonauskunft vom 16.05.2018

Getty Research Institute, Los Angeles: E-Mail vom 13.09.2018

Glück, E., Wieningerstraße 2, 85221 Dachau: mündliche Auskunft vom 01.09.2016

Horenbeeck, Michèle van, Friedhofsverwaltung der Stadt Rottweil: Telefonauskunft vom 14.02.2018

Kapitzky, Micaela, Geschäftsführerin Grisebach GmbH, 10719 Berlin: E-Mail vom 29.10.2018

Kohla, Dr. Christina, Kunsthistorikern, 24376 Hasselberg: Telefonauskunft vom 10.08.2016

Kropmanns, Dr. Peter, Kunsthistoriker und Journalist, Paris: E-Mail vom 25.08.2017

Mannes, Dr. Jutta, Dachauer Galerien und Museen, Neue Galerie: E-Mail vom 13.09.2016

Möhlenbeck, Dr. Ulrike, Historisches Archiv der Akademie der Künste, Berlin: E-Mail vom 04.05.2016

Pierrat, Claire, Médiatrice du Patrimoine Bibiothèque Armand Salacru, Ville du Havre: E-Mail vom 07.07.2017

Pietsch, Gwyn, Archiv der Bildenden Künstlerinnen Berlins: E-Mail vom 02.05.2016

Stadtarchiv Potsdam: Telefonauskunft vom 29.10.2018

Storm, Anna, Von der Heydt-Museum, Wuppertal: E-Mail vom 15.11.2018

Strobl, Dr. Andreas, Staatliche Graphische Sammlung München: E-Mails vom 02.06.2018 und 26.10.2018

Abbildungsnachweis

Die abgebildeten Werke Edith von Bonins stammen mit Ausnahme der Abbildungen 2-01, 4-10 und 5-05 bis 5-15 aus dem Nachlass der Künstlerin. Sofern nicht anders angegeben, sind die Originale im Bestand des Zweckverbandes Dachauer Galerien und Museen, Dachau, Nachlass Bonin. Mit Ausnahme der Abbildung 2-01 wurden alle Reproduktionen von Ulrich Freund angefertigt.

Fotos ohne Quellenangabe stammen ebenfalls aus dem Nachlass Edith von Bonins. Auch hier werden die Originale vom Zweckverband Dachauer Galerien und Museen, Dachau, im Nachlass Bonin aufbewahrt. Die Reproduktionen wurden ebenfalls von Ulrich Freund angefertigt.

Bei den nicht aus dem Nachlass Edith von Bonins stammenden Abbildungen ist die Herkunft (Kreismuseum Jerichower Land des Landkreises Jerichower Land, Genthin; Sammlung Rohr, Genthin; Artikel ›Lützowplatz‹ in Wikipedia, 2020; Antykwariat Wu-eL, Stettin; Staatliche Graphische Sammlung München; Sammlung Kropmanns, Paris; Leguay 2010; Schnack 1977; Kropmanns 2019; Salmon 1920; Bulletin de la Chambre de Commerce de Paris, April 1915; Stadtarchiv Dachau) jeweils vermerkt.

Impressum

Autoren, Konzeption und Bearbeitung
Ulrich und Susanne Freund

Projektleitung
Johanna Gielen

Lektorat
ed_it! Heike Tekampe

Satz und Gestaltung
jo.seibt kommunikationsdesign

Gesamtherstellung
Wienand Verlag

Printed in EU

Erschienen im
Wienand Verlag, Köln
www.wienand-verlag.de
Weyertal 59, 50937 Köln

ISBN 978-3-86832-577-5

Bibliografische Information
Die Deutsche Nationalbibliothek verzeichnet diese Publikation in der Deutschen Nationalbibliografie; detaillierte bibliografische Daten sind im Internet über http://dnb.d-nb.de abrufbar.

Umschlagabbildung
Edith von Bonin, »Venedig, Bacino San Marco im Abendlicht mit Blick auf die Basilika Santa Maria della Salute«, 1932, Pastellkreide auf Papier, 16,5 x 22 cm